大村はまの「学習の手びき」についての研究

――授業における個性化と個別化の実現――

若 木 常 佳 著

風 間 書 房

序　文

　若木常佳さんは，広島県の中学校国語教師として8年間勤めた後，平成7 (1995) 年4月，鳴門教育大学大学院修士課程教科・領域教育専攻（言語系コース）に入学，2年間研修を積み重ねて，修士論文「大村はま国語科単元学習における『学習の手びき』の研究」をまとめた。その後も，大村はま国語科単元学習の研究を続けてきた若木さん（現福岡教育大学大学院教育学研究科教職実践専攻教授）が，このたび，修士論文を発展させる形で，『大村はまの「学習の手びき」についての研究』を刊行する運びとなった。新著の刊行は，修士論文指導にあたった私にとって，まことにうれしいかぎりである。

　若木さんは，これまでにも，『話し合う力を育てる授業の実際―系統性を意識した三年間―』（溪水社・2001年3月）と，学位論文をまとめた『話す・聞く能力育成に関する国語科学習指導の研究』（風間書房・2011年1月）を出版している。新著は，若木さん3冊目の著作である。

　新著『大村はまの「学習の手びき」の研究』は，序章，結章のほか，次の5章から成っている。

　　第1章　学校における授業が抱える課題と改善の道筋
　　第2章　大村はまの国語科単元学習
　　第3章　大村はまの「学習の手びき」の実際と分析1―通覧―
　　第4章　大村はまの「学習の手びき」の実際と分析2―詳察―
　　第5章　授業における個性化と個別化の実現に向けて

　第1章では，授業の抱える今日的課題として，従来の教育観の変革と授業の個性化につながる個別化を挙げ，その課題を解決するためには，「典型」性の備わった実践を取り上げ，その分析・考察を通して，その「典型」を教師自身が創り出す道筋を探る必要性を論じている。第2章では，「典型」と

して大村はまを取り上げて，その国語科単元学習の内実を整理した上で，大村はまの「学習の手びき」を分析・考察することの必要性を説いている。

　第3章では，大村はまの「学習の手びき」203例を分析して，5種類に分類できることを明らかにするとともに，それぞれの「学習の手びき」の機能と特性を整理している。第4章では，大村はまの実践を取り上げて，単元の学習過程を再現することを通して，「学習の手びき」の位置づけと機能・特性を詳察し，個性化につながる個別化の工夫を浮き彫りにしている。両章の分析・考察は，鋭く緻密で説得力がある。

　第5章では，さらに，授業改善の視点から，将来教師になる大学院生を一人の学習者として，単元の学習過程を追体験させ，教師が「学習の手びき」を作成・活用するための道筋を探っている。この臨床的方法は，教師の力量形成を図る上で有効な方法である。

　大村はま先生は，「仏様の指」の精神のもとに，「教師の教えたいことを，直接に指示・命令しないで，いつのまにか自然にさせてしまう」国語教室の創造を目指されていた。若木さんの研究は，これをふまえて，「学習の手びき」の内実と特質をみごとに浮き彫りにしている。今後，大村はま先生の「学習の手びき」を研究する者にとって，本書は必読の文献になるにちがいない。

　私は新著の校正刷を手にして読み進むうちに，しばしば胸を熱くせずにはいられなかった。それは，20数年にわたる研究の継続と蓄積の重さと，研究と教育に対する若木さんの熱い思いに触れて覚える深い感動であった。

　今後，さらなる研究の蓄積と集積の上に立って，若木さん独自の国語教育実践学が確立されることを祈念してやまない。

平成28（2016）年10月20日

　　　　　鳴門教育大学・四国大学名誉教授　世　羅　博　昭

は　じ　め　に

　学校教育での授業のあり方が大きく変わろうとしている。それはテクノロジーの進化によるものでもあるが，地球上の市民として生きていくための力をつけるという意識が芽生えたためでもある。
　日本の多くの学校は，これまで「全国のすべての子どもたちが同一の年齢の同一の時間に，同一の内容を同一の教室で同一の活動をとおして学ぶ」（佐藤学）という非常に効率的な「装置」によって運営されてきた。そこでは，「原理万能主義に依拠した知識伝達型教育」（丸野俊一）が行われ，皆が共通のゴールに向かい，優劣が明確に示された。しかし，今後はそうした教育は通用しない。今後において求められるのは，「異質な人々からなる集団で相互にかかわりあう」中で，「多様な視点から考え続ける思考過程」を経て，「対象世界」と対話すること，他者性と自己の独自性を認識し，自己と他者の相互が力を発揮し伸ばし合うという協働的な学習である。これは，DeSeCo (The Definition and Selection of Key Competencies) の示す3類のコンピテンス概念とも合致している。優劣ではなく，他者性と自己の独自性を認識することが求められ，競争ではなく，自己肯定と他者尊敬の中で，自己と他者の相互が力を発揮し伸ばし合うこと，そして最終的には自己の物語を編むことが求められる。人生の基礎を構築する学校においては，そうした学習体験の集積をしていかねばならない。
　ただ，ここに問題がある。それは，学習内容を交流させる前段階に位置する個別での学習の充実が図れているのかということである。「多様な視点から考え続ける思考過程」そのものを重視するという協働的な学習の成否は，実は学習内容を交流させる前段階に位置する個別での学習の充実が握っている。そのことを指導する教師が認識し，意識しているかということ，実際に

個別での学習について，学習者個々の学習内容や成果を価値付けるための個性化を見据えながら設定しているかということである。そのことについては，いささか危惧を感じる。

　現在でも「多様な視点から考え続ける思考過程」につながる言語活動の充実が求められているが，自己の意見を構築し伝え合うだけでは，言語活動の充実や「多様な視点から考え続ける思考過程」は形成されない。伝え合うだけに終わる無意味な言語活動を避けるためには，指導者は，学習者の内面にあるものを引き出し自覚させるべく，学習者が対象や自己と対話を深めるためのきっかけを示し，他者とは異なるその個独自の考えを発掘し持たせなければならない。そして指導者は学習者個々の考えを把握し，それを学習者相互に意味あるものと位置づけるために異質な人々の集団を意図的につくらなければならない。そうした準備が為されて初めて，「多様な視点から考え続ける思考過程」が形成され，異質な人々との交流が価値あるものとして認識される言語活動が成立するのである。

　協働的な学習について様々な文献が紹介され，その構造や方法，ルール，効果についても多く述べられている。しかし，協働的な学習の成否を握っている交流の前段階に位置する個別での学習の充実とその具体的な方法についてはあまり示されることがない。これでは，協働的な学習の形は整えられても内実が伴わない結果になってしまい，「多様な視点から考え続ける思考過程」を体験して異質な人々との交流が価値あるものとして認識するということは難しい。

　こうした課題に対し，本研究で取り上げた大村はまの「学習の手びき」は，協働的な学習における個別での学習の充実とその具体的な方法を示すものである。本研究で詳察した大村の実践は，1970～1977年という半世紀近く前のものである。しかし，そこには現代の教育がぶつかっている壁に対する答えが数多くある。たしかに，日本の教育はこれまである種の均質化ということで効果を上げてきた。しかし，人間は本来個々に異なる。異なるからこそ，

個々の存在意義がある。「同一の内容を同一の教室で同一の活動をとおして学ぶ」ことのみを求められる学校においては，「自己の証明」を得ることは難しく，「学校から押し出された子どもたち」(伊東博)は，今後も増え続けるのではあるまいか。

　大村の教育観は，見るべきは学習者個々が保有しているはずの優れた資質や能力であるということ，個々にある優れた資質や能力を見出そうとして個々を見つめ，それをさらに伸長させるべく指導を行うというものである。それは，他から示されたある規準・基準に照らしてそこにある凸凹を見つけ凹を埋めるべく指導する，いわば到達させるための教育とは明らかに異なる。

　学校教育において他者性と自己の独自性を認識し，それらを組み合わせることによって，自己と他者の相互が力を発揮し伸ばし合うという学習を体験することは，生涯において，他者性と自己の独自性を認識し，自己肯定と他者尊敬の中で，自己と他者の相互が力を発揮し伸ばし合う生き方に資する。半世紀近く前に開発され活用された大村の「学習の手びき」には，「多様な視点から考え続ける思考過程」を価値あるものとするために，個性化（オーケストレーティング）につながる個別化（テーラーリング）を実現する具体がある。そうした「学習の手びき」は，実は今こそ考察され続け，理解を深め，そこにある教育観や方法を体得していかなければならない。「学習者の個人差に対してできる限り個別に対応すると同時に，個性の開花を支援する」(鹿毛雅治)手がかりが，その中には存在している。

目　次

序　文（世羅博昭）
はじめに

序　章　研究の目的・方法・意義 …………………………………………… 1

第1節　研究の目的と方法 ………………………………………………… 1
第1項　研究の目的 …………………………………………………… 1
第2項　研究の方法 …………………………………………………… 5
第2節　本研究の意義 ……………………………………………………… 7
第1項　大村研究からの意義 ………………………………………… 7
第2項　授業改善からの意義 ………………………………………… 10
第3項　教師教育からの意義 ………………………………………… 11

第1章　学校における授業が抱える課題と改善の道筋 ……………… 15

第1節　学校における授業が抱える課題 ……………………………… 15
第1項　今後において求められる能力と授業構造 ………………… 15
　1　学習者に求められる能力 ……………………………………… 15
　2　求められる授業構造 …………………………………………… 17
第2項　求められる能力に対する現実的な問題 …………………… 20
　1　能力の二重性という問題 ……………………………………… 20
　2　教室の中の現実的問題 ………………………………………… 21
第3項　学校という「装置」がもたらす問題 ……………………… 24
　1　学校という「装置」 …………………………………………… 24
　2　学校という「装置」と学習者の問題 ………………………… 26
　3　学校という「装置」と教師の問題 …………………………… 28

第2節　授業改善の道筋……………………………………………32
　　第1項　求められる変革…………………………………………32
　　　1　学校の中にある「観」の変革………………………………32
　　　2　個性化につながる個別化という考え方……………………34
　　第2項　授業改善への道筋………………………………………36
　　　1　教師の煩悶……………………………………………………36
　　　2　「典型」への照射……………………………………………38
　　　3　授業改善への道筋の提示……………………………………41

第2章　大村はまの国語科単元学習……………………………47

　第1節　大村はまのめざした世界とその背景……………………47
　　第1項　大村はまの教育観とその背景…………………………47
　　　1　学習者に対する視線と教えることの意味…………………47
　　　2　大村はまの理想とする教室のイメージ……………………52
　　　3　それらの背景となること……………………………………54
　　第2項　大村はまの教育観とそれに基づく実践の現代的価値……66
　　　1　学校における授業が抱える課題との関係から捉えられる価値
　　　　………………………………………………………………………66
　　　2　教師の資質・能力の伸長との関係から捉えられる価値…71
　第2節　大村はまと国語科単元学習………………………………74
　　第1項　国語科における単元学習………………………………74
　　　1　単元学習における思想………………………………………74
　　　2　展開される学習活動…………………………………………75
　　　3　国語科における単元学習の原理……………………………76
　　第2項　大村はまの国語科単元学習……………………………79
　　　1　その成立………………………………………………………79
　　　2　大村はまの国語科単元学習…………………………………81

第 3 章　大村はまの「学習の手びき」の実際と分析 1 －通覧－ ……………………………………………………………………… 91

第 1 節　大村はまの「学習の手びき」の実際 ……………………… 91
第 1 項　「学習の手びき」の整理 ……………………………………… 91
　　1　整理の方法 …………………………………………………………… 91
　　2　整理した「学習の手びき」一覧 …………………………………… 92
第 2 項　「学習の手びき」の実際 …………………………………… 151
　　1　「学習の手びき」の内容 …………………………………………… 151
　　2　「学習の手びき」の表現 …………………………………………… 167
　　3　「学習の手びき」が導く学習 ……………………………………… 170
第 2 節　通覧から見出せる「学習の手びき」の機能 …………… 178
第 1 項　「学習の手びき」の使われ方から導出される機能 …… 178
　　1　端から丁寧に読んで使うタイプの「学習の手びき」の場合
　　 ……………………………………………………………………………… 178
　　2　眺めながらヒントとして使うタイプの「学習の手びき」の場合
　　 ……………………………………………………………………………… 181
　　3　繰り返し読んで使うタイプの「学習の手びき」の場合 ……… 184
第 2 項　学習者と指導者に対しての機能 ………………………… 185
　　1　学習者に対する機能 ……………………………………………… 185
　　2　指導者に対する機能 ……………………………………………… 190
第 3 項　通覧から導出した「学習の手びき」の特性 …………… 193
　　1　「学習の手びき」の役割 …………………………………………… 193
　　2　「学習の手びき」の特性 …………………………………………… 194

第 4 章　大村はまの「学習の手びき」の実際と分析 2 －詳察－ ……………………………………………………………………… 199

第1節　対象とする実践の選択と詳察の方法 ………………………199
　　　第1項　対象とする実践 ……………………………………………199
　　　　1　選択の条件 …………………………………………………199
　　　　2　詳察する対象について ……………………………………200
　　　第2項　詳察の方法 …………………………………………………201
　　第2節　「学習の手びき」の詳察 …………………………………………202
　　　第1項　単元「私たちの読書力〈図表を読む〉」の場合 …………202
　　　　1　概略 …………………………………………………………202
　　　　2　本授業における「学習の手びき」について ………………203
　　　　3　「学習の手びき」の考察と検証 ……………………………204
　　　　4　「学習の手びき」に見出される工夫 ………………………218
　　　第2項　「古典への入門－枕草子によって－」の場合 ……………221
　　　　1　概略 …………………………………………………………221
　　　　2　本授業における「学習の手びき」について ………………224
　　　　3　「学習の手びき」の考察と検証 ……………………………230
　　　　4　「学習の手びき」に見出される工夫 ………………………243
　　　第3項　「楽しくつくる『旅の絵本』」の場合 ……………………246
　　　　1　概略 …………………………………………………………246
　　　　2　本授業における「学習の手びき」について ………………249
　　　　3　「学習の手びき」の考察と検証 ……………………………253
　　　　4　「学習の手びき」に見出される工夫 ………………………270
　　　第4項　詳察から導出した「学習の手びき」の特性 ……………272
　　　　1　「学習の手びき」の役割 ……………………………………272
　　　　2　「学習の手びき」の特性 ……………………………………273

第5章　授業における個性化と個別化の実現に向けて ………………279
　　第1節　授業における個性化と個別化を実現するための「学習

　　　　　　の手びき」……………………………………………………279
　　第1項　個性化と個別化について ……………………………………279
　　　1　実現すべき個性化と個別化の状態 ……………………………279
　　　2　個性化のために重要な個別化 …………………………………281
　　第2項　個性化と個別化を実現する「学習の手びき」に必要なこと
　　　　　　　 ……………………………………………………………283
　　　1　大村はまの「学習の手びき」に示されたこと ………………283
　　　2　個性化と個別化を実現する「学習の手びき」のあり方 ………286
　第2節　個性化と個別化を実現する「学習の手びき」に至るまでの道筋
　　　　　 ………………………………………………………………………288
　　第1項　大村はまの辿った道筋 …………………………………………288
　　　1　基盤となる教育観の醸成と学習者としての体験 ………………288
　　　2　「学習の手びき」作成までの実際のプロセス …………………289
　　第2項　教師が大村はまの「学習の手びき」から「典型」を得る
　　　　　　ための道筋 …………………………………………………………292
　　　1　大村はまの「学習の手びき」を体験すること …………………292
　　　2　自己の教育観と対面すること ……………………………………300
　　　3　教師が大村はまの「学習の手びき」から「典型」を得る
　　　　　ための道筋 …………………………………………………………301
　　第3項　授業における個性化と個別化の実現に向けて ………………310
　　　1　学習者からの出発の必要性 ………………………………………310
　　　2　授業研究の場の活用による学習者理解 …………………………311

結　章　研究のまとめ ………………………………………………………319

　第1節　研究の総括 …………………………………………………………319
　　第1項　学校における授業が抱える課題と改善の道筋
　　　　　　（第1章の内容）……………………………………………………319

1　授業に存在する解決すべき課題……………………………319
　　2　課題に対する改善の道筋……………………………………320
　第2項　大村はまの国語科単元学習（第2章の内容）……………322
　　1　大村はまの教育観と現代の教育課題との関わり……………322
　　2　大村はまの国語科単元学習の内実……………………………324
　第3項　大村はまの「学習の手びき」の実際と分析1―通覧―
　　　　　（第3章の内容）……………………………………………324
　　1　「学習の手びき」の整理……………………………………325
　　2　通覧から見出せる「学習の手びき」の機能と特性…………326
　第4項　大村はまの「学習の手びき」の実際と分析2―詳察―
　　　　　（第4章の内容）……………………………………………328
　　1　学習過程を再現して考察・検証するという方法……………328
　　2　詳察から見出せる「学習の手びき」の機能と特性…………329
　第5項　授業における個性化と個別化の実現（第5章の内容）…331
　　1　個性化と個別化を実現する「学習の手びき」のあり方の整理
　　　　……………………………………………………………………331
　　2　教師が大村はまの「学習の手びき」から「典型」を得る
　　　　ための道筋…………………………………………………333
第2節　今後の課題……………………………………………………335
　第1項　研究成果に基づく学校現場での解説についての研究…336
　第2項　授業研究のあり方についての研究……………………336
　第3項　教師教育のあり方についての研究……………………337

おわりに…………………………………………………………………339
主要参考・引用文献……………………………………………………343
索引………………………………………………………………………347

序　章　研究の目的・方法・意義

　本章では，研究の目的と方法について述べ（第1節），さらに本研究の意義について，大村はまの研究，授業改善，教師教育の3点から述べる（第2節）。

第1節　研究の目的と方法

第1項　研究の目的

　本研究の目的は，大村はまの「学習の手びき」の特性を明らかにすることにより，教室での国語科の指導において，個性化と個別化を実現するための具体的方法を示すことである。大村は，公立学校の教室での授業において，個性化につながる個別化を実現している。「学習の手びき」は，その中核を為すものである。そうした大村の「学習の手びき」の特性を明らかにすることは，教室での個性化につながる個別化実現の具体的方法，つまり，学習内容を交流させる前段階に位置する個別での学習の充実について示すことができ，学習者個々を大切にする授業改善への道をより開くものとなる。

　本研究における個別化（テーラーリング）[1]とは，個々の保有する知識や思考の特性，あるいはスキル等の状態に応じて，個に必要な指導を考案し実施していくことである。個性化（オーケストレーティング）とは，学習全体を通して個々の学習がかけがえのないものとして位置づき，個々の学習成果が相互の学習をより豊かにするものとして，あるいは，相互の学習の価値を高めていくものとして存在させるということである。

　他者との交流学習において，個別の学習で構築した個々の意見や発見を価値あるもの，その個ならではのものとして全体の中に位置づけるためには，

学習者個々の学習内容や発言内容に真に価値を持たせるべく丁寧な個別の指導を行う必要がある。つまり指導者は個性化と個別化を常に往還しながら，その個ならではの位置づけを模索したり昇華する機会を準備して，その個の能力の伸長と全体のハーモニーを調整するということである。そうした意識・意図のもとに計画された授業の中でなければ，他者性と自己の独自性を認識し，自己肯定と他者尊敬の中で，自己と他者の相互が力を発揮し伸ばし合うという学習は成立しない。

　人生の基盤となる学校教育の中で，こうした他者性と自己の独自性を認識し，自己肯定と他者尊敬の中で，自己と他者の相互が力を発揮し伸ばし合うという学習体験を集積させることは，生涯において他者性と自己の独自性を認識した状態で他者とともに学び合うことを可能にし，自己を埋没させたり喪失させることなく，学び合うことに意義を見出す学習者を育成することにつながる。

　藩校等を別にすれば，日本の学校の誕生は寺子屋にあり，それは学習者が個々に学ぶという発想が基盤となっていた。しかし1872年に学制が発布され，学校教育が整備されてから現代に至るまでの140年余，佐藤学（2012）の言葉を借りれば，学校は，「全国のすべての子どもたちが同一の年齢の同一の時間に，同一の内容を同一の教室で同一の活動をとおして学ぶ」[2]という非常に効率的な「装置」として機能している。現代においても求められるのは，一定の水準にその個が到達したのかどうかなのであり，より多くの（できれば全ての）子どもをそれに到達させることであり，そのためにどのように教えるのかということに，日夜教師は腐心している。全国学力調査等の実施は，指導内容や指導方法の改善という視点も持ち得たけれども，「到達させなければ」という教師の思いを，より強めたことは間違いないであろう。2014年度の全国学力調査の実施を控えたある日，テレビのニュースが，「ドキドキしますねえ。できていなかったらどうしようと思います」と若い教員がインタビューに答えている様子，そしてそのクラスや学校では，新年度が始まっ

てから約一ヶ月を全国学力調査の対策に費やしたと述べているのを報じていたが、その姿はまさしく、「到達させなければ」という教師の思いを体現している。そうした思いの中で、到達できない子どもへの対応をあれこれ考え続けたことについても、間違いないことであろう。そしてそのようなより多くの（できれば全ての）子どもを、基準に到達させることを目的とする教育文化の中では、他者性と自己の独自性を認識し個々の力も伸ばし合うとともに、それらを組み合わせることによって自己と他者の相互が力を発揮し伸ばし合うという発想は、理想とされつつも理解されにくく根付きにくいのは当然である。

　しかし、他者性と自己の独自性を認識し、それらを組み合わせることによって、自己と他者の相互が力を発揮し伸ばし合うという発想や教育の文化こそは、今後において最も重視していかなければならないものなのである。それは、OECDのDeSeCo (The Definition and Selection of Key Competencies) が〈カテゴリー2〉に示した「異質な人々からなる集団で相互にかかわりあう」ことに他ならない。生涯においてこうした意識が生きて働くためには、この〈カテゴリー2〉は、学習のスタート地点である学校教育の授業においてこそ実現されなければならない。日本の多くの教師は、日本の学校教育が中心としてきた石黒広昭（1998）言うところの「個体能力主義」[3]で育っている。自己と他者の間に競争が存在し、自己と他者の相互が力を発揮し伸ばし合うという学習の文化が理解されにくく、根付きにくい土壌で教育を受けてきた学校現場の多くの教師にとって、授業観、学習観、学力観のコペルニクス的転換が求められているといっても過言ではあるまい。それは、これまで日本の学校教育が中心としてきた「個体能力主義」とどのように向き合うかという問題でもある。かつて及川平治らによりグループ学習が持ち込まれたが、それらは時代の動きと重なり、国民であるための一定の水準に到達した人材を輩出するための効率的な手段としての機能が先行した。こうしたグループ学習に対するイメージや機能についての修正は、協同学習、協調学習、協働

学習等のことばで呼ばれる学習スタイルが示されている現代においても，未だ不完全と言わざるをえない。

　他者性と自己の独自性を認識し，それらを組み合わせることによって，自己と他者の相互が力を発揮し伸ばし合うという学習の文化は，多くの教師にとって未体験ゾーンであり，理解と実施は容易なことではないかもしれない。しかし，これからの未来を生きる子どもには，自己と他者の相互が力を発揮し伸ばし合うという学習の文化，それに培う基盤を構築していかねばならない。現状において求められるのは，できるだけ早くできるだけ多くの教師に，これまでに自身が教えられてきていない「異質な人々からなる集団で相互にかかわりあう」ことについての学校の授業場面での具体イメージとそれを成立させるための具体的方法を習得させることなのである。そのためには具体イメージとともに，どのようにそれを行うかという具体的方法が早急に示さねばならない。

　たしかに協同学習，協調学習，協働学習等のことばで呼ばれる学習スタイル（今後においては，本研究ではこれらの学びを"協働的な学習"と記述する[4]）の提示や解説は，「異質な人々からなる集団で相互にかかわりあう」ことについての学校の授業場面での具体イメージと具体的方法を示すであろう。しかしながら，学級において「異質な人々」となる様々な考えを意図的に生成するための具体的方法や，鹿毛雅治（2010）が学習環境デザインとして提示する「学習者の個人差に対してできる限り個別に対応すると同時に，個性の開花を支援すること（個性の重視）」[5]の具体が示されることは少ない。「異質な人々」となるために様々な考えを意図的に生成する方法や「個別に対応すると同時に，個性の開花を支援する」ための方法が具体として示され解説されていかなければ，学校現場において「異質な人々からなる集団で相互にかかわりあう」ことをどのように実現していくのかということは難しい。また，たとえそれらが具体として示されても，単なる方法として存在することは避けなければならない。「異質な人々」となる様々な考えを意図的に生成する

ための方法や「個別に対応すると同時に，個性の開花を支援する」ための方法は，どのような教育観によって考案され実施されてきたのかということが理解され，実施する教師自身の教育観とならなければ，具体だけが一人歩きしていつの間にか本質を見失い，根付くものとして成長することはない。

　以上の問題を踏まえ，本研究においては，「異質な人々」となる様々な考えを意図的に生成し，「個別に対応すると同時に，個性の開花を支援」することを教室において実現した大村はまの実践と教育観を取り上げ，実践の中核であるところの「学習の手びき」の特性を明らかにする。そのことにより，教室での国語科の指導において，個性化と個別化を実現するための具体的方法を教育観とともに示すことができ，学校現場における「異質な人々からなる集団で相互にかかわりあう」ことの実現を可能なものとすることができる。

第2項　研究の方法

　本研究では，先行実践の分析・考察を通してそこに原理や特性を見出すという，いわゆる「実践の典型化」[6]という方法をとる。取り上げる先行実践は，公立中学校において独自の工夫により，個性化につながる個別化を実現した大村はまの国語科単元学習である。

　大村はまの国語科単元学習は，単元学習という授業構造と授業過程で開発・活用された多種多様な教材，そして教材の一部となる「学習の手びき」[7]に支えられている。単元学習という授業構造は大村独自のものではない。しかし，そこで開発され活用された「学習の手びき」は，大村独自のものであり，他者性と自己の独自性を認識し，他者性と自己の独自性を組み合わせることによって，自己と他者の相互が力を発揮し伸ばし合うという学習を可能にするという意味で，授業構造の中核的位置を担っていると考えられる。

　〈カテゴリー2〉の「異質な人々からなる集団で相互にかかわりあう」について挙げられているのは，「A 他者とよい関係を築く」「B チームを組ん

で協働し，仕事する」「C 対立を調整し，解決する」ことである。しかし，これらを実現させる前段階として，まず，「異質な人々からなる集団」ということを認識させなければならず，異質であることに価値を見出させなければならない。

しかし，共通の目標に向かい，共通の行動規範に則って日常を送ることを求められる教室において，異質であることは安全を確保されにくく，そこで日常を過ごす児童・生徒にとっては，できれば避けたいことである。わかりあうことや共有，共感が，よいもの，求められるものとして存在する教室では，他者の意見に対して「それってどういうこと？」という問いを発することは大変に難しい[8]。そうした教室の文化があることを踏まえるならば，まずは異質性や他者性に価値を見出させる仕掛け，相互に存在する他者性を顕在化させるための仕掛けが必要になる。それとともに，異質性や他者性が自らを豊かにするものだという認識を実感として得させるべく，授業展開を工夫しなければならない。単元学習の授業展開は，異質性や他者性が自らを豊かにするものだという認識の実感に機能するものであるが，そのためには，個独自の視点からの意見を持たせ，異質性や他者性を成立させなければならない。大村の実践の場合，その個独自の視点からの意見を持たせために活用されるのが，個別学習の段階や個別学習を交流させる段階で学習者に示される「学習の手びき」である。

本研究はこうした考えに基づき，次のような方法において進める。方法は（　）内に，関係する章は［　］に示す。

① 現代の学校における学習の問題について整理し捉える（文献研究）［第1章］

② 「学習の手びき」の背景となる大村はまの理念と大村はま国語科単元学習を整理し，①で捉えた問題に対する可能性を捉える（文献研究）［第2章］

③ 大村が開発・活用した「学習の手びき」の分析・考察を，通覧と詳察

によって行う（文献研究と実践事例の体験的分析による検証）［第3章］［第4章］

④ ③を踏まえ，「学習の手びき」の特性と「学習の手びき」開発の過程を明らかにし，授業における個性化と個別化を実現するための「学習の手びき」のあり方を整理する（文献研究）［第5章］

⑤ 教師が個性化と個別化実現することについて理解するための過程を，大学院生を対象として試み，個性化と個別化を実現するための道筋を導出する。（実践分析）［第5章］

第2節　本研究の意義

第1項　大村研究からの意義

　大村はまの国語科単元学習に対しては，これまでも多くの分析・考察がなされている。その点からすれば本研究はいわば，大村はま国語科単元学習の再考という位置付けとなる。そうした位置において本研究がこれまでの研究と異なる点は，大村はまの実践に多用され，直接的に学習者の学びを導いている「学習の手びき」を取り上げる点にある。

　これまでの大村はま国語科単元学習を対象とした研究においては，その単元展開や学習記録，学習者や教材を取り上げたものが中心である。単元内で用いられている「学習の手びき」に対する研究は未だ少なく，主として次のものが挙げられる。

・大西道雄（1983）「国語科授業論の一考察－学習の手引きを中心に－」
（「福岡教育大学紀要」，第33号第一分冊，pp.73-87）
・大西道雄（1987）『学習の手引きによる国語科授業の改善』（明治図書）
・世羅博昭（2004）「『学習の手引き』と『学習記録』による評価のあり方

―大村はま実践と宮本浩子実践を関連づけて―」(『総合と教科の確かな学力を育むポートフォリオ評価法実践編「対話」を通して思考力を鍛える！』宮本浩子・西岡加名恵・世羅博昭，日本標準，pp. 164-184)
・若木常佳（2005）「話す・聞く学習指導における『思考』を育てる学習の手びき―大村はま実践を手がかりに―」(「広島大学大学院教育学研究科紀要」，広島大学大学院教育学研究科第二部第54号，pp. 141-149)
・若木常佳（2005）「対話能力を育成するためのカリキュラムについての研究―『方略的知識』と『関係づける力』を中心に―」(「国語科教育」，全国大学国語教育学会，第58集，pp. 26-33)
・若木常佳　納富恵子（2010）「多様な教育的ニーズのある子どもに対応する教育実践事例の研究〜大村はまの場合〜」(一般社団法人日本LD学会第19回大会，愛知県立大学，「一般社団法人日本LD学会第19回大会発表論文集」，pp. 560-561)
・若木常佳（2011）『話す・聞く能力育成に関する国語科学習指導の研究』（風間書房　第5章第3節）
・甲斐伊織（2011）「入門期における『話し合い』の指導内容：大村はま国語教室における入門期の単元分析を通して」(全国大学国語教育学会発表要旨集，pp. 279-282)
・藤本翔子　若木常佳（2013）「書く活動に対する個別支援のあり方―学習の手びきを活用して―」(「教育実践研究」，福岡教育大学附属教育実践総合センター，第21号，pp. 283-290)
・若木常佳（2014）「個別化・個性化を可能にする学習システム―大村はまの場合―」(「福岡教育大学紀要」，福岡教育大学教育学部，第63号，第1分冊，pp. 119-129)
・勝見健史（2014）「大村はまの指導観に学ぶ」(『教育フォーラム5 文学が育てる言葉の力　文学教材を用いた指導をどうするか』金子書房，pp. 91-102)
・若木常佳（2014）「話し合い活動活性化の意味とその方法」(「月刊国語教

育研究」，日本国語教育学会，NO.505，pp.4-9)

　このように，大村の実践に示された「学習の手びき」をその単元内の機能に限定したり，一部の領域についてその機能を考察したものはあるが，「学習の手びき」を体系的に整理したもの，授業における個性化と個別化の実現という視点からの研究成果は公刊されていない。
　このように，大村実践を対象とした研究は継続的に行われ，その特性や原理的内容についての追究は為されている。しかしその多くが「学習の手びき」をその単元内の機能に限定したり，一部の領域についてその機能を考察したものであり，「学習の手びき」そのものを取り上げて体系的に整理し，そこに一般の教室において個別化・個性を実現するための有効な手だてとしての可能性を見出そうとする研究はまだ示されていない。
　本研究においては，大村の作成した「学習の手びき」に視点をあて，「学習の手びき」が個性化（オーケストレーティング）に基づいた個別化（テーラリング）に対し，どのような役割を果たしているのかということを明らかにする。それとともに，大村が「学習の手びき」をどのように作成していったのかという作成過程についても目を向け，学校の一般的教室において実際に教師が単元展開や「学習の手びき」を作成・活用するための道筋を探っていく。
　確かに大村の実践は，それぞれが固有であり，汎化できるものではないとされる。しかし，そこにある理念や単元展開の原理，「学習の手びき」作成にいたる教師の思考の過程を明らかにすることは，「異質な人々からなる集団で相互にかかわりあう」ことを実現するための具体的方略とそれを可能にする教師の思考を明らかにすることにつながる。それは教室内での個別化と個性化の実現と教師としての指導力を高めるためにも必須のことであるだけなく，教室内での個別化と個性化の実現という点から追究することは，今後の大村研究から意義があることと考える。

第2項　授業改善からの意義

　授業改善の点からの本研究の意義は，個別化と個性化を実現するための方法とそれを実現するための考え方について示すことができることである。

　学校教育は，「異質な人々からなる集団で相互にかかわりあう」ことの基盤に培うものでなければならない。そのためには学校教育の過程で，相互がそれぞれに異なる存在であるからこそ個々に存在意義があること，他者と対話をすることによってこそ，自己の世界にも広がりが生じること等，「異質な人々からなる集団で相互にかかわりあう」ことの必要性と意義の感得が図られなければならない。しかし，現代およびこれまでの学校教育では，行動主義学習観や認知主義学習観における学習観が馴染み深い。つまりそれは，そうした学習観の基で行われる授業展開に，教師が馴染んできたということでもある。丸野俊一・松尾剛（2009）は，授業実践に対する教師の認識について，「あらかじめ自分の立てたプラン通りに，しかも自分のペースで，重要な概念や原理を一方的に伝達する知識伝達型授業に長い間慣れ親しんできた教師にとって，子ども主体の対話による授業を営むことは至難の業」であることを指摘した。それとともに，多くの教師が「対話による授業の営みの困難性を認識している」こと「どう実践したらよいかわからない」という「悩みの声」が大きいことについての指摘もしている[9]。

　「子ども主体の対話による授業」とは，まさしく OECD-DeSeCo のキー・コンピテンシー「異質な人々からなる集団で相互にかかわりあう」授業である。そうした授業成立のためには，真に対話が成立すべく，学習者個々に異なる価値を持たせて，それらを組み合わせるための学習設計と，異なる価値を個々に持たせるための個別指導が必要になる。

　大村の実践した国語科単元学習には，真に対話が成立すべく学習者個々に異なる価値を持たせ，それらを組み合わせるための学習設計が見られるとともに，「学習の手びき」によって，個別の指導を充実させ個性化を成立させ

るための視点が示されている。昨今，D.W. Johnsonらによって「協同学習」として紹介され，ジグソー学習等としても広がりを見せつつある「異質な人々からなる集団で相互にかかわりあう」授業のスタイルは，知識伝達型授業のスタイルからの脱却をめざす教師にとって魅力的である。今後こうした"協働的な学習"のスタイルは重要性を増すであろうが，実は，その成否は個別の学習内容によるところが大きい。多くの"協働的な学習"のスタイルの解説書においては，構造や授業展開，実施の上でのルールは示されるものの，個別の学習内容を充実させるための方法については言及されていない。個別の学習内容を充実させることができないまま"協働的な学習"をすることは大変に危険である。

こうした現状に対し，本研究において，大村の実践した国語科単元学習における「学習の手びき」を分析・考察することは，「異質な人々」を組み合わせた意味ある活動の内実と活動を学校の授業場面で実現するための具体とともに，個別の学習内容を充実のための手がかりを示すことになり，今後直面するであろう授業改善に資することができる。

第3項　教師教育からの意義

日本の教師には，丸野らの指摘にあるように「原理万能主義に依拠した知識伝達型教育」から，多様な視点や「多様な視点から考え続ける思考過程」そのものを重視するという授業への転換が求められている。しかし，前項に丸野・松尾の指摘を示したように，教師の多くはその必要性とそれを求めながらも，どのようにしたらよいのかがわからず煩悶している状況にある。これは単に授業改善を問われているのではなく，教師の教育観そのものが問われるということであり，先行実践や成功事例を真似るという方法では対応できない。

村井万里子（1995）は「次の実践のありようと教えるのは前の実践である」と指摘するが，そこで留意すべきこととして，「単に『前の』ものであ

るだけでは，次の実践を『よく』する力はない。次第に矮小化されていく繰り返しが起こるだけである」と断じている。これは解釈をせず単に先行実践のやり方を真似ることの危険性への指摘である。J.V.Wertsch（2002）はその著書『行為としての心』において，学習を習得（mastery）と専有（appropriation）の二側面から捉えるが，そこから述べた場合，教師に求められるのは，単なる方法の習得ではなく，解釈という対象との対話を経た専有（appropriation）である。そうでなければ，「『典型』性の備わった実践」から「典型」を見出して自己の内部に位置づくものを得ることができず，「次第に矮小化されていく繰り返し」しかできない教師となってしまう。これを避けるためには，「『典型』性の備わった実践」から「典型」を見出すための解釈という対象となる実践との対話を，教師教育の過程で設定しなければならない。「典型」とは，「一回限りの個にして万象に通じる普遍」（垣内松三）である。

　大村は，自身の体験と周囲の研究者からの示唆により，確かな「典型」を見出している。本研究においては，大村の「学習の手びき」の分析・考察の過程で，将来小中学校の教師となる大学院生を対象として，大村の「学習の手びき」を用いて学習を追体験させる。その追体験により大学院生が得たことを分析することは，「『典型』性の備わった実践」から「典型」を見出すための方法の試行である。この試行を通して，教師が自己の中にある「自身の中に埋め込まれ身体化されたもの」（苅宿俊介）に気づきそれを修正する過程として，教師の養成プログラムの中にどのような「教育的状況」と「教育的契機」[10]を整える必要があるのかについて考えることは，教師の力量形成に対する方法の探究に資するものである。

注
1) テーラーリングとオーケストレーティングについては，第1章第2節第1項に佐藤学の説明を引用している。
2) 佐藤学（2012）『学校改革の哲学』東京大学出版会，p.46

第 2 節　本研究の意義

3) 石黒は，「心理学を実践から遠ざけるもの」（佐伯胖・宮﨑清孝・佐藤学・石黒広昭（1998）『心理学と教育実践の間で』東京大学出版会）において，こうした表現を用いている。
4) 共同，協調，協同，協働，これらの示すところについては，それぞれ特性があり，本来使い分けられるべきものである。現段階では，文部科学省等は「協働」を用いている。確かに将来的ニーズからは「働」であろうし，学校教育においても，異なる他者の協働であることが望ましいことから，本研究では「協働」を用いることとし，以後 "協働的な学習" と記述する。
5) 鹿毛雅治（2010）「学習環境と授業」（高垣マユミ『授業デザインの最前線Ⅱ理論と実践を創造する知のプロセス』北大路書房，p.28）
6) 第1章第2節第2項の【資料1-3】参照。
7) 本研究では，大村が「学習の手引き」や「てびき」等の様々に記述して授業中に配布した紙媒体のものを「学習の手びき」と総称する。
8) 若木常佳・北川尊士・稲田八穂（2013）「話し合う力を育成する教材の研究「台本型手びき」にキャラクターを設定した場合」（福岡教育大学紀要，福岡教育大学教育学部，第62号，第1分冊，pp.87-95）において，自分達のクラスは相互にわかりあえているよいクラスという認識のもと，他者に尋ねることは「わかってあげられないということでよくないこと」と考えて他者に質問しない子どもの様子が報告されている。また，土井隆義（2004）は「お互いの対立点が顕在化してしまうことは耐えがたい脅威」であり，「そのような異常事態は，なんとしても避けなければならない事柄」として「優しい関係」が存在することを指摘している。（『「個性」を煽られる子どもたち　親密圏の変容を考える』　岩波ブックレット No.633　p.17）
9) 丸野俊一・松尾剛（2009）「対話を通した教師の対話と学習」（『授業の研究　教師の学習　レッスンスタディへのいざない』明石書店，p.70）第1章第2節第2項の1で詳述。
10) Langeveld の「教育的状況（pedagogical situation）」を踏まえ，「教育的状況（pedagogical situation）」の現象学的分析の一つの方法として van Manen, Max が「教育的契機（pedagogical moment）」という概念を創出した。

第1章　学校における授業が抱える課題と改善の道筋

　本章では，まず今後において求められる能力をDeSeCo (The Definition and Selection of Key Competencies) の示す3類のコンピテンス概念と措定し，そのために必要とされる授業構造を考える。次いで求められるものに対し，現在の学校における授業にどのような解決すべき課題があるのかということを，求められる能力と学校の「装置」の2点から明らかにする（第1節）。その上で，学校における授業が抱える課題に対する改善の道筋を，学校の中にある「観」に対する変革，「個体能力主義」の脱却と個性化につながる個別化の必要性に着眼しながら述べる。それらを踏まえ，さらに，変革を具体化するための方法論について記述する（第2節）。

第1節　学校における授業が抱える課題

第1項　今後において求められる能力と授業構造

1　学習者に求められる能力

　学習者が生きる今後の世界においては，どのような力が求められるのであろうか。グローバル化が急速に進む現代から未来を考えた場合，能力の世界基準化は避けられない。そしてそれら世界基準の能力は，次に示すDeSeCoの3類のコンピテンス概念として浸透しつつある。

【資料1-①】 OECD-DeSeCoのキー・コンピテンシー　［OECD（2005）より訳出］

〈カテゴリー1〉 道具を相互作用的に用いる	A 言語，シンボル，テクストを相互作用的に用いる B 知識や情報を相互作用的に用いる C テクノロジーを相互作用的に用いる
〈カテゴリー2〉 異質な人々からなる集団で 相互にかかわりあう	A 他者とよい関係を築く B チームを組んで協働し，仕事する C 対立を調整し，解決する
〈カテゴリー3〉 自律的に行動する	A 大きな展望の中で行動する B 人生計画や個人的プロジェクトを設計し，実行する C 権利，利害，限界，ニーズを擁護し，主張する

　では，これらは，これまで我が国で示されてきた能力とどのように異なり，どのように新しいのであろうか。それについては松下佳代（2012）[1]の整理を参考としたい。松下は，我が国で最近様々に示される「生きる力」（1996），リテラシー（2001），人間力（2003）を取り上げ，それら「新しい能力」における類似性を踏まえた上で，DeSeCoのコンピテンス概念との相違を示している。

　松下が，我が国で様々に示された「新しい能力」における類似性として挙げたのは，次の4点である。

・基本的な認知能力（読み書き計算，基本的な知識・スキルなど）
・高次の認知能力（問題解決，創造性，意思決定，学習の仕方の学習など）
・対人関係能力（コミュニケーション，チームワーク，リーダーシップなど）
・人格特性・態度（自尊心，責任感，忍耐力など）

　松下は，これら我が国で最近様々に示されてきた能力について「個人の内的な属性として捉えられている」ものであると捉え，DeSeCoのコンピテンス概念との相違を，「個人の内的な属性と文脈との『相互作用』の産物である」と指摘している。さらに松下は，キー・コンピテンシーを「道具を介して対象世界と対話し，異質な他者とかかわりあい，自分をより大きな時空間

の中に定位しながら人生の物語を編む能力」と捉え，「個人の内部から，個人が対象世界や道具，他者と出会う平面へと引き出す」もの「関係の中で見出すものでありつつ，個人に所有されるものでもある」ことを捉えている。この松下の指摘で注目すべきは，能力というものを「個人の内部」から「他者と出会う平面」へ引き出すものであるという見解と，能力には「関係の中で見出す」と「個人に所有」という二つの見方があることを示したことである。

　教育は最終的には個に帰するものである。個に対して行われなければならない。それを考えると，「個人の内部」への照射は絶対的に必要である。"協働的な学習"のスタイルが導入され，学習がグループでの活動で行われることは今後多くなるであろう。しかし，どのような学習の中でも，決して個々の力を育成することをおざなりにしてはならない。ただ問題は，それがどのような状況で行われるのかということなのである。それが単に個々が切り離された中で行われるのではなく，「相互作用」や「かかわり」の中で行われ，「個人が対象世界や道具，他者と出会う」過程で身につけていくことが求められているのである。

2　求められる授業構造

　今後の世界基準としてキー・コンピテンシーを捉え，そこで求められているものを学校教育の中で育成するためには，学校教育における授業の構造を考える必要がある。そのために，授業においてどのような学習の機会を提示すべきなのかということを整理したい。

　〈カテゴリー1〉の「道具を相互作用的に用いる」という点から考えた場合，用いる道具である言語や知識，情報やテクノロジーを持っていること，持ち得た道具で，「対象世界と対話」することが求められる。つまり，道具を持たせるための学習場面とそれを活用して「対象世界と対話」する学習場面，その対象世界について熟考する学習場面，自己内対話を積み重ねる学習

場面が授業の中に必要ということである。前者の道具を持たせるための学習においても，持つことそのものをゴールとするのではなく，活用できることが前提である。したがって，記憶だけでなく，必要に応じて検索することができるように，手もとに資料を持たせることや検索方法の指導が必要になる。後者の「対象世界と対話」をするということを実現するためには，授業内の教師の言葉が「～は○○です。わかりましたか？」といったものではなく，「なぜ？」「どうして？」「～ってどういうこと？」という問いかけへと変わらねばならないということである。それによって，既知を関係づけて論理的に思考することを求める思考を体得させる。そのためには，当然のことながら，既知を関係づけて論理的に思考するというその仕方についても，学習する機会を設定することが求められる。

〈カテゴリー2〉「異質な人々からなる集団で相互にかかわりあう」ということを実現させるということは，一つは異質な人々の集団を意図的につくるべく，教師が準備することが必要ということであり，もう一つは，異質な人々とかかわりあうための方法と「精神的体力」[2]を学習者に持たせることが必要ということである。本来異質であるはずの個々を，同質化，均質化しようとしてきたのが，ある意味学校であり学校教育の一面でもある。日本の教育はこの同質化，均質化という一面に対し，これまでエネルギーを傾注してきた。それに対し，これからは，異質である他者を意図的につくり出すことが求められるのである。異質な人々の集団を意図的につくるとは，多様な意見を持たせる準備として，多様な視点を持ったテーマや教材を考案することや，意見を持たせることとそれらを引き出す仕掛けを工夫するということである。また，異質な人々とかかわりあうための方法と「精神的体力」を学習者に持たせるということは，まずは異質である他者と対話を重ねるために不可欠な粘り強く相互の差異や共通項を確かめる学習場面，対話を重ねるための必要となる対話のための言葉の学習，さらには，異質な人々とかかわりあうことが自己に有益であることを実感する機会を授業の中に設定すること

である。同時に学級文化の醸成により，自己が異質な人々の中に「晒される」[3] ことに対する耐性や対策を行うことも必要になってくる。

〈カテゴリー3〉「自律的に行動する」において求められることは，相対化ということ，自分の能力や学びの状態を把握することである。学校教育で考えるならば，自分の位置（計画や習得状況）の把握ということでもあるし，現在の学習内容の学問的位置の把握という2点が考えられる。まず自分の位置であれば，学習内容に対する理解や学習計画における位置を見極め，必要な学習を選択・計画することができるということである。そして，自己の学びを自覚し，自信や課題として自らの人生を歩むことができるということである。そのためには，日常の学習において，学習者に学習の系統や計画が示され，学習の前後に自己の学習状況とのマッチング，学習の意味の確認を設定する必要がある。次いで学習内容の学問的位置の把握であれば，その学習内容がどのような視点によるものであるのかという吟味や検討を行う意識を教師が持つことが求められるということである。教師は学習者に対し，必要に応じてそれら視点を提示したり，多角的視点を設定できる学習内容を見つけ出して用いる。そうした準備により，物事を多角的に捉える意識に培う学習は設定可能となる。そして，学習の終末段階等においては，学習者がここまで学んできた自らのプロセスを眺め，得た力を自覚するための機会の設定が必要である。

これまでの日本の学校教育が，どちらかと言えば教師の意図した理解や価値に導いていくことや，そうした教師の指導を受け入れる受け身的な学習者の姿を求めたこと[4]，均質化や収束的な思考が中心的であったことを考えた場合，抜本的な授業構造の変更が求められることは明らかである。

第2項　求められる能力に対する現実的な問題

1　能力の二重性という問題

　DeSeCoのコンピテンス概念は重要である。この概念により，能力が個人内への照射だけではなく，共同体，つまり個人間への照射という視点があることが明らかにされた。これは学習が個に留まり，「個人の能力（ability）がどうなのか」が問われる「個体能力主義」の考え方が中心に位置する我が国の能力観や学習や授業のあり方を転換させる契機としても有効である。

　しかし，こうした能力が示されたことは別の問題を生じさせた。その点について本田由紀（2005）は，「近代型能力」と「ポスト近代能力」という視点から俯瞰的に整理（【資料1-②】）し，問題点を指摘している[5]。

　「近代型」とは，皆が一斉に同じ方向を向いて，同じ価値観を持ち，努力を重ねて豊かさ（快適さ）を求めたかつての時代に求められた能力であり，「ポスト近代」（ポストモダン）とは，個々がそれぞれの価値を追い求め，人々に共通した価値観が失われた時代（つまり現代）に求められる能力である。

　本田はこのように分類しつつ現代の問題性を，「近代型」を基盤としなが

【資料1-②】「近代型能力とポスト近代型能力」（本田由紀）

近代型能力	ポスト近代型能力
「基礎学力」	「生きる力」
標準性	多様性・新奇性
知識量，知識操作の速度	意欲，創造性
共通尺度で比較可能	個別性，個性
順応性	能動性
協調性，同質性	ネットワーク形成力，交渉力

ら,「ポスト近代型」が覆い被さった状態にあると指摘する。つまり現代は,個性化や多様性,意欲が言われながらも,一枚皮をめくれば,依然として「近代型能力」が求められるという二重構造になっているわけである。しかも,それらは個が保有する能力として存在しているわけであり,その個が,到達しなければならないラインが引かれているものである。そこに学ぶ側の苦しさがあり,教える側の焦りが生じてくる。示されたものに到達しなければならないことに対する苦しさや焦りである。

「ポスト近代型能力」のベースとしては,「近代型能力」が必要になる。なぜなら,求められる柔軟で論理的な思考力は,幅広い知識や物事に対する常識的な見方や考え方を踏まえてこそ見出せるものなのであるからである。しかし,それをどのように求めるのか,どのようにして習得していくのかということに対する吟味・検討がなければ,「ポスト近代型能力」は手の届かない夢の世界に過ぎなくなる。

2 教室の中の現実的問題

相互作用やかかわりが中心概念のキーコンピテンシーが示され,それらが求められる中で,日本の教室の中では,実際にどのような教育活動が行われているのであろうか。それに対しては,先述したように石黒(1998)が,教育現場における一番の関心事が「個人の能力(ability)がどうなのかということ」という「個体能力主義」にあることを指摘し,その問題を取り上げている。

石黒は「それは学業達成度(achievement)かもしれないし,社会的な能力(skill)かもしれない。いずれにしても個人が達成したり,所有しているものがそこでは問題なのである。」[6]と述べる。学制によって「個人主義を徹底した学びの文化」から「同じ内容を集団的に学ぶ文化」への転換が図られたにも関わらず,「同じ内容」に対し,個々はどこまで到達したのかということが問われ,「集団的に学ぶ」にも関わらず,教室には「対話」が存在せず,

いつも一つの方向を向いていることが求められ続けている。これは，「集団的」の内実が問われる課題である。

確かに教育は，個の力を育成することに機能しなければならない。しかし，実際の学校の教室の中での「個体能力主義」に存在している問題は，実は他者との関わりに対する断絶であり，「依存から自立へ」という学校の発達観の特異性である。それを端的に示すものとして，石黒は「今は人に聞いていればいいかも知れないが，学校を出たら何でも一人でやらなくてはならないんだぞ」という教師の言葉を挙げている。これは，「一人でやれない者は一人前ではない」という意識の裏返しであり，他者と関わることの否定にもつながるものである。石黒はこうした学校の実態を挙げながら，学校と学校以外ではズレがあること，学校独特の発達観に触れながら「個体能力主義」に立脚した「学校的学習」は，「学校教育の存在意義の根幹に関わる」[7] 問題を抱えていると指摘する。

石黒の学校における「個体能力主義」の問題性に対する指摘は，佐藤学の「日本型システム」の問題性と共通するものである。佐藤は，日本の学級経営には日本独自の「日本型システム」として，「学習生活（個人）と学級生活（集団）は二重の独自システム」[8] が存在することを指摘している。その上で佐藤は，学校に存在するいじめ等の荒れの原因について，次のように分析している。

> 教師集団によるいじめや学級集団によるいじめが陰湿化するのは，学校が学級集団単位に組織され，個人が個人として存在する居場所がないからである。しかも，その集団は他者性を排除して成立している。さらに厄介なことに，日本の学校文化の基層は，前章の前半で示したように個人主義の文化であり，いくら授業の過程に積極的に参入したからと言って集団への帰属が保障されるわけではないし，逆に，授業の過程への参入を拒否しようとも集団から排除されるわけではない。学習生活（個人）と学級生活（集団）は二重の独自のシステムを形成している[9]。

佐藤の「個人が個人として存在する居場所がない」「その集団は他者性を排除して成立」ということは，個々の異なり（差異）を認めず，差異があるが故の個の存在意義や，差異のある個々がチームを組むことで生じる価値を見出さないということである。チームは差異のある個々が組むことによって初めて意味が生まれるものであり，他者性に触れることで自己の特性に気づくことや，他者に説明する過程での軋轢が，自己の考えを深化させるという利点がある。それは J. V. Wertsch の指摘する「専有（appropriation）」となるということを指している。しかし他者性を排除した幻想の中に成立している学級文化では，他者性の発見や発覚を恐れ，他者との対話を「精神的体力」の不足と展開する方法を知らないために忌避し，皆が同じ方向や価値を見出している幻想に陥っている。それは，相互の考え（差異）を確かめ擦り合わせて止揚することなく，「聞いたふり」「わかったふり」をして相互に関わらないか，または自分の考えを他者に押し付けるか，あるいは他者を排除するかのいずれかにつながる。他者性に触れることで自己の特性に気づくことや，他者に説明する過程での軋轢が，自己の考えを深化させることのない状態であれば，「習得（mastery）」段階に留まる学びにしかならない。

　こうした皆が同じ方向や価値を見出している幻想の中で，学級の中では他者性を排除する表面的集団生活を求められ，その一方で授業では，石黒の言うところの「個体能力主義」が成立し，学習者は全て個人の能力追求を求められる。たとえ学習の過程でグループ活動を行っていても，最終的にテスト（試験）という形で同一の到達点に向けて他者との関係は断ち切られ，個人でそれができるのか，それがわかっているのかということが追求されるのである。

　このように，教室においては「強迫的に集団への参入を自主的主体的に追求しながら，絶えず協働の中の孤立を体験しなければならない」[10]という矛盾が存在している。その中で学習者は，他者性を排除して成立する集団の中で個を失い，「個体能力主義」の中で個の力を追及される。それが教室とい

う同一空間の中で際限なく（おそらく高校までなら12年間）繰り返されることになる。この繰り返しの中で育成されるのは，果たしてどのような人材であろうか。他者と関わることの意味や価値を認識せず，その方法も知らず，ただひたすら埋没しつつ個の能力の「習得（mastery）」だけを求める，あるいは，そこから逃避して別の世界を求めるという人の群れが，日々生まれているのではないだろうか。

どのような人材を育成すべきなのかということを考えるにおいては，この日本の多くの教室で際限なく繰り返されている現実態を，まずは認識しなければならない。その上で，学校における授業をどのように改善できるのか，相互作用やかかわりが中心概念のキーコンピテンシーを授業という中でどのように具体化するのかを考えねばならないのである。

第3項　学校という「装置」がもたらす問題

1　学校という「装置」

学校というプロ集団による教育の場の設営は，『大教授学』や『世界図絵』を記したコメニウスの考えに基づく。例えば古代ローマの時代においては，教育は基本的に家庭で行うものの，父や母が家庭で教えることのできない内容については別の場で別の人間が教えるという形態であった。コメニウスは，自身が戦災により放浪した経験も手伝い，家庭での教育力に限界があることを認識し，プロ集団による教育を考案したのであり，人間が生きていく基盤となる様々な力を全ての人を対象として育成することを目指した。コメニウスは，学校のイメージを具体的に描き出しており，現代の学校の形態や状態は，ほぼそのイメージを踏襲しているといえよう。

日本の場合，1872年の学制により全国的に共通したシステムとしての学校が成立し，学級単位や一斉授業の授業スタイルが定着した。それまで藩校や寺子屋において個々に行われてきた教育は，皆学機関としての小学校の開設

によって再出発することにとなったのである。それは，これまでの「個人主義を徹底した学びの文化」から「同じ内容を集団的に学ぶ文化」への転換であった。

　こうした学校というものに対し，「学校は一つの装置（disposition）であり，モノと人と知の配置（disposition）によって特有のシステムと権力空間を構成している」[11]と捉え，その問題を指摘したのは佐藤学（2012）である。我が国において学級単位や一斉授業の授業スタイルが定着したのは，学校制度が発足した1872年からであり，それまで藩校や寺子屋において個々に行われてきた教育は，皆学機関の開設によって失われた。佐藤は，その時から次に示す「装置」としての性質を学校が明確にしたと指摘する。

　「教育する主体」と「教育される客体」「学校と教室の無機的なレイアウト」「一方的に均質な速度で流れる時間」「文化の配置と階層化」「（一斉授業と問答法という）授業の様式」「（一斉授業と問答法という）コミュニケーションの様式」「学年」「学級」

　佐藤の指摘するこうした「学校という装置」によって導きだされる教育のスタイルは，「無機的なレイアウト」と「教師の発問と指示によって子どもたちを一斉に集団的に統制する教室」と「一方的に均質な速度で流れる時間」という環境の中で，教師という「教育する主体」が児童・生徒という「教育される客体」に対して，一方向的な「コミュニケーション様式」による授業を行い，試験によって管理するというものである。こうした「装置」によって，学校は「全国のすべての子どもたちが同一の年齢の同一の時間に，同一の内容を同一の教室で同一の活動をとおして学ぶ場所」[12]となった。それは，単に教育の均質化としての役割だけでなく，1900年代の他国との競争に勝たねばならないと考えて富国強兵を求める時代の流れとも重なり，国益に利する人材の輩出を効率的に行うための「装置」としての機能も果たしてきた。

佐藤が挙げた日本の学校に存在する「装置」の大部分は，現代の多くの学校に引継がれている。それを考えれば，その「装置」の中で行われている「同じ内容を集団的に学ぶ文化」についても，同様に現代に引継がれていると言わざるを得まい。学校教育が抱える問題は，まさにこの点，《日本の学校の多くが現在もなお学校に設定された「装置」によって「全国のすべての子どもたちが同一の年齢の同一の時間に，同一の内容を同一の教室で同一の活動をとおして学ぶ場所」となっていること》にこそある。

2　学校という「装置」と学習者の問題

　こうした学校の有り様に対し，思い出されるのは，伊東博（1980）の指摘である。伊東は，いわゆる問題行動を起こす児童・生徒について「学校から押し出された子どもたち」という表現を用い，その存在が日々膨らんできていること，そうした子どもが生まれる背景として「もっとも根源的な原因を学校自体が作っている」ことを指摘した。この指摘が為されたのは，今から30年以上前である。さらに伊東は「『自己の証明』を拒否する学校というものは，はたして存在する価値があるのだろうか？」と学校の存在意義そのものを取り上げ「学校存在の根源にかかわる問題から見なおさなければならない時期に来ている」[13]と述べている。果たして現代までの30年余の間に，この問題は解決し得たと言えるであろうか。

　たしかに教師は努力をし，改善の方法を模索した。その努力によって部分的に改善されつつあるであろう。しかし，依然としていわゆる問題行動を起こす児童・生徒は存在し，命を削る思いで学校と向き合う児童・生徒は存在し，さらには，学校での教育に疲弊して学校から去っていく教師も多い。伊東が30年以上前に指摘したこの問題は，未だ解決されてはいないのだ。

　確かに，教育の均質化は必要である。しかし，人間は本来個々に異なる。異なるからこそ，個々の存在意義がある。「同一の内容を同一の教室で同一の活動をとおして学ぶ」ことのみを求められる学校においては，「自己の証

明」を得ることは難しい。

　熱病のように皆が必死に他国に勝つことや経済的豊かさを求め，結果として努力に対する目に見える効果を手にすることのできた時期は，必死になることに「自己の証明」を見出すことができたのかもしれない。しかし，その時期が過ぎれば，そのときには決して見えなかった個々の存在や個に存在する独自性が無視される学校の「装置」が見えてくる。見えなくとも，他者と同じであることを求められ，十把一絡げにされていることへの不満を感じることになる。自身がかけがえのない存在であることを実感させてくれることのない場所に居続けること，居続けて営々と努力を重ねることは，誰にとっても困難であるが，営々と重ねる努力によって得られる「地平」[14]を見ることが出来ず，自我を意識し始めたばかりの児童・生徒には，とりわけ難しいことであろう。

　その結果，個々の存在を意識した児童・生徒は，学校の学級や授業の中で「自己の証明」は得られないことを悟って耐えしのぐのか，部活動にそれを得るのか，あるいは，家庭や学校外の活動に意識や価値を見出して外に出て行くのか，または，他者に対して自己の存在を誇示する行為を行うのか，最悪の場合は命を絶つという選択を迫られることになる。

　教室が「全国のすべての子どもたちが同一の年齢の同一の時間に，同一の内容を同一の教室で同一の活動をとおして学ぶ」場所であることには，全員の所属の場である社会というものにおいて，その社会が持つ文化や規範を学び，文化や規範を共有することによって相互に暮らしやすくするための基礎力と培うという意味がある。しかし，学校教育の意図はそれだけではない。教育は個々の人間のために行われなければならないし，学校教育は個々の人間が学校教育以降の長い人生を生きていくための基盤とならなければならない。

　そのように考えたとき，学校に存在する「装置」は，次の二つの問題を提起する。一つは，学ばせている「同じ内容」や「同じ活動」が，その場で学

んでいる次世代を生きる人間にとって，相応しく必要なものなのかということであり，もう一つは，個々に異なる資質や能力を持つ人間に対し，その社会が持つ文化や規範や価値を学び文化や規範を理解し価値を共有する（極端に表現すればそれらに適合させる）という面だけを捉えて評価する教育になってしまうのではないかということである。繰り返すが，理解や共有が必要ではないと言っているのではない。問題は，個々に異なるものに対する対応や承認があるのだろうかということであり，異なりある者に対し，「同じ内容」「同じ活動」を同一の空間の中でさせることや，それに対する到達の度合いとして一定の水準を設定し，その水準に対し適合すること（させること）を，何の疑問もなく求めてしまうことである。

　前者の問題に対しては，「内容」と「活動」が吟味・検討されるべきであるし，後者においては，「内容」と「活動」に加えて，それらの到達ラインに対する考え方の吟味が必要になる。この両者の問題は，学校に存在する教育観そのものに対する吟味を求めることに他ならない。

　日本の学校は，140年余にわたって多くの人材を輩出してきた優れた教育機関である。しかしそれとともに，自己の存在への疑義を持ち，生きることに意味を見出せない，あるいは，これからどのように他者とともに長い時間を過ごせば良いのか途方に暮れた人々をも，同時に生み出す機関ともなったことを忘れてはなるまい。

3　学校という「装置」と教師の問題

　教師は，授業や様々な学校での場面で子どもに対するとき，無数の選択・思考・判断をしている。そして，その選択・思考・判断の多くは瞬間的に為されることがほとんどである。問題は，その選択・思考・判断が何に導かれるか，選択・思考・判断を左右する教師の内面に存在するものの正体，言い換えれば，それらが何によって構築されるのかということである。

　選択・思考・判断を左右する教師の内面については，Korthagen（2001）

が「ゲシュタルト」の存在を，そして佐藤学らは，教師の内面について「実践的思考様式」「実践的知識」の存在を指摘している[15]。また，そうした内面の働きについては，次のような人間の認知システムから考えることができる。

  人間は，眼前の出来事に対し，それを解決するための手がかりを自己の長期記憶から検索する。検索によって解決に役立ちそうな知識や構造化された知識（スキーマ）を取り出し，それを活用してワーキングメモリにおいて解決すべき眼前の出来事とマッチングを行う。そして状況により，新たな検索をかけてさらなるスキーマを探索したり，その解決までの道筋を維持リハーサルによって短期に記憶したり，精緻化リハーサルによって長期記憶に送り込み，スキーマの再構築を図ることもある。

 つまり，選択・思考・判断を左右する教師の内面の正体とは，その人間の保有する長期記憶なのであり，長期記憶に保持されているスキーマなのであり，スキーマのもととなっている体験や知識なのである。その人間がこれまでにどのような体験をし，どのような知識をどのように得てきたかということが，選択・思考・判断を左右する教師の内面を構成している。この点について Korthagen（2002）は，「The three level model of learning about teaching」を示し，教えることについての学習が「ゲシュタルト」「スキーマ」「理論」の3段階に整理されること，この3段階は「段階の格下げ」を生じさせるものであることを示している[16]。

 したがって問題は，教師の授業場面や教室等におけるスキーマが，どのように構築されていくのかということにある。構築過程としては，次の2つのことを考える必要がある。まず，その教師がこれまでどのような学習者としての体験をし，文化背景を持っているのかということ，そしてもう一つは，教師としてどのような体験をし，文化背景を持っているのかということである[17]。

まず，その教師がこれまでどのような学習者としての体験をし，文化背景を持っているのかということであるが，日本の教師の場合，よほどの特異な学校に通学していたのでなければ，これまでの日本の学校教育を受けてきたと考えられる。つまりそれは，前項でも述べた「全国のすべての子どもたちが同一の年齢の同一の時間に，同一の内容を同一の教室で同一の活動をとおして学ぶ場所」として整備された中で，試験と教師の発問と指示によって管理・統制された体験であり，そうした学校の文化を享受してきたということである。学部等で教育の方法等を指導しても，教育実習等では，これまでに体験してきた教室や授業を再現してしまうという問題が指摘されることがあるが，それは，本人が長い時間かけて自身の中に構築したスキーマが学部等での授業では変容しなかったということである。スキーマが変容しない学生は，かつて自分が子どもだったときに教えられたように教えてしまう。この自分が子どもだったときに教えられたように教えてしまうという問題は，実は教育実習だけの問題ではない。よほどの衝撃的な体験，あるいは意識的な学びによってスキーマが変容することがなければ，教師の多くは教えられたように教えるということから脱却することはできない。

次に，教師としてどのような体験をし文化背景を持っているのかということである。それについて苅宿俊介（2012）は，学校文化の中の存在する「型」を「凝り」の問題として指摘し，実施したアンケート調査と教師の発言からそれらを捉えている[18]。それら学校文化の中の存在する「型」「凝り」は，教師は「教えなければ学べない」「正しい知識を教えないと子どもは育たないから，教師は何でも知っていることが理想」「〇年生らしい」という意識を持ってしまっているということである。この「型」，つまりスキーマが学校文化として存在するということは，その中で生活する教師のスキーマに影響を与え，「教えなければ」「正しい知識を教えないと子どもは育たない」「〇年生らしい」という「型」が，強化され，把持され続けることになる。それだけではなく，教師が「〇年生らしい」という到達度の姿を持つ

ということは，本来個々に異なる個人のありようを，「〇年生」の到達度に合わせてみるという状態を生む。その結果，当然ながら到達度合いに生じる差に対して多くの教師は，〈〇年生は，～とあるべき〉とする他から示された一律の基準によって支配され，到達させねばならない，どのようにしたら到達できるのかということに腐心することになる。

　こうした教師の状況は，次のような退職校長の言葉に代表されよう。「個人差がどうしてもあります。それはどうしても出てくる。私はこれまで，その個人差を埋めるべく教育をしてきました。個人を見捨てないために。でも，最近読んだ本で，個人差は埋めなくてよいものなのだと初めて気づきました。」

　この発言をした彼の場合，その個人が到達すべき一律の基準に対し，「で・き・な・い・こ・と・」「わ・か・ら・な・い・こ・と・」は，解決してやらなければならない問題であり，そのために教師がサポートして教育すべきものなのである。それがこの教師の捉えなのであり，そのため，差を埋めることに腐心はするが，個人の持つその差そのものに意味を見出すことには意識が向けられていない。確かに，その個の不足を見出し，鍛錬することも必要である。しかし，それだけでは「個人を見捨てない」ということにはなるまい。彼は小学校の校長を定年退職後，大学で数年間教育に携わった。彼は大学を去る間際に，自己が「その個人差を埋めるべく教育」することに邁進していきたことを認識し，それが果たして正しかったのかどうか，そのことについて初めて疑問を感じたのである。

　退職校長のこうした感覚は，決して特別なものではないであろう。個性化に基づいた個別化を可能にせず，個々の違いを認めず，ひたすらにあるラインに持って行く教師の思想，教育観や学習者観が，子どもの学習観や自己の存在の価値に影響を与えることは必至である。教師が指導した結果として，指導した教師と同じような教育観や学習者観を持った子どもが輩出され，彼等の中から明日の教師が誕生することになる。

このように，日本の学校教育のこれまでの集積の問題は，教師という人材の輩出においても大きな問題を提示している。かつて学校で授業を受けた記憶が，日本の教師の選択・思考・判断を左右する教師の内面を形作り，さらに学校文化というものがそれを強化し，かつて学校で受けた授業の再生産が，現在においても行われつつある。

先に挙げた苅宿は，「まなびほぐし」の必要性を記述する過程で，人間が「社会的・文化的な学習で身につけてしまった『型』をなかなか意識できない」ことを挙げ，「まなびほぐしを考えていくときに，学ぶということは，社会や共同体，そして文化のしくみや習慣の中に埋め込まれ身体化されているという視座に立つことが重要である。」[19]と指摘する。教師が自身の中に埋め込まれ身体化されたものに気づくこと，そして，自己に埋め込まれ身体化されたものを修正するための手だてが，具体的に提示[20]されないかぎり，この循環を断ち切ることは難しい。

教師が「自身の中に埋め込まれ身体化されたものに気づく」ための過程や「教育的契機」（Max van Manen）の設定が不可欠なのである。

第2節　授業改善の道筋

第1項　求められる変革

1　学校の中にある「観」の変革

人間個々には違いがあり，それは，到達ラインを引いた場合には，個々の凸凹として明らかになりがちである。その凸凹をどのように考えるのかということが最も大切な問題である。行動主義学習観や認知主義学習観においては，獲得の仕方は異なるにしても，凸凹のある個人がそれぞれに「知」を「獲得」しなければならないということであり，個々の凸凹がそのまま学習

の成果の差，つまり「獲得」した量の差となる。凹があれば，それを埋めるべき方向に動いてしまいかねない。また，個の有り様や個に対する評価は，その個以外の他者（教師・仲間・家族等）によって行われ，固定化される傾向にある。固定化される理由としては，行われる学習自体が類似の形態を持っていることにもあろう。類似の形態とは，教師からの正解を求める問いかけとそれに対する学習者からの解答や対応，それに対する教師の肯定・否定・賞賛・叱責といった何らかの評価を伴った対応，つまり，Mehan (1979) の指摘した IRE (Initiation-Reply-Evaluation) という独特なコミュニケーションの型が連続することが挙げられる。

例えば，教師間で「へえー，あの子がねえ，驚きました。」そうした会話が交わされることがある。一斉学習では全く活動しないし発言もしないが，グループでの問題解決的学習の場合，相互の調整役，グループの人間関係調整に力を発揮したり，そうかと思えば，メンバーが違うと黙り込んでしまう等である。学習の形態やその生活での人間関係等を背景とし，その個は違う面を見せる。それらがトータルされてその「個」であるにも関わらず，ある一面だけを引き出してその「個」として評価しているのである。

その一方で社会構成主義学習観や状況論的学習観においては，個々の違いが，違うからこその存在意義となる。違うからこそ，そこに相互を理解するための対話や，その個ならではの役割が生まれる。個々に違うということは，他者性が存在することの理解であり，対話の意義の感得にもつながる。また，その共同体の性質や様々な人との関わり，他者性との擦り合わせにより，個の有り様や個に対する見方は変動していく。

こうした個の違いに対する教師の意識の違いは，学習者に提供される学習内容に反映する。そしてそれだけではなく，学習者個々の自身や他者への捉え方に影響を及ぼし，今後の生き方にも大きく関わってくるものとなる。教室での学習というものについて，教師がどのような考えを持っているのか，そのことは，授業場面での教師の判断を左右する。その判断を日常的に見聞

きし，教師の言動をシャワーのように浴びる学習者は，やがては教師の学習観をその身内にしみ込ませてしまう。

　学習者は教師を越え，はるかに先を生きる。はるかに先を生きる学習者のために，教師は自身の中に存在してしまっている「型」や「凝り」に意識を向けつつ，学習者にどのような学習観を持たせることができるのか，そうした視点から自己の保有する（すり込まれてしまったかもしれない）学習観を再構築する必要がある。その上で，具体的な授業や学習内容や学習展開を考えていくべきであろう。

2　個性化につながる個別化という考え方

　世界の距離が縮まり，個が孤立して生きることはできず，全てが相互の関わりの中で進められていくことを考えた場合，学習が個に留まる「個体能力主義」に基づいた学習には課題が大きい。しかし，そのことは承知しつつも学校は全ての子どもの可能性を引き出すところであり，個々の差に応じて個々の力を育成するということにも対応しなければならない。そのように考えた場合，個別的指導という個々に応じる指導が必要であることは，明らかである。繰り返すが，問題となるのは，その個別的指導をどのように発展させていくのかということなのである。個別的指導が単に個々が切り離された中で行われるのではなく，「相互作用」や「かかわり」の中で行われ，個々に必要な能力を「個人が対象世界や道具，他者と出会う」過程で身につけていくことが求められる。それは，言い換えれば，個別化を個性化に昇華させること，個性化につながる個別化が求められるということになる。

　こうした個別化への対応と個性化を，佐藤は「テーラリング」と「オーケストレーティング」として，次のように述べている。

　　授業の改革においては，個への対応（テーラーリング）と個と個の響き合い（オーケストレーティング）の双方を追求する必要があるだろう。同じ教材を提

示しても，一人ひとりがその教材から感受し思考する内容は千差万別である。その微妙な差異に敏感に対応し，一人ひとりにおいて自立的で個性的な学びを実現することが，個への対応（テーラーリング）である。そして，一人ひとりの感じ方や考え方や見方の差異をきわだたせ，それらの差異をすり合わせる対応が，個と個の響き合わせ（オーケストレーティング）である。授業の過程は，この個への対応と個と個の響き合わせの二つの営みを通して遂行される過程と言ってよい21)。

　佐藤はさらに，これまでの一般的な授業に対し，「子どもの感じ方や考え方や見方の個性や多様性は，授業の出発点においてのみ尊重される場合が多かった。最初の段階では多様な意見をひきだして，それぞれの違いを意識させるものの，最後には『一つの答え』にまとめあげてしまうのである。」22)とも指摘している。
　個々の多様性が示され，それが最後まで保持され，互いに「響き合う」状態にするためには，教材や課題そのものに多角的な見方や価値が存在することが必要である。そうした教材や課題を見出し，個別化と個性化が成立する授業過程を考えること，そうした力を教師が持つことが求められているのである。
　学習は個の能力を高めるために行われるものであるが，それが個に留まっていることは，石黒の指摘した「個人の能力（ability）がどうなのか」という「個体能力主義」23)が問われるだけである。「個人の能力」が求められ問われることは大切である。問題は，それが一斉に同一のものが求められるということなのである。一斉に同一のものが求められるということは，求められるものに対して対応できるかできないかという凸凹をはっきりと示すことに他ならない。それは個人に有能感と無能感，優越感と劣等感を生むだけでなく，他者との関わりについても深刻な事態を生み出すことになる。できる場合はできない他者との関わりに無駄を感じるであろうし，できない場合は逼塞感や焦りとなり，他者との関わりに苦痛を感じる。

そうした学習がよいものではないことは誰もが知っているし，生きるということが「個体能力主義」で対応できるものではないことは誰もが感じている。そうであるならば，「個体能力主義」に拘泥する学習の仕方は変えなければならない。その個に必要な「個人の能力 (ability)」を鍛錬しながら，一方ではその個の独自性を，その個と他者が同時に認識するような学習の仕方へと変えなければならない。考えなければならないのは，「テーラーリング」と「オーケストレーティング」の双方が同時に成立する学習なのである。

第2項　授業改善への道筋

1　教師の煩悶

前項まで，現実の学校における教師の問題として次の2点を指摘した。1点目は多くの教師が，「同一の内容」をいかに多くの子どもたちに「できる」ように「わかる」ようにするのかということに腐心している状況にあること，2点目はその状況が，教師の多くの教育観や学習観と深く関わり，学校文化によって循環し継続されるという事態も生み出していることである。本項では，そうした自身の中に埋め込まれ身体化された観に左右されつつも，授業の有り様について煩悶・模索している教師の姿を，授業の中の対話の存在に着目した丸野俊一・松尾剛 (2009) の論考[24]から捉えたい。

丸野らはこれまでの学校教育の基底に「将来を生き抜いておくためには，"重要な知識や原理を一人ひとりの子どもの頭の中に詰め込むことが大切である"といった原理万能主義に依拠した知識伝達型教育に徹してきた観が強い」とし，そこからの脱却が必要であることを指摘する。それは，一つの問に対する一つの正解を探す授業から，自分と異なる人との出会いにより，その出会いによって引き起こされる「一種の知的戦いの場 (アリーナ)」に身をおき，そこで多様な視点や「多様な視点から考え続ける思考過程」そのものを重視するという授業への転換が図られなければならないということである。

これは、「同一の内容」をいかに多くの子どもたちに「できる」ように「わかる」ようにするのかという授業観とは異なるものである。これまでの授業展開では対応できにくい。そうした「多様な視点から考え続ける思考過程」から考え続けるためには、教師も含め自分と異なる人と対話を重ねることが必要になる。対話には、自己との違いを見つけ、その他者のそこに至るまでの「道筋」を相互に尋ねあうことが必要である。対話とは決して自己の解釈や考えを披露しそれによって相手を塗りつぶすことではない[25]。そうした対話による授業展開は、状況に依存し予測しがたい。

こうした筋書きのないドラマのような授業に対し、これまで「同一の内容」をいかに多くの子どもたちに「できる」ように「わかる」ようにするのか腐心してきた教師がどのように感じているのかということについて、丸野らは大変興味深い指摘をしている。それは、多くの教師が実施に対する困難性を認識しているが、その一方で対話による授業が子どもにもたらす利点については認識していることと、「自分も実践したいけど、どう実践したらよいかわからない」という悩みが多いことである。

そして「自分も実践したいけど、どう実践したらよいかわからない」と感じる原因となるものについて尋ねた丸野の調査（2002）[26]に対して、教師側には「教授法についての知識やスキルの欠如」「授業中での柔軟性のある対応能力の欠如」があること、子ども側の問題としては「自己表現スキルの欠如」「意見表出に対する消極的態度」を、教師が回答している。

こうした丸野らの調査結果は、これまでの「同一の内容」をいかに多くの子どもたちに「できる」ように「わかる」ようにするのかという授業のあり方を変革したいという思いを教師が持っていることを示している。ただ、教師たちの多くは、その方法を知らないのである。その方法を知らないのは、先述したように教師が子どもであったときに対話による授業を受けた体験がほとんどないからに過ぎない。そうした授業が、一般的な学校においてはほとんど行われていなかったのである。「原理万能主義に依拠した知識伝達型

教育」がほとんどであり，多様な視点や「多様な視点から考え続ける思考過程」そのものを重視するといういわゆる"協働的な学習"が多くはなかった。グループ学習は行われていたであろうが，それが"協働的な学習"として機能していなかった場合，グループでの学習の効果を認識しない教師も多いかもしれない。

　では，そうした学習に対する考え方はこれまでになかったか。そうではない。社会構成主義学習観や状況論的学習論という学習に対する考え方，単元学習的展開の授業が存在している。それらは「同一の内容」をいかに多くの子どもたちに「できる」ように「わかる」ようにするのかという授業とは異なり，「多様な視点から考え続ける思考過程」から考え続けることや，教師も含め自分と異なる人と対話を重ねること，そして「テーラーリング」と「オーケストレーティング」の双方が同時に成立する学習の仕方が示されている。

2　「典型」への照射

　学校現場の教師の特性として，すぐに役立つものが欲しいという思いがあることは承知している。学校現場で20年近く教師をしてきた大学院生が，自身を振り返り「方法を探してきてはそれを試すことを繰り返すうちに，知らない間にベタベタ貼付けて，それで自分が身動きできなくなってきた」と述べたことがある。彼女の行為は，誰かの実践から具体的な方法のみを引き出し，それを自分の授業に移植するということである。すぐに役立つものが欲しいという思いから発生するこうした行為は，単にその実践に見出される何らかの方法を見ることになり，実践に対する見方やその実践の解釈には至らない。こうした行為は，そこから何を見出すのかの見方を教師の目から遠ざけ，一時的な満足感や効果は得られるかもしれないが，本質的な改善に結びつかない。いつまでも新たな何か探しては貼付ける行為を繰り返す結果となってしまう。

第2節 授業改善の道筋

村井万里子（1995）[27]は，教科教育学における理論と実践の関係について「実践と理論の関係に関する三つの誤解」を挙げ，理論と実践の本来の関係について次のように整理している。

- 理論の第一義は，具体的な実践の基礎づけ・即ち実践の解釈にある。
- 理論が実践に教えるものは，実践のやり方（方法）ではなく，実践そのものの見方である。
- 理論は常に，実践の一歩後ろを歩むことで実践をバックアップする。

そして，「理論が次の実践の姿を直接には教えない」「次の実践のありようと教えるのは前の実践である」と指摘するが，「単に『前の』ものであるだけでは，次の実践を『よく』する力はない。次第に矮小化されていく繰り返しが起こるだけである」と断じている。

これらの村井の指摘は，解釈をせず単に先行実践のやり方を真似ることの危険性への指摘であるとともに，対象とする先行実践の性質に対する指摘である。単に自身に都合のよい先行実践を選択し，そのやり方だけを真似るという行為は，先の学校現場で20年近く教師をした大学院生の辿った道そのものを示している。

では，どのような実践を対象とし，解釈していけばよいのか，それに対して村井は「『典型』性の備わった実践」であるとし，「典型」について垣内松三の「一回限りの個にして万象に通じる普遍」という説明や，宇佐見寛の次のような説明を挙げている。

（具体は）解釈において一般化されるのである。このような具体は，単に一般的なものの部分ではないのである。それは，いわば，『頭の中』に入って増殖をつづけ一般性をおびるような具体なのである。事象の経験をこのように具体的に伝え，しかもその解釈において，他の経験との関連を広げていくような記号（中略）は，『典型』であるということができる[28]。

村井は，そうした「『典型』性の備わった実践であるとき，実践の教える力は最高になる」と指摘する。「『頭の中』に入って増殖をつづけ一般性をおびるような具体」に出会い，それを解釈することにより「典型」となったことは，「次第に矮小化されていく繰り返し」を生じさせるのではなく，自己の内部に位置付け，「他の経験との関連を広げていく」こと，様々な事象を見取る目として働く。外に貼付けるのではなく，自己の内部に目を持つのである。

　つまり授業改善への道筋は，「典型」となる実践を見出すこと，それを解釈することである。それが自らの授業を改善する指針となり，「実践の前方を照らす」ものとして教師の内部で機能しはじめることを意図し，「典型」となる実践とその解釈を提示することが，授業改善に繋がるのである。

　村井のこうした実践に対する捉え方は，授業研究の有り様の一つとしても位置づけることができる。【資料1-③】に示した理論と実践の関係についての佐藤（1998）の整理と重ねると「実践の典型化（theory through practice）」ということになり，「理論の実践化（theory into practice）」に比して，実践を価値づけるものでもある。

【資料1-③】　「理論と実践のあり方」

系統	立場等
理論の実践化 (theory into practice)	教育実践を科学的な原理や技術の適用として認識する立場
実践の典型化 (theory through practice)	「すぐれた授業」には一定の原理と法則が埋め込まれていると想定し，実践の典型化による理論構築を追究する立場
実践の中の理論 (theory in practice)	教育実践を創造する教師と子どもの活動において，内在的に機能している理論を研究対象とする立場

※　佐藤学（1998）「教師の実践的思考の中の心理学」（佐伯・宮崎・佐藤・石黒）『心理学と教育実践の間で』（東京大学出版会，p.22）をもとに，稿者がまとめた。

3　授業改善への道筋の提示

　前述したように，授業改善への道筋は，「典型」となる実践を見出すこと，それを解釈することである。そのためには，現代の学校が抱える問題に対応できる「『典型』性の備わった実践」を見出さなければならない。現代の学校が抱える問題，つまり，「原理万能主義に依拠した知識伝達型教育」から多様な視点や「多様な視点から考え続ける思考過程」そのものを重視するという"協働的な学習"への転換を図る必要があるという問題であるが，その問題に対応することのできる「『典型』性の備わった実践」においては，次の4点の条件が求められる。

① 「原理万能主義に依拠した知識伝達型教育」や，学習が個に留まる「個体能力主義」に基づいた学習ではなく，多様な視点や「多様な視点から考え続ける思考過程」そのものを重視している実践
② DeSeCoのコンピテンス概念と一致し，「道具を介して対象世界と対話し，異質な他者とかかわりあい，自分をより大きな時空間の中に定位しながら人生の物語を編む能力」が高められている実践
③ 個別的指導が「相互作用」や「かかわり」の中で行われ，個々に必要な能力を「個人が対象世界や道具，他者と出会う」過程で身につけていく個性化に基づいた個別化が図られている実践
④ 実践の裏面にある教師の教育観が捉えられ，その教育観を理解することで，教師の教育観の変革や変革への促しが期待できる実践

　①②については，学習者に今後において求められる能力であり，③については，その指導のあり方であるが，③の指導のあり方がなければ，①②の能力は育成されにくい。①②③について理解し，それを方法として活用するということと一線を画し，自らの授業を改善する指針，「実践の前方を照らす」

ものとして，真に教師の内部で機能しはじめるためには，教師の教育に対する「観」を無視することはできない。「観」こそが，教師の選択・思考・判断の原点であることを考えたとき，④の「観」に対する働きかけがあることは，最も重要である。

　ただし「典型」が教師自身の内部に位置づくためには，「典型」となる実践の解釈が必要である。しかし，それを他者から与えられるだけでは，自身の中に「典型」として位置づかせることはできない。「『頭の中』に入って増殖をつづけ一般性をおびるような具体」となるためには，他者が行う「典型」に対する解釈を受けただけででは不足であろう。「『典型』性の備わった実践」について自己が分析・考察して解釈を行い，そこから「典型」を自ら導出すること，実感を持ってその「典型」を理解するという過程が不可欠である。解釈し「典型」を導出しても，そこに実感が伴わなければ，教師の内部に位置づき，「『頭の中』に入って増殖をつづけ一般性をおびるような具体」とはなり得ない。「典型」の追体験といってもよい作業，体験しつつ解釈と重ねるという作業が必要なのである。そうした体験しつつ解釈と重ねるという作業をするためには，授業に関する資料（教材その他の資料，授業展開を示すもの）が残されているものであることが必要条件となる。

　本研究においては，①〜④までの条件が整い，「典型」の追体験といってもよい作業，体験しつつ解釈と重ねるという作業が可能なものとして，大村はまの国語科単元学習，その中核に位置づく大村が開発し活用した「学習の手びき」を取り上げる。

　大村の実践については，国語科教育の中ですぐれた実践として認知されており，『大村はま国語教室』（全15巻　別巻1　1982-1985　筑摩書房）が出版され，授業に関する資料（教材その他の資料，授業展開を示すもの）が残されている。そのため，「『典型』性の備わった実践」について考察者や大学院生による追体験を行いながら，実感を持ってその「典型」を理解するという過程が確保できる。

次章からこうした条件にある大村実践の「学習の手びき」の分析・考察して解釈を行い，授業における個性化と個別化を実現するための「典型」となるものを導出していきたい。

注

1) 松下佳代編著（2012）『〈新しい能力〉は教育を変えるか―学力・リテラシー・コンピテンシー―』（ミネルヴァ書房，p. 2-3）
2) 北川達夫・平田オリザ（2008）『ニッポンには対話がない』（三省堂，p. 164）
3) 森美智代（2001）「『語られる身体』としての『聞くこと』―『聞くこと』の学びの生成」（『国語科教育』第49集　全国大学国語教育学会）
4) Mehan（1979「Learning lessons: Social organization in the classroom」Cambridge, MA: Harvard University Press）は，こうした教育や教室の状態について，授業場面に IRE（Initiation-Reply-Evaluation）という独特なコミュニケーションの型が存在するという指摘をしている。また，岡田敬司（1998『コミュニケーションと人間形成』ミネルヴァ書房，p. 113）は，「設問―応答―評価型会話」という極めて特殊なコミュニケーションスタイルであることを指摘している。答えを知っている教師が子どもたちに正解を尋ねるという学習スタイルが用いられ続けている限り，教師の意図した理解や価値に導いていくことや，そうした教師の指導を受け入れる受け身的な学習者の姿が変わることはないのではあるまいか。
5) 本田由紀（2005）『多元化する「能力」と日本社会―ハイパーメリトクラシー化の中で―』（NTT 出版，p. 12）
6) 石黒広昭（1998）「心理学を実践から遠ざけるもの」（佐伯胖・宮﨑清孝・佐藤学・石黒広昭『心理学と教育実践の間で』（東京大学出版会，p. 107）
7) 「心理学を実践から遠ざけるもの」p. 109
8) 佐藤学（2012）『学校改革の哲学』（東京大学出版会，p. 61）
9) 『学校改革の哲学』（p. 61）
10) 『学校改革の哲学』（p. 61）
11) 『学校改革の哲学』（p. 35）
12) 『学校改革の哲学』（p. 46）
13) 伊東博（1980）『自己実現の教育―豊かな人間性の育成をめざして―』（明治図書，p. 21）
14) Gadamer. H-G の哲学的解釈学による表現を用いた。参考文献『真理と方法Ｉ』

15) Korthagen（2001）が「ゲシュタルト」（『ThePedagogyofRealisthicTeacherEducation』（2001）邦訳『教師教育学―理論と実践をつなぐリアリスティック・アプローチ―』2010 監訳 武田信子 学文社，p.51, 55）の存在や「The onion model describing different levels on which reflection can take place」（Korthagen, Fred A.J（2005））「Levels in Reflection : Core reflection as a means to enhance professional growth」（Teachers and Teaching : theory and practice 11（1）p.55）について指摘．また，佐藤学らによっては，教師の内面について「実践的思考様式」「実践的知識」の存在が指摘（佐藤学・岩川直樹・秋田喜代美（1990）「教師の実践的思考様式に関する研究（1）―熟練教師と初任教師のモニタリングの比較を中心に―」（東京大学教育学部紀要第30巻　pp.178-198）されている。
16) 本書においては第5章第2節第2項3に，このKorthagenの3段階について詳述している。
17) 佐藤らはこの件について，「今後，各教師の思考様式の形成史にまで踏み込んで解明される」ことの必要性の指摘をしている。本研究で大村を追究することは，熟達者である大村の「思考様式の形成史」の一端を明らかにすることにも機能すると考える。
18) 苅宿俊介・佐伯胖・高木光太郎（2012）『ワークショップと学び1　まなびを学ぶ』（東京大学出版会，p.71）
19) 『ワークショップと学び1　まなびを学ぶ』（p.69）
20) Korthagenは，そのための方法としてALACTモデルや8つの問いを示している。
21) 佐藤学（1997）『教師というアポリア―反省的実践へ―』（世織書房，p.238）
22) 『教師というアポリア―反省的実践へ―』（p.238）
23) 「心理学を実践から遠ざけるもの」（p.107）
24) 丸野俊一・松尾剛（2008）「対話を通した教師の対話と学習」（『授業の研究・教師の学習―レッスンスタディへの誘い』秋田喜代美＆キャサリン・ルイス（編）明石書店，pp.68-97）
25) 金子晴勇（1976）『対話的思考』（創文社，p.4）に「重要なのは対話の技術ではなくて，対話にたずさわっている人間，対話的関係のなかで他者に邂逅している人間，つまり対話的人間である」と記述している。
26) 丸野俊一（2002）「自己表現と創造的・批判的思考を育むディスカッション教育に関する理論的・実証的研究」（課題番号：11301004）平成11-13年度科学研究費

補助金（基盤研究A）研究成果報告書
27）　村井万里子（1995）「シンポジウム提案　国語教育史上からの「典型」の発掘」
　　（『国語科教育　第四十二集』全国大学国語教育学会，pp.4-8）
28）　宇佐見寛（1973）『思考指導の論理』（明治図書，pp.52-53）

第2章　大村はまの国語科単元学習

　本章においては，大村はまの国語科単元学習についてその内容と特色を明らかにする。そのためにまず，大村の教育観とその教育観構築の過程を明らかにするとともに，大村の教育観の現代的価値について考える（第1節）。次いで，国語科における単元学習の発想を整理し，大村の単元学習の成立過程との比較や大村の国語科単元学習の学習システム，中核となる「学習の手びき」についての整理を通し，大村の国語科単元学習の内実を明らかにする（第2節）。

第1節　大村はまのめざした世界とその背景

第1項　大村はまの教育観とその背景

1　学習者に対する視線と教えることの意味

（1）　学習者に対する視線

　大村が学習者について述べているものは多いが，その中でも「常に一人一人を見るべき」ということと「子どもへの敬意」については，大村の教育観の基盤となるものとして重要である。

　大村は「子どもは、常に一人一人を見るべきであって、それ以外は見るべきでない。束にして見るべきものでない」[1]と述べる。こうした大村の学習者個々に対する考え方，指導に対する考え方の具体は，読書日記についての指導を記した次の言葉に見出すことができる。

> 一つの本があります。それは私でない人が読んだんです。そこから何をひらめきとして得たからって、どうしてそれがおかしいんでしょうか。そこからそういうことが発展できるわけがないというようなこと、その人がそういうことを書いているはずがないといったようなことを言うのは、いかにも相手がひとりひとり別の生きた人間であることを忘れたような考え方で、おかしいことだと思います[1]。

　大村は、学習者は個々に異なる存在であり、それゆえに個々が考えることは異なるのが当然であること、したがってその個々に考えることを、教師であろうとも誰かによって否定されたり、一つの考えに一致させることを「おかしいこと」であると捉えているのである。

　また大村は、「子どもへの敬意」について次のように発言している。

> 「子どもを大事にする」とよく申しますけれども、やさしくするくらいのことは敬意を表することにならないので、「この子は自分なんかの及ばない、自分を遠く乗り越えて日本の建設をする人なんだ。」ということを授業の中で見つけて、幼いことを教えながらも、そこにひらめいてくるその子の力を信頼して、子どもを大事にしていきたいと思います。」[2]

　「子どもを大事にする」という言葉は、よく聞かれる。果たしてこどもを大事にするとは、一体子どもの何を大事にすることなのであろうか。大村はその点について、大事にするべきは学習者の持っている優れた資質や能力であることであると明言し、それ故に、教師は授業の中で学習者の持っているそれらを見出すことが必要であること、そして指導は見出した優れた資質や能力を伸ばしていくためにこそ行われるべきものであるということを指摘している。これが大村の教育観である。先述したように、大村は「常に一人一人を見るべきであって、それ以外は見るべきでない。束にして見るべきものでない」と述べているが、それはその個の中にある資質や能力を見るべきなのだということなのである。

（2） 教えることの意味

　こうした大村の学習者に対する視線や教育観は，大村が「教える」ことの意味をどのように捉えていたのかということとも関わっている。大村は「教えるということは何も『何々は何々です。』ということを飲み込ませるということを指していないのです。」3) と述べる。大村は，教えることは何かを飲み込ませることではなく，学習者が対象や自己と対話を深めるきっかけを提示することであるとしている。それは，読書の後の指導場面を取り上げ，大村が示した「教える」ことの例から見出すことができる。

　　同じく読書のあとの考え，気持ちを耕すために，例えば，こんなことばはどうでしょうか。「その本読みました。」という子どものためには，
　　　「そう，そう，何々のところそうだったと思う。」「何々のこと同感です。」
　　　「何々のところそうかな，もう一度読んで考えてみますけど。」
　　　「まだこういうところもあったと思う。」
　　　「まだこんなことも考えた，その本読んで。」
　　こういうきっかけを出してやりますと，感想がこう掘り起こされてきますね。先生に教え込まれたというわけではないのです。けれども，発掘されてくるでしょう。ただ感想を言ってごらんなさいではちょっと出てこないのですけれども，このような子どものことばでの手びきがありますと，そのどれかで，自分の聞きながらもやもやと考えたことが，結晶させて言えるようになってきます4)。

　大村の考える「教える」ということは，学習者個々が対象や自己と対話を深めるためのきっかけを示すことである。その提示されたきっかけによって，学習者個々に対象や自分の内面を見つめさせ，気づいていても意識下にあったり，形にならなかったりしているものを，引き出し自覚させる，あるいは，学習者だけでは気づかなかったことに考えを至らせるのである。そこで示されるきっかけは，教師が個々にある優れた資質や能力を見出そうとして個々を見つめた結果として生まれるものであり，それらを通して学習者を導くことが，大村の考える「教える」ということである。決して，一つの考えに一

致させることや定められた規準・基準に到達させるべく，理解させ記憶させ，訓練させることではない。

　大村にとって学習者は個々に異なる存在である。そして個々の異なりは，その個にしかない個性として後においても保持されるべきものである。したがって教師がそこに関わるということは，その異なる個々にある優れた資質や能力を見出そうとして徹底して個々を見つめることであり，個々に対象や自己と対話を深めることを促すきっかけを示すことに他ならない。

　こうした大村の示したところの，見るべきは学習者個々に保有しているはずの優れた資質や能力であるということ，個々にある優れた資質や能力を見出そうとして個々を見つめ，それをさらに伸長させるべく指導を行うという学習者個々に対する考え方，指導に対する大村の教育観は，学習者個々を，他から示されたある規準・基準に照らし，そこにある凸凹を見つけ，凹を埋めるべく指導をするというものとは全く異なっている。他から示されたある規準・基準に照らしてそこにある凸凹を見つけ，凹を埋めるべく指導することを〈到達させるための教育〉とするならば，大村のように個々にある優れた資質や能力を見出そうとして個々を見つめ，それをさらに伸長させるべく指導を行うことは，資質や能力の〈発掘のための教育〉であると表現できる。定められた規準・基準に到達させるための教育をするのか，それとも個々の資質や能力を発掘するための教育をするのか，この違いは非常に大きい。

　こうした何を教えるのかということとは別に，大村が「教える」ということに対し，意識をしていたことがある。それは，次の大村のことばに示されているように，学習者がしなければならないことを自然に，いつの間にかさせるということである。

　　「よく考えなさい」とか，「深く味わいなさい」とか，「まめに書きなさい」とか，いろいろそういうことを言う，指示する（引用者中略）そこまでであると私は責任がまっとうできないと思うのです。命令しておいただけでは。「こうしなさい」

第1節　大村はまのめざした世界とその背景

ということが自然にされてしまわなければ、責任を全うしたことにはならないと思います[5]。

この大村のことばは、2つのことを考えさせる。一つは、教師の仕事内容そのものであり、もう一つは、学習者にとってそのことがどのような価値を持つかということである。大村は教師の仕事について、させるべきことを学習者に命令や指示をして、それができたかどうかを調べるのではなく、させるべきことを学習者が自然にやってしまっているような状態にすることであると述べている。学習者の学習状態で考えれば、「こうしなさいと言ったからできるのではなくて、させてもらってしまうので伸びられる」[6]のであり、学習者がいつの間にかさせられていた、してしまっていたとなるための工夫を教師はしなければならないわけである。その工夫こそが教師の仕事ということになる。では、いつの間にか自分でそれとは気付かないうちに自分の力でやってしまっている状況をつくり、自身でなし得たという感覚を持たせることは、学習者にとってどのような体験として、価値付けられるであろうか。そのことについて大村は、次のように述べている。

　　豊かな力を、先生の指がふれたことをも気づかずに、自分の能力と思い、自分のみがき上げた実力であると思って、自信に満ちて、勇ましく次の時代を背負って行ってくれたら、私は本当の教師の仕事の成果はそこにあると思うのです[7]。

結果として得られた学習結果は、実は学習者だけが学習した結果得られたものではなく、本当はどこかに必ず指導者の手が関わり、その結果として得られたものである。実際には「先生の指がふれ」て、指導者によって導かれたものであるにも関わらず、学習者は自分の身についた力を自分自身で獲得した力と考え、「自信に満ちて」歩んでいく。もちろん実際にそのことを為したのだから、為したことによって育てられた力もあろう。しかし、本当は自分だけで「みがき上げた実力」ではないのだ。

大村はなぜ,「自分のみがき上げた実力」と学習者が思うこと,思わせるようすることにこだわりをみせるのであろうか。そのことについては,次のように考えることができる。たとえ錯覚であろうと自分への「自信」を持つことが,将来において困難に直面したときに,自分の力に対する信頼となり,「真の強さ」[8]となって学習者を支えるものとなるということである。自己肯定感という表現では言い切れない,自分を信じてその場で生きること,困難に直面したときに"あの時できたのだから,これもできるはずだ""解決のための道筋が必ずあるはずだ"と考えてその困難な課題に立ち向かうこと,そうした将来における「真の強さ」を大村は育成しようとしたのであろう。

2　大村はまの理想とする教室のイメージ

　大村にとって教えるということは,学習者が自分を信じてその場で生きることができる力を育てるということである。それは,個々にある優れた資質や能力を見出すことであり,それらを伸長させ自覚させる体験をさせることであり,それによって自分に自信を持たせることである。それを実現するための教室は,実際にどのようであったのであろうか。
　教室には様々な人があり,当然ながら違いがある。そうした様々な人が集合する教室の理想のイメージについて大村は,「教室でみんなが自分の成長を何らかの形で確認しながら、自分なりのできることを力いっぱいやって、美しいハーモニーをなしている」[9]「個人というものがとにかく一つの位置を確かに占めている」[10]と表現している。この２つの言葉は,教室に集合している様々な人に対し,次の３つを約束するということを示している。〈教室の中の個々それぞれが力いっぱいに学習に取り組む瞬間を持てること〉〈自分が伸びているという実感が持てること〉〈個々の差異が全体の中のかけがえのない個性として位置づけられ価値づけられていること〉である。
　〈教室の中の個々それぞれが力いっぱいに学習に取り組む瞬間を持てる〉ことについては,２つの姿が考えられる。一つは,教室内に,あきらめたり

飽き足りずに不満を持ってその学習から離れる，あるいは，誠実に対応しようとしているのだが，何をしているのかわからなくなったり，いつの間にか別のことを考えてしまっているといった学習者を出すことなく，全ての学習者が自分の課題に対して取り組んでいるという外に表れる姿である。もう一つは，その学習者が今持っているものの全てを活用して課題に取り組み，その学習者が伸びようとして手を少し伸ばし，新たな世界に至るという学習者個人の内面の姿である。

　異なる個々それぞれが力いっぱいに学習に取り組む瞬間は，一つの教材や課題，ワンパターンの学習スタイルでは実現できにくい。それはまるで，様々な身長や体型の子どもに対し，1種類しかサイズのない服を着せようとするようなものである。異なる個々それぞれが力いっぱいに学習に取り組む瞬間は，個々にある優れた資質や能力と個々の現在の状況を見極め，向かうべき方向に向かうことができるように教師が環境を整えることによって初めて成立する。環境を整えるとは，学習者個々に対応する複数の教材や課題，あるいは学習者が教材や課題と向き合い，「対象世界」や自己と対話を深めるためのきっかけを複数示すこと等，一通りではない複数の学習を提示することである。

　こうした学習の結果，学習者は持てる力を精一杯使い，使うことでその力を自分のものとして確かにしていく実感，あるいは，これまでは見えなかった新しい世界が開かれる実感，つまり〈自分が伸びているという実感を持てること〉が可能になる。

　〈個々の差異が全体の中のかけがえのない個性として位置づけられ価値づけられていること〉については，その教室内で行われる個々の学習が，他の学習者にとって認識の深化・拡充につながるものとなっているということである。「ジグソー学習」のイメージに近い部分もある。学習全体の中に，個々が取り組む学習内容が位置づけられ，個々の学習が他の学習者にとって意味や価値のあるものとなるということである。一つの教材や課題，ワンパ

ターンの学習スタイルでは，その学習の取り組み過程も学習の成果も一通りとなり，個々が持つ差異が学習過程や成果に優劣となって示されてしまう危険がある。しかし，学習者個々の学習内容をテーマと関係して位置付け，提示する教材や課題，視点を組織することができれば，個々の学習が全体の一部を為すものとして，学習者に学習の意味と価値を感じさせることができる。それは，学習者にとって自己の学習の価値づけであるとともに，他の学習者の学習の価値を認識するものである。学習者個々に対応する複数の教材や課題，対象や自己と対話を深めるための視点を複数示すことができれば，学習の過程も学習の成果も個々に異なり，学習内容や学習成果が単純な比較になることはない。

　大村が理想とした教室は，学習者が自己の学習に精一杯に取り組み，自身の成長と自身の学習の価値と他者の存在意義を感得するというものである。そのために教師である大村は，学習者個々に対応する複数の教材や課題，対象や自己と対話を深めるための視点を複数示し，他者との比較や競争ではなく相互の学習内容から学び合う環境を整える。その結果学習者は，優劣を見せられるだけでは到底得ることのできない自分の存在価値を認識し，自信を持って教室から出て行ったのである。

3　それらの背景となること

(1)　大村はまの教育観の背景
①　学習者個々への視線

　大村の学習者観は，個々に異なる存在であり，個々が考えることは異なること，個々には優れた資質や能力が存在するというものである。こうした学習者観の背景となったものとしては，大村が教師となって赴任した信州の諏訪高等女学校での同僚教師との関わりと生涯の師となる芦田恵之助の導きを挙げることができる。

　大村は，「私は幸せなことに、たちとして、あまり人を、この人はだめと

第 1 節　大村はまのめざした世界とその背景

いうふうな感じで差別して見るという感覚が育たなかったのです。それは信州時代、教師になったころの校長並びに先輩の指導のたまものだと思います。」と述べた上で,「いろんな面から子どもを見ている」という考え方が当時の信州にあったこと，一人の生徒に対して，時間をかけて学校中の教師がそれぞれに「観察しとらえ得ていることをもとにしてその生徒のことを話し合う」11)ということが日常的に為されていたことを述べている。こうした学習者の捉え方を新任の教師時代に学んだことは，大村の中に「比較する、これとこれで、どっちが上、どっちが下という感覚でなくて、じつにいろいろの『人』があり、出来事があり、そのなかで、個人というものがとにかく一つの位置を確かに占めているという意識」12)を育成した。

さらに大村は，諏訪高等女学校在職中に，自身の捜真女学校時代の恩師である川島治子を通して芦田恵之助の指導を受ける機会を得るが，そこで大村は「個人を大事にし，『個人差に応ずる』」ことの基本を芦田から学ぶことになる。その時のことについて大村は，次のように記述している。

　　人間にはいろいろの人があり、いろいろの出来があり、どういうふうに咲いたってこの花は、この花に生まれていれば、この花しか咲かないという、そういうふうなことを低い声で私にとも、ご自分にともなく言われましたが、先生（引用者注　芦田恵之助）はしみじみ教室を思い浮かべられたのだと思います。
　　ひと言ずつ、心にしみた夕方のことでした。それから、それがいつも心にありました。子どもたちの差異、そのままが平等だと、先生は後にお書きになっていらっしゃいますけれども、それを教えてくださったと思います。全部のものが牡丹になったりすることがないということや、そうでなくても、その一つ一つが全部、力いっぱいに咲いているということや、それを見る目とが、育てることとか、結局、個人を大事にし、「個人差に応ずる」と後には申しました。そういうことの基本を、先生から教えていただいたと思っています13)。

芦田が述べた「個人を大事にし，『個人差に応ずる』」こととは，「子どもたちの差異」を生かし，その学習者の持って生まれた資質や能力を最大限に

引き出し，それを教室の中で生かすことである。「その一つ一つが全部，力いっぱいに咲いている」状況をつくりだすために教師が存在する。そのことを大村は「いつも心に」おきながら，授業を設計し，展開してきたということになろう。

　大村は，諏訪高等女学校の同僚教師の姿から，学習者個々を様々な角度から見つめ，観察し，その個の持っている資質や能力を見出すということ，人は，場面によって様々に見せる姿が異なるということを学んでいる。そしてほぼ同時期に芦田から，学習者個々が保有する資質や能力を引き出し，個々の花を精一杯に咲かせることが教師の役割であること，教師は教室においてそのことが為されているかどうかを見なければならないことを学んだ。この両者の学習者個々への対し方が，大村の学習者に対する視線や授業づくりの基盤となっている。

② 「教える」ことの意味について
　（ア）　学習者を対象や自己と対話に導くこと
　大事にするべきは学習者の持っている優れた資質や能力である。そのように考える大村にとって「教える」ということは，学習者が対象や自己と対話を深めるためのきっかけを示すことであり，それによって，学習者に対象や自分の内面を見つめさせ，引き出させ自覚させることである。大村は，学習者を対象や自己と対話に導くための手だてを，川島や川島の師でもある芦田恵之助から学んでいる。次にその一例を挙げる。

　大村は，芦田恵之助に指事した川島治子の作文の指導を自身が高等女学校の生徒であったときに体験している。それは，「自分の心を書く」[14]というものであり，川島は学習者に自分の心を書かせ，気づかせるための手だてとして，学習者の作文の横にそのときの大村の気持ちを表現したことばを添えるという方法を用いた。大村はその添えられたことばによって自身の心にありながら書き記し得なかった部分を引き出され，そうだったのだと自覚し，

第1節　大村はまのめざした世界とその背景

「こうも考えられる、いや，こんなふうにも考えられるというように考えつづけて、いかんなく心を耕されてしまう」[15]状態になる体験をした。このことについて大村は，「書かれたことばに釣られて、そのときの気持ちを思い返します。そのとき、いろいろのことばが心のなかを行き交います。」[16]「心の世界というものが少しずつ開けていって、あったことが素直にかける」[17]と振り返り，川島の添えられたことばによって導かれたものが，「ここを詳しく書きなさい」といった指示では到達させることのできない世界であることを認識している。

　大村は，自身が教師となったときにこうした川島の指導を取り入れた。もちろん，その効果を大村が体感していたからであるが，実はその指導方法の源流が川島の女学校時代の3年間の指導にあったことに気づくのは，大村が退職した後であり，偶然に少女時代の作文と再会したときである。大村はそのときのことを「私はほんとに驚きました。川島先生のおやりになったことが、いつの間にか私の体に残っていたのです。」[18]と述べている。

　一方の芦田恵之助からは，題材を取材する段階で学習者の心を開き，引き出して「自分の心を書く」ことを大村は学んでいる。芦田がしたことは，学習者に何を書くのか問いかけ、学習者の気持ちを受け止めるとともに，「書くことへの指針というのでしょうか、その子の気づいていない世界を、ちょっとのぞかせておく」[19]ことである。または学習者を熟知した上で、題を幾つも提示して見せ、学習者の心にあったものを引き出させるということである。これらにより芦田は，学習者の心を耕し，学習者に書きたいことが胸に十分にある状態にさせて，学習者を書くことに没頭できるように導いているのであるが，これはまさしく，学習者が対象や自己と対話を深めるためのきっかけを示すことに他ならない。

　川島の指導は学習者が作文を書いた後の添えることばによって，そして芦田は書く前の工夫によってというように，両者の段階は異なっている。しかし両者ともに，学習者に「自分の心」つまり、学習者個々の独自にあるもの

を見つめさせ，引き出し自覚させる指導を行っている。こうした指導のあり方が，教えるとは，学習者が対象や自己と対話を深めるためのきっかけを示すことであるとする大村の教育観の基盤を構築しているのである。

(イ) 学習者にさせてしまうこと

　大村が考える「教える」ということは，させるべきことを学習者に命令や指示をして，それができたかどうかを調べるのではなく，学習者がしなければならないことを自然にいつの間にかさせるということである。大村は女子大の出身であり，師範学校といった教師養成の学校で教えられる教師に対する専門教育は受けていない。そうした大村が，学習者がしなければならないことを自然に，いつの間にかさせるということについてどこで学んだのだろうか。

　大村はまず，自身が学習者として，自身の母の言葉や川島の作文に添えられたことばによって体験している。母親からは，そのことができずに戸惑っているときに，どのようにしたらそれが確実にできるのかを示すことが大切であるということを「裾をもちなさい」ということばによって教えられた。川島からは，「こうしなさいと言ったからできるのではなくて，させてもらってしまうので伸びられる」[20]ということを3年間の作文指導において教えられた。もちろん，その言葉の意味や指導の意味を解釈し認識するのは，母や川島に教えられて遥か後のことであるが，自然にさせてしまうといった指導を大村自身が受けている。

　「教えられたという気持ち」がないにも関わらず，それが心に深く残るという，いつのまにかそれをしてしまっているという母親や川島の指導の方法を大村が体験したことは，その後「自然に私という一教師のなかに生き返って，それが作文だけのことでなく，生涯を貫いて，私の信念」「信念というより，具体的な方法として，五十二年を生き続け」[21]るものとして，大村に残された。

第1節 大村はまのめざした世界とその背景

（ウ）「教える」ことの意味について

　自身の作文に添えられた川島のことばから得た体験と芦田から示された指導の方法は，「その子の気づいていない世界」を，学習者を熟知した教師の手によって「のぞかせて」るきっかけを示すというものである。そのきっかけによって学習者は自身の心にあったものを引き出し，自身の心にありながら書き記し得なかった部分を引き出すことができ，その結果として，いつの間にか学習者が対象や自己と対話を深め，自分だけでは到達できなかった世界に到達する。また，大村が母親から示された言葉のように，戸惑っている学習者に「きちんとしなさい」「よく考えなさい」といった言葉ではではなく，「成功確実な方法を、具体的に、さらっと耳に入れ」ることによって，"教師等から指導されたからできた"のではなく，"学習者が，いつの間にか自分でそのことをしてしまうように導く"ことを学んだ。これらが大村の「教える」ということである。

　そうした「教える」ということの有り様は，母親の言葉や川島の指導を受けた体験によって大村の身内に中にしみ込んでいた。しかし，それが自覚され明確になったのは，大村が八潮高校に勤務していたときであり，奥田正造に「仏様の指」についての話を聞いたときであろう。奥田は，ぬかるみにはまった荷車を抜こうとして苦闘している男に対し仏様がどのような業を示したかということを話し，「こういうのがほんとうの一級の教師なんだ。男はみ仏の指の力にあずかったことを永遠に知らない。自分が努力して、ついに引き得たという自身と喜びとで、その車を引いていったのだ」[22]と語る。それと並行して芦田の指導の有り様を間近で見たことは，させるべきことを学習者に命令や指示をして，それができたかどうかを調べるのではなく，学習者がしなければならないことを自然に，いつの間にかさせるという指導の有り様を明確に認識させることとなった。大村にとって，これまで指導された様々なことが繋がって意味をなす，まさにアンラーンの瞬間であったのではあるまいか。

「豊かな力を、先生の指がふれたことをも気づかずに、自分の能力と思い、自分のみがき上げた実力であると思って、自信に満ちて、勇ましく次の時代を背負って行ってくれたら、私は本当の教師の仕事の成果はそこにある」と大村が語っている。この奥田が語った「仏様の指」の思想こそは，大村の教育観の中心，「教える」ということそのものとなっているのである。

(2) 大村はまの教育を支えたもの
① 教育観を支える「典型」の存在

第1章第2節第2項の3「授業改善への道筋の提示」で，村井の論に基づき，授業改善には「典型」となる実践を見出すこととそれを解釈することが不可欠であることを次のように述べた。

> 「典型」が教師自身の内部に位置づくためには，「典型」となる実践の解釈が必要である。しかし，それを他者から与えられるだけでは，自身の中に「典型」として位置づかせることはできない。「『頭の中』に入って増殖をつづけ一般性をおびるような具体」となるためには，他者が行う「典型」に対する解釈を受けただけででは不足であろう。「典型」となる実践を自己が分析・考察して解釈を行い理論を導出し，それを実際に体験するという理論と実践の往還が不可欠である。解釈し理論を導出しても，そこに実感が伴わなければ，教師の内部に位置づき，「『頭の中』に入って増殖をつづけ一般性をおびるような具体」とはなり得ない。

大村の教育観の構築過程をみると，まず，川島の指導により「典型」となる体験をしていることが挙げられる。その体験は，単に学生時代にそうした指導を受けたというものではなく，添えられたことばによって自身の心にありながら書き記し得なかった部分を引き出され，そうだったのだと自覚し，「考えつづけて，いかんなく心を耕されてしまう」というものであり，添えられたことばによって導かれることの価値も体験したものであった。それは，実感を伴った川島の指導方法についての理解である。こうした実感を伴った

第1節　大村はまのめざした世界とその背景

川島の指導方法の理解は，さらに芦田の実践を間近で見取ることとその解釈を行うこと，加えて奥田の「仏様の指」であるべきという実践に対する解釈により強化された。そうした理論と実践の往還が繰り返されることにより，大村にとって自らが学習者であったときの川島の指導による「典型」となる体験は，「『頭の中』に入って増殖をつづけ一般性をおびるような具体」として大村の内部に位置づき，その後の大村の実践を方向付けたのである。

　大村の教育観の構築には，その資質にも助けられたことは多いと思われるが，川島や芦田，奥田という優れた教師によるところが大きい。こうした大村の教育観の構築過程からは，一人の教師の教育観の構築に，自身の学習者としての体験や周囲の人の価値観や言動がいかに大きな影響を与えるのかということを見出すことができる。大村の教育観の構築の有り様は，教師を育てるということが一人の学習者の学習体験の集積の結果でもあることを示している。そのように考えると，どのような教育観を持った教師を輩出するのかということに，よほどの注意を払う必要があるということになる。

② 授業を支える教材研究と学習者理解

　大村は，個々に異なる学習者に対し，個々に存在する優れた資質や能力を見出すことを意図して対象や自己と対話を深めるためのきっかけを示している。そうした授業実践を支えたものとして，身をもってする教材研究と学習者理解を挙げることができる。

　第4章で詳述するが，大村の教育観を実現する具体として大きな役割を果たしているものが，大村が作成した「学習の手びき」である。その「学習の手びき」を作成する過程に次のような記述がある。

> 例えば，読む場合でしたら，まず，教材，文章なら文章を十分に読みます。じっくり読みながら，その読んでいる自分の心の中を観察します。読んでいる自分の心の中に浮かんでくるもの，感じていること，どんな細かいことばでも，読んで

いる自分の動きをとらえます。(引用者中略)いつも、自分がその場の一人になるとか、その立場に立ってみるとか、自分の経験のなかというか、その場に自分がいるような気持ちがもとになっていたと思います[23]。

　教材研究というと，一般的に思い浮かぶのがその教材の内容や特性を追究することである。大村の場合は，それについても「下読みを始めて、教室へ行けるぐらい準備ができたころには、だいたい教科書というのはそらんじているものでした」[24]と述べているように，徹底した教材理解が行われている。大村の場合は，それだけではなく，自身が一人の学習者となり，自身の中に何が生じ，何が浮かんでくるのかという自身の内面を徹底して見つめ，それを手がかりとして学習者の心や頭に起きるであろうことを予測するということを行っている。自身の状態を下地に置くことにより，どのようなところに着眼させ，どのように学習を進めさせたらよいのか，学習者であればどのように考えるのかを捉えようとしているのである。

　学習者の心や頭に起きるであろうことを予測することは，授業を進める教師として最も重要なことであるが，実はその部分にズレが生じることが多い。それは教師がそのことの熟達者であり，自分にとってわかりきったこと，すでによくできることであるためである。だから，学習者の躓きや発想，思考に対する理解に行き届かない面が生じるのである。そうした熟達者の持つ課題に対し，ルソーはその著書『エミール』の中で，「人は子どもというものを知らない」と指摘し，次のように述べる。

　　人は子どもというものを知らない。子どもについてまちがった観念をもっているので、議論を進めれば進めるほど迷路にはいりこむ。このうえなく賢明な人々でさえ、大人が知らなければならないことに熱中して、子どもには何が学べるかを考えない。かれらは子どものうちに大人をもとめ、大人になるまえに子どもがどういうものであるかを考えない[25]。

　これは，子どもの思考を大人が推理・推察することに対する困難性とその

第 1 節　大村はまのめざした世界とその背景　　　　　　　　　　63

理由に対する指摘である。この子どもの思考を大人が推理・推察すること点について，大村は優れた洞察力を発揮しており，それらは例えば「子どもは、尋ねられたことへの答という形では、ほんとうのことは話せないものだと思います。」「やわらかな雰囲気のなかで自分から口を開いたことば、私は子どものほんとうの心、本音は、そういう中でこそ聞けるものだと思います。」[26]等のように，その著作の随所に見ることができる。そうした大村の学習者の状態把握については，井上敏夫や波多野完治によっても「心理学者も及ばないほどの洞察力」（井上）「大村はまさんの書かれるもの、また講話を速記したものを読むと、『心理』についての発言が多いのにおどろく。そうして、その発言がまことに的を射ているのに、再びびっくりさせられるのである。」（波多野）[27]と評価が高い。

こうした大村の洞察力がどこに因るものか定かにはわからないが，「子どもの身になって、あの子が読むとどうかというふうに考えます」[28]というところにその手がかりが示されている。ただし，子どもの身になることだけでは十分ではない。そこに，個々に存在する優れた資質や能力を見出すことを意図して対象や自己と対話を深めるためのきっかけを示すことによって，子どもの状態を細やかに捉えることができるという，いわゆる"仕掛け"が設定されていることは忘れてはなるまい。その仕掛けについて，大村は次のように述べている。

> 大方は同じものをやらせて、その違いを見て、そこから子どもをとらえようとする人が本当に全部に近いんですけど、そうじゃなくて、やっぱりいろいろなことをやらせてみなければ、いろいろな子どもたちをとらえることができません。ですから、その子の長所とか特色とかが現れるような場面のなかで見てやらないと、その子はとらえられないだろうと思うんです。同じものをやらせて、そこに出てくる違いから見える個性なんていうのは、本当にちょっとしたものにすぎないように思います[29]。

同じものではなく，いろいろなことをやらせてみるという仕掛けによって，学習者を捉えやすくするということと，大村が一人の学習者となり，自身の中に何が生じ，何が浮かんでくるのかという自身の内面を徹底して見つめるということが，大村の学習者把握を緻密にし，学習者の状態に即応した単元展開や指導を支えているのである。

③ 実践的研究を支えるアクションリサーチ

大村は，多くの人々との出会いによって自己の教育観の確立と具体的な実践を提案してきた。野地潤家（1993）は，その有り様について「学習者（児童・生徒・学生）としての大村はまがかつて熱心に学んだ国語教室をその母体としていることを見過ごしてはならない。」[30]と述べている。前項に挙げた川島，芦田，奥田以外に大きな影響を与え続けたのは，西尾実と倉澤栄吉である。大村自身も西尾に師事していたことを様々に記しているが，野地は「大村はま先生が芦田恵之助先生について，師事され，多くの教示を得られたのは，西尾実先生であった。（引用者中略）大村はま先生がその国語教室に臨まれる根本態度は，ここに西尾実先生が説いておられるとおりであった。」と西尾に師事したことについて述べ，さらに，倉澤について次のように述べている。「大村はま先生が戦後の中学校国語科教育の実践を進められる歩みの中で，陰に陽に助言・指導を受けられたのは倉澤先生である。」「大村はま先生はたえず倉澤栄吉先生に意欲的に求められまた確かめられた。」

西尾と大村の関わり方は，ある意味での理論の実践化（theory into practice）であろう。西尾は，国語教室の姿について，次のように述べている。

> よく児童・生徒の能力に適合して，彼等が常にその全力を出し切って学習し得る如き状態にあることが必要であり，更にその根底として教師その人の生活が，単に教へる為の研究ではなくて，自己の為の生きた研究を中心として営まれてゐることが必要である[31]。

第1節　大村はまのめざした世界とその背景

　それとともに，西尾は「あらゆる機会に於て児童・生徒の学習を刺激し，鍛錬し，暗示すること」[32]ができるように教師が教材を捉えていなければならないことも指摘している。大村の教室や実践は，まさに「能力に適合」するように整備された中で，学習者個々が「全力を出し切って」学習することを求めているわけであり，「教師その人の生活」も含め，まさしく，西尾が目指した国語教室を体現するものである。この西尾理論の具体的な形は，実際の教室や授業実践だけでなく，筑摩から出版された国語教科書にも見ることができる。大村は教科書に対する指導書の中で西尾の理論を指導案，指導構想として具体化したのである。

　その一方で倉澤との関わりについて述べれば，それは Lewin が提唱したアクションリサーチに近い状態ではなかったかと考えられる。Lewin の提唱したアクションリサーチの典型例は，研究者が介在し，教師の専門性を高めるために指導を行うというものである。「この研究（引用注「書き出し文の研究」）は，とりわけ，倉澤栄吉先生のご指導が大きかった。よく昼休みに指導部へ飛んでいった。」[33]とあるように，大村は，西尾の理論を継承している倉澤に尋ねることによって常に確かめながら，自身の専門性を高めていったのである。

　大村は，この後，倉澤栄吉と倉澤の勤務していた東京教育大学（当時）の内地留学生を自分の教室に迎え，授業の実際を見てもらう機会を持っている。その時の気持ちについて大村は，「『師のない者は，育たない』と，芦田惠之助先生は言われた。私は，ただの参観ではなく，本気で見て，話し合ってくださる方が欲しかったし，もう少し成長したかったのである。」[34]と述べている。西尾の理論を背景とし，その具体化において倉澤という援助者を傍らに持ちつつ，教師の専門性を高めるために，今でいうところのアクションリサーチを行っていたことが捉えられる。

　こうした西尾の理論と倉澤という援助者を傍らに持つことだけではなく，大村には，大村の実践に対する「実践の典型化（theory through practice）」を

行おうとする人々の存在があったことを忘れてはならない。それは大村の実践について分析・考察し、典型化をはかるだけではなく、大村と対談することにより、実践の背景にどのような体験や考えがあるのかということを引き出したり、実践の価値づけることも含むものである。大村の実践に対する「実践の典型化」を行おうとした研究者として代表的な人物は、繰り返し対談を行っている野地潤家である。野地と大村は、研究者と実践家というように、確かに立場は異なっている。しかし両者ともに、西尾理論を理解しているという点で共通の土台となる理論を持つ者である。大村は、野地との対談によって自己のライフストーリーを引き出され、自己の考え方を認識し、よりクリアにし、実践の価値を強化している。その過程は、細川太輔（2008）が「具体的な実践を対象にして複数の教師が学び合い、ライフストーリーを語りあうことによってフレームを深く分析する研究」[35]と定義した「協働学習的アクションリサーチ」に近い形と推察される。ここで言うところのフレームとは、教師の持つ選択・思考・判断というその瞬間、佐藤学らの言うところの「実践的思考様式」である。大村は野地らと対談することによって、自らのフレーム（「実践的思考様式」）を見つめ、確かにしていったのではないかとも考えられる。

このように大村の実践は、西尾の理論とその実践を解釈し大村と共有する人々、そしてその理論を基盤とした実践について解釈し、価値づける人々の存在によって支えられていた。

第2項　大村はまの教育観とそれに基づく実践の現代的価値

1　学校における授業が抱える課題との関係から捉えられる価値

（1）育成すべき力の点から

大村は、学習者は個々に異なる存在であり、だからこそ個々に異なった考えを持つものであるとするという学習者観に立脚し、個々にある優れた資質

や能力を見出そうとして個々を見つめ，それをさらに伸長させるべく指導を行うという資質や能力の〈発掘のための教育〉をめざそうとした。そのために大村は，個々にある優れた資質や能力と個々の現在の状況を見極め，向かうべき方向に向かうことができるように，学習者個々に対応する複数の教材や課題，あるいは学習者が教材や課題と向き合い，対象や自己と対話を深めるためのきっかけを複数示すこと等，一通りではない複数の学習を提示している。そして最終的には，学習者の中に自身の成長と自身の学習の価値と他者の存在意義を感得させ，それが自分への自信や信頼となって「真の強さ」としてその個の中に位置づかせようとした。

　こうした大村の教育観とそれに基づく実践は，学習者が生きる今後の世界においてどのように価値づけられるであろうか。大村の教育観と本研究の第1章第1節第1項2で示した「求められる授業構造」とを比較しながら考えてみたい。

　まず大村は，学習者は個々に異なる存在であり，だからこそ個々に異なった考えを持つものであるとする。そして，その個々にある優れた資質や能力を見出すことに教育の意味を見出し，教えるということは学習者に対象や自分の内面を見つめさせ，気づいていても意識下にあったり，形にならなかったりしているものを，引き出し自覚させるべく，学習者が対象や自己と対話を深めるためのきっかけを示すことであるとしている。このことは，OECD-DeSeCo のキー・コンピテンシーが示した〈カテゴリー1〉の「道具を相互作用的に用いる」と〈カテゴリー2〉の「異質な人々からなる集団で相互にかかわりあう」と重なるものと考えることができる。大村が個々に異なる学習者に対し，個々に存在する優れた資質や能力を見出すことを意図し，対象や自己と対話を深めるためのきっかけを様々に示すことは，授業において次の2つの意味を持つことになる。

　・自己を含む対象世界との対話を行うための「道具」を持たせることであ

り，それを活用して自己を含む対象世界と対話する学習場面，その対象世界について熟考する学習場面，自己内対話を積み重ねる学習場面を授業の中に設定していること
・異質な人々の集団を意図的につくるために，多様な意見を持たせる仕掛けや準備となっていること

　これは，実は，無意味な言語活動を避けるための方法でもある。「言語活動の充実」が学習指導要領に示される以前から，教室における話し合いは行われてきた。しかし，そこで行われる話し合いが単に意見の述べ合い（伝え合い）に過ぎず，交流の後にそれぞれの認識の深化・拡充が生じ，話し合いの価値の意義の感得につながるような話し合いにはなりにくいという状態が，今現在も続いている。その原因の一端は，話し合いの前段階の教師の準備が不十分なことにある。大村が，学習者の内面にあるものを引き出し自覚させるべく，学習者が対象や自己と対話を深めるためのきっかけを示したことは，異質な人々の集団を意図的につくることであり，他者とは異なるその個独自の考えを発掘し持たせるためである。そうした準備こそが，異質な人々との交流は自身の認識の深化・拡充に重要であることを，学習者に体感させることにつながっているのである。
　次に，学習者が自分の身についた力をどのように考えるかという点である。先述したように大村がめざした授業は，教室において〈教室の中の個々それぞれが力いっぱいに学習に取り組む瞬間を持てること〉〈自分が伸びているという実感が持てること〉〈個々の差異が全体の中のかけがえのない個性として位置づけられ価値づけられていること〉という３つが成立するということである。それら３つの成立，つまり，学習者個々の内部にこれら３つが学習体験として集積されることにより，学習者の中に自身の成長と自身の学習の価値と他者の存在意義を感得させ，それが自分への自信や信頼となって「真の強さ」としてその個の中に位置づく。大村は，将来における「真の強

第1節　大村はまのめざした世界とその背景　　　　　　　69

さ」の育成を意図し，実際には「先生の指がふれ」て，指導者によって導かれたものであるにも関わらず，学習者は自分の身についた力を自分自身で獲得した力と考え，「自信に満ちて」歩んでいくことを望んでいる。これは，〈カテゴリー3〉「自律的に行動する」において求められるものとの多少の重なりが見出せる。〈カテゴリー3〉の「自律的に行動する」ことは，自分の能力や学びの状態の把握し今後の学習を選択・計画することであり，自己の学びを自覚し，学んだことを自らの自信や課題として自らの人生を歩もうとすることである。学習者が〈自分が伸びているという実感〉を持ち，自分の身についた力を自分自身で獲得した力と考え，それに支えられて「自信に満ちて」歩んでいくことは，自律的に行動することのうちの「B 人生計画や個人的プロジェクトを設計し，実行する」ための推進力となっていく性質のものである。

　このように大村の教育観とそれに基づく実践は，自己を含む「対象世界」との対話や異質な人々の集団を意図的につくるための多様な意見を持たせる仕掛けや準備，学習者が自己の学びを自覚し，学んだことを自らの自信や課題として自らの人生を歩もうとすることに結びつくものとなっている。このことは，学習者が生きる今後の世界において，大村の教育観が価値あるものであることを示している。

（2）　授業構築のあり方の点から

　実践の外側に置かれた理論ではなく，教室で何が起きているのかを探り，そこに存在しているものを探ろうとすることは，「実践の中の理論（theory in practice）」として佐藤学らによって授業研究の方法の一つとして位置付けられている[36]。「実践の中の理論（theory in practice）」について佐藤らは，「教育実践を創造する教師と子どもの活動において内在的に機能している理論を研究対象とする」とし，まさにしつつある，進行しつつある状況において，教師や学習者はどのように思考しているのかということを取り扱うもの

であるとし,「実践の典型化 (theory through practice)」や「理論の実践化 (theory into practice)」との相違を明示した[37]。教師や学習者の思考のうち,教師の授業のただ中の思考については,「実践的思考様式」[38]として熟練した教師と初任の教師を比較した考察も示されている。

　一方の学習者についても,認知心理学等の知見を参考として解明できることも増えてきている。しかし,いくら心理学の知見を参考としても,学習者個々の思考パターン,癖,学習習慣,興味・関心等については,学習者を最も間近で見ているその教室の教師にしかできない。既習内容との関連についても,その既習内容をその学習者がどのように学び,そのときにどのように反応したのかということは,実際にその場にいる教師でなければわからない。学習者の個々の様相が教師に捉えられていなければ,心理学の知見を参考にすることも難しい。

　結局,教室の学習者の把握はその教師に委ねられるのだが,授業中の教師の「実践的思考様式」を捉えるべく教師の思考分析を試みた報告によれば,教師には,自分の求める望ましい反応を探す傾向がある[39]。しかも,その傾向は熟達者に高い。自分の授業の進行・展開とのマッチングで学習者を見るものの,学習者がなぜそのように考えるのかということは,学習者に対して理解の浅い初任者には認められるものの,熟達者においては,学習者がなぜそのように考えるのかということについては追究しない傾向が認められた[40]。これはおそらく,熟達者の中に「学習者のアタマの中は〜だろう」と,これまでの経験から学習者のアタマの中を推察し,"わかっているつもり"になっているので,それ以上の追究に向かわないためであろう。しかし,その推察に胡座をかくことは危険である。教師は授業展開に引きずられて,学習者の反応を都合良く解釈しているという危険を常に忘れるべきではないし,学習者自身が,教師の反応を見てそれに即応するように対応していたり,あたりさわりのない発言をすることがあること,つまり,自己の内面を見せてはいないということについても,決して忘れてはならない。知る努力をせ

ずして推察したとわかっていると思い込んでいることほど，恐ろしいものはない。

　授業が学習者のためにあることは言うまでもないことであるが，授業を真に学習者のものとするためには，教師は学習者を知らなければならないし，知るための方法を工夫しなければならない。大村は学習者を多角的に見ることを体験的に学んでおり，学習者の内面を探るための方法を意識的にとっている。先述したように大村は同じものではなく，いろいろなことをやらせてみるという仕掛けによって，学習者を捉えやすくしている。それとともに大村は，教材研究段階においては一人の学習者となり，自身の中に何が生じ，何が浮かんでくるのかという自身の内面を徹底して見つめることや，担当する学習者を想起しながら「あの子なら，〜と考えるのではないか，あの子なら〜のようなことを思いつくだろう」というように，学習者の内面を探ること，あるいは，作成した「学習の手びき」においては，その個の内面を引き出すような言葉を示し，学習者から「真実のことば」を引き出すための仕掛けを設定している（第3章，第4章で詳述）。こうした様々な取り組みによって，大村は学習者把握を緻密にし，学習者の状態に即応した単元や展開を考案している。

　大村の緻密な学習者把握こそは，学習者個々の資質・能力を発掘し引き出すことに機能するとともに，授業を構築する重要な要素である。それとともに，引き出し得た学習者個々の資質・能力や，学習者の躓きについての理解は，教育学の知として教師相互に共有し，活用できる状況にしていくべき内容である。大村の教育観とそれに基づく実践を繙きその具体を捉えることは，緻密な学習者把握とそれに基づいた授業構築，真に学習者個々の力を伸長させるための授業のあり方を探究することに他ならない。

2　教師の資質・能力の伸長との関係から捉えられる価値

　育成すべきとして目指されているDeSeCoのコンピテンス概念では，能

力が個人内への照射だけではなく，共同体，つまり個人間への照射という視点があることが明らかにされている。しかし，第1章第1節第2項2「教室の中の現実的問題」で，石黒広昭（1998）の教育現場における一番の関心事が「個人の能力（ability）がどうなのかということ」という「個体能力主義」にあることの指摘を取り上げたように，我が国の能力観や学習や授業のあり方は，依然として「個人の能力（ability）がどうなのか」ということが問われる「個体能力主義」の考え方が中心に位置している。石黒は，教育現場における一番の関心事が「個人の能力（ability）がどうなのかということ」という「個体能力主義」にあることを指摘し，「それは学業達成度（achievement）かもしれないし，社会的な能力（skill）かもしれない。いずれにしても個人が達成したり，所有しているものがそこでは問題なのである。」[41]と述べる。

　たしかに学制によって「個人主義を徹底した学びの文化」から「同じ内容を集団的に学ぶ文化」への転換が図られた。それにも関わらず，現実は，個人の能力を各種の調査で測り，いかにして提示される到達ラインに達しさせるのかということに汲々としている。そうした教育が多くの教室で為されているとするならば，「集団的に学ぶ」ことで高められるはずの〈カテゴリー2〉「異質な人々からなる集団で相互にかかわりあう」（「A　他者とよい関係を築く」「B　チームを組んで協働し，仕事をする」「C　対立を調整し，解決する」）についての学習体験を集積させることは難しい。また，学習者個々から引き出すのではなく，教師の示す考え方に収束させていくことが求められる教室や授業であれば，教師という一人の人間の思考と一致することを求められるということであり，そこに異質な他者は存在せず（さらに言えば，許されず），当然異なる他者との対話は存在しない。

　こうした，「集団的に」学んでいるにも関わらず，「集団的に学ぶ」意味が見出せない教室や授業が改善されにくいのは，学校現場で教師が記入する指導要録の各教科の項目が個人の能力を捉えて記すものであること，入試とい

第1節　大村はまのめざした世界とその背景　　　　　　　73

うシステムが個人の能力を選抜するものとしてあるという出口の問題もあるであろう。しかし，もう一つ忘れてはならないのは，「集団的に」学んでいるにも関わらず「集団的に学ぶ」意味が見出せない教室や授業で長年にわたって教育を受け，教師になってきた教師個々の教育観の問題である。

　教師の中には，「集団的に学ぶ」ことに関心を持たない者もいるであろうし，そこに意味が見出せない教師もいるであろう。第1章第2節第2項で教師が「典型」を持つことの中でも述べたように，実際に，価値ある集団での学びを体験し，その価値を実感するとともに，それについて解釈して必要性を認識した教師でなければ，自身の授業に「集団的に学ぶ」ことを取り入れることは難しい。

　今後教師は，学習者に対して「異質な人々からなる集団で相互にかかわりあう」（「A　他者とよい関係を築く」「B　チームを組んで協働し，仕事をする」「C　対立を調整し，解決する」）についての学習体験を意識的に積極的に集積する必要がある。そのためにも，教師自身が価値ある集団的な学びを体験し，その価値を実感するとともに，それについて解釈して必要性を認識することが不可欠である。目指されているDeSeCoのコンピテンス概念を理解しつつ，具体的にどのようにしてよいのかわからず，戸惑っている教師，方法を模索して苦闘している教師にとって，断片的な方法だけを貼付けるのではなく，大村の教育観に裏付けられた実践を追体験し，それを解釈して理解することは，その教師の今後の授業を変革させる力を持つはずである。

　大村の教育観とそれに基づく実践は，学習者個々の異なりを重視したものであり，異なる学習者相互を組み合わせることによって，価値ある集団的な学びを実現しようとしている。大村の教育観とそれに基づく実践については，大村の全集を初めとする多くの著書に残されており，それを解釈する文献も多く存在している。大村の教育観とそれに基づく実践について，残された資料から追体験し，価値ある集団での学びの体験とその価値を実感するとともに，それについて解釈するという方法を教師教育の過程として取り入れるこ

とは，育成すべきとして目指されている DeSeCo のコンピテンス概念であるところの，能力が個人内への照射だけではなく，共同体，つまり個人間への照射という視点を理解し認識することにつながる。

第2節　大村はまと国語科単元学習

第1項　国語科における単元学習

1　単元学習における思想

　日本に単元学習という発想が示されたのは，第二次大戦後のことである。ただし，何をもって単元学習とするのかということについては見解が分かれるところでもある。しかし，そこに厳然として存在するのは，学習者から始まるという思想である。1947年（昭和22年）と1951年（昭和26年）の学習指導要領（試案）の国語科編にも，「単元」について次のような文言により，そのことが繰り返し記されている。

　まず1947年の場合であれば，「単元をたてるにあたって」として，単元構想において重要視しなければならないことを次のように記している。

> 単元をたてるにあたって，次の二つのことが児童・生徒に適しているかを考えなければならない。
> 　一　話したり，聞いたり，読んだり，書いたりする言語の活動そのもの。
> 　二　話されたり，書かれたりすることがら，題目，内容。

　ここには，学習者に「適しているか」ということが問題とされている。
　また，1951年提示のものには，その二と五と六において，次のような記述がなされている。

・「これからの国語の教育課程は，知識を与えるばかりではなく，児童の興味と必要を中心にして，価値のある，必要な言語経験を展開していくようなものでなければならない（二）」
・「国語の教育課程は，めいめいの児童の個人的必要に応じるように用意されなければならない。（引用者中略）個人個人の実態を調べて，それに適した目標をたて，そうして，その能力に適した速さと方法を学習するようにしなければならない。（五）」
・「ある題材を選ぶ場合には，それがほんとうに児童の必要と興味に合い，同時に地域社会の実情と合っているかどうかを見なければならない（六）」

　1947年には，学習者に「適しているか」とされていたものが，4年後の1951年には，「児童の個人的必要」「児童の必要と興味」と，幾度も繰り返し学習者にとって必要なのかどうか，興味を抱いているかどうかが問われ，全ての始まりにそれらがなければならないことが示されている。また，「個人個人の実態を調べて，それに適した目標をたて」ることが明示され，個々に応じることの重要性が示されている。ここに，我が国における学習者から始まるという思想に立脚した単元学習の発想がはっきりと打ち出され，我が国における単元学習の基盤が示されたのである。

2　展開される学習活動

　こうした単元学習の学習者から始まるという思想に加え，学習者の興味・関心や問題意識が基盤となって展開される学習活動そのものも，学習者自身のものとなるべきことについて指摘したのは，田近洵一（1993）である。田近は単元学習について，その構想を考える中で次のように述べている。

　　そもそも学習は，学習目標を達成しようとする一連の活動として展開する。したがって，その点から言うなら，単元学習は，決して特殊な学習＝指導の方法ではなく，ごく普通のというよりは，普遍的な学習のあり方だと言ってよい。それをわざわざ単元学習というのは，学習活動のまとまりを特に重視するからである。

学習活動のまとまりは、言うまでもないことだが、学習者にとってのものでなければならない。そのためには、児童・生徒の興味や問題意識が基盤となり、その追求として一つの学習活動が成立する時、その学習は、一まとまりの活動として意識され、学習者自身のものとなる[42]。

また、田近は「ある問題を解決したいという内的欲求につき動かされて、友だちと意見を交換したり、関連する情報を収集したりする」[43]とも述べ、単元学習のあるべき姿を明示している[44]。これらのことから、単元学習の成立には、学習者の興味・関心や能力その他の状況を把握し、必要であれば興味や関心を導きつつ、学習者が自身の課題を追究する過程を構成することが不可欠であることが捉えられる。

3 国語科における単元学習の原理

国語科における単元学習についての発言は数多い。本項では、単元学習の原理を示す桑原隆、森久保安美、首藤久義の発言3点取り上げ、国語科単元学習の原理として整理したい。まず、単元構成の原理として桑原の整理を挙げ、それらを教師の視点からどのように捉えるのかということについて森久保の整理、さらに学習者に対する視線としてどのようなことが必要かということについて、首藤の一覧を提示する。

まず、単元構成の原理として桑原隆（1982）は次の4点を挙げている。

- ・学習者主体の原理（学習者の興味・関心、学習者の未来志向）
- ・個別化の原理（個人差に応ずる学習活動、個の世界を生かす単元）
- ・生活化・活動化・課題化の原理（学習の生活化、課題解決のための言語行動・言語活動）
- ・学習材の多様化と創造の原理（生きた学習材の発掘、学習目標と学習材）[45]

この桑原の整理は単元学習の内実を見事に表現しているが、特に注目すべきは、学習者主体の原理の中に、「学習者の未来志向」が入れられているこ

とである。その時点での学習者の興味・関心だけを対象とするのではなく，学習者に新しい世界を開かせたり，学習者の中にあるものを発掘しながら導くということである。また，個別化とともに，個別化が単なる個別化で留まるのではなく，その個独自の位置を示させることの必要性が示されている。さらに，その学習が自身の生活との関連を持ち，生活の豊かさにつながるように意図されるべきであるという点についても重要である。そうした学習を設定しようとするならば，必然的に生きた多様な学習材を発掘することが求められる。

こうした原理に基づき，教師がどのようにすればよいのかということを具体的に記したものが森久保安美（1991）の次の5点である。

（1） 教師中心の講義型や発問中心型とは対極にあるものである。学習者の言語生活を基盤とし，その興味関心（顕在，潜在）と社会的要請との接点に単元学習は組織される。
（2） 興味関心のみに基づく作業化ではなく、どのような国語の力をつけるのかという明確な目標を目ざして作業、活動が組織される。
（3） 教科書を順次扱ういき方と対照的である。教科書を包み込むような複数の豊かな、個に即した教材の発掘、収集、組織が決め手になる。
（4） 全員に同じ問題を与えるような画一的授業とは縁がない。個を生かすために、目標を重層的にとらえ、方法は多彩に用意される。特に方法については、知らず知らずに目ざす力がつくように工夫がこらされる。
（5） 教師は、学習者の言語生活の実態をとらえる力や言語文化に関する幅広い知識や技術をもつことが必要になる[46]。

森久保は，単元学習の実際を，多くの教室で見られる教科書のみを用いた一斉学習と比較しながら記している。特に（1）に記されている「興味関心のみに基づく作業化ではなく，どのような国語の力をつけるのかという明確な目標を目ざして」という点は，はいまわる経験主義と同じ轍を踏むことのないようにという意味が含まれ，現代の言語活動の充実にもつながる。さら

に森久保は，（5）にこうした単元学習を行うために求められる教師の力について述べ，教師自身の修練が必要なことを取り上げている。

　こうして準備され展開される国語科単元学習であるが，そこで学習を行う学習者に対する視線を示したのが次に挙げる首藤久義（1992）である。

1　一人ひとりの学習者に必要な教師の助けが得られること
2　他の子と比べられて優劣がとりざたされないで、一人ひとりの向上が認められ助けられること
3　一人ひとりの違いが認められ、一人ひとりが生かされて尊重されること
4　集団の中で個が生きること
5　分担共同学習などの方法が工夫されることによって、すべての学習者に出番が与えられること
6　すべての学習者が他の学習者に犯されない持ち場を持つこと
7　学習者一人ひとりにふさわしい目標や教材（学習材）が用意されること
8　一人ひとりの学習活動のペースが尊重されること
9　結果としてでき上がった作品のできばえよりも、作る過程で作業や練習をするなかで学習が成立することが重視されること
10　誤りがとがめられないこと
11　成就体験による学習が重視されること
12　自分がよく理解され、自分の現在が肯定され、いつも自分の現在から出発すること
13　学校内外の生活に根ざした学習があること
14　家庭・地域など自分の属する社会との関連が密接であること
15　教師の側に学習者の言語生活の向上についての指導目標が明確であること[47]

　こうした学習者からの視線を意識して，自己の授業展開をチェックするということがあれば，決して教師が主導する教師の自己中心的な授業展開や単元展開にはならないであろう。この首藤の整理は，先の森久保の整理とも重なることが多々あるが，その中で注目したいことは，9と12の存在である。野地も「国語科単元学習が成立するためには，学習者の国語学習に関する基

礎訓練を必要とする」と指摘し，それが容易なことではないものの，「それが出来なければ，単元学習の成立と展開とは望めない」[48]としている。練習する中で，活動を重ねる中で修得すべきことであり，12に記されたように，「いつも自分の現在から出発」し，よりよい自己へ発展させていくための学習であることが示されている。

こうした国語科単元学習の原理は，単に目ざすべきものとして記されたわけではない。記された時期には，既に大村の実践が存在し，国語教育に携わる研究者が注目していたものであったことからも，その多くが，大村の実践から引き出されたものであることは容易に推測される。つまり大村の実践は，この国の単元学習のあり方に，概念と具体を明確に示したことになる。

第2項　大村はまの国語科単元学習

1　その成立

大村はその著書において，単元学習に向かった経緯について様々に記している。それによれば，大村は最初から単元学習の理念を理解し，その理論を実践化しようとしていたのではない。それは事態を打開するための実際上の工夫から発したものであり，その最初の一歩は，大戦後の荒れ果てた深川第一中学校の教室であったことが述べられている。

大戦後に自ら求めて高等学校から新制中学校に出た大村が赴任したのは，戦争の傷跡が色濃く残る，教室の机も椅子も窓ガラスさえ満足に揃わない深川第一中学校である。その教室で騒ぎ続ける子ども達と対面し，ベテラン教師の大村は立ち往生をした。指示すらも通らず，共通の教材も充分にない。万策尽きた大村は，疎開させていた荷物の中から新聞や雑誌を活用し「百とおりの教材」[49]を作成し，それを個々に手渡して個々に指示を与えながら学習を成立させようとした。そのときの様子を，大村は次のように述べている。

そうしたら、これはまたどうしたことでしょう。仕事をもらった者から、食いつくように勉強し始めたのです。私はほんとうに驚いてしまいました。そして、彼等はほんとうに「いかに伸びたかった」ということ、「いかに何かを求めていたか」ということ、私はそれに打たれ、感動したのです。そして子どもというものは「与えられた仕事が自分に合っていて、それをやることがわかれば、こんな姿になるんだな。」ということがわかりました。（引用者中略）そして、人間の尊さ、求める心の尊さを思い、それを生かすことができないのは全く教師の力の不足にすぎないのだ、ということがよくわかりました50)。

　この大村の記述が示しているように，大村は，その始まりにおいて決して個別の学習を意図して計画したのではない。しかし，共通の教材を準備できなかったために，やむを得ず選んだこうした方法は，大村に学習者の持っている「求める心」の存在を認識させ，強く意識させる結果となった。このことは，大村にとって教師としての姿勢を変える決定的なことであった。この出来事は，その後の個々に応じる学習を準備すること，個々が学習活動に夢中になれるように整えることといった大村の学習指導に対する理念となっていく。

　こうした大村の戦後の実態からスタートした学習指導を，野地は高く評価している。野地は，国語科単元学習について「与えられた国語教材（主として国語教科書）から出発」したものと「目の前の学習者（児童・生徒）の実態から出発」したものの二類に分けている。その上で「後者の側に，わが国の国語科単元学習の本格的な生誕を見出すことが多い。それは外来の単元学習の移入・移植などではなく，終戦直後のわが国の教育現場の実践の中から，やむにやまれぬ，必然の方法に立つ授業として成り立った」と述べ，さらに「創始され，試行され，探索され，定着せしめられ，完成の域にまで結実させられた」51)と記述し，その典型事例として大村の国語科単元学習を位置づけている。

2　大村はまの国語科単元学習

（1）学習システム

　まず，大村の国語科単元学習の構造である。それについては，山元悦子（1995）の「単元　明治・大正・昭和の作文の歩み」単元構造の分析を参考としたい。山元は大村の「単元　明治・大正・昭和の作文の歩み」を，単元学習の代表事例として提示しつつ，「単元展開」「学習者」「教材」「指導者」4要素に分類し，それぞれがどのように展開されていくのかということを「表『単元学習の構造』」[52]として示している。それらから大村の単元構造（骨格）を取り出すと，【資料2-①】のように示すことができる。

　単元学習は，前項に示したように学習者尊重の精神に貫かれる。そのため，学習者個々の状態，学習者の生活をそのスタートに置く。したがって，大村の単元展開にも，前項に示したアセスメントが単元の実施前や指導者による対応にも随所に見られる。そこでのアセスメントにより，学習内容や展開が決められ，個別学習の機会とそれをサポートするための教材や学習者を導くための「学習の手びき」が考案されているのである。

　また，経験単元の弱点であるところのテーマとなる課題追究に意識が向けられ，国語科が育てるべきことばの力の育成が等閑になることがないように，課題追究と言語活動の2類の学習活動が意識的に配置されている。このことについて山元は，次のようにその意味を説明している。

　　　テーマをめぐって展開する単元学習は、表面上は目的を持った主体的な言語活動による内容追求学習である。そしてその過程で、言語技術（言語能力）の指導をはかろうとするのである。そこでは、必然性が自覚された言語技術学習（学習方法の学習）が成立しうる。また、それだけではなく、むしろそこで練られる中心的な言語能力は、総合的な言語能力－言語運用能力である。すなわち、問題の発見と追求、成果の自己表現化、学習記録のまとめという、一連の言語活動が展開され、言語活動そのものの経験・学習の場となりえているのである[53]。

【資料2-①】「大村の単元構造（骨格）」（整理は稿者が行った）

要素	構　造（骨格）
単元展開	○ 構想段階，実施段階，発展段階の3段階に分類される。 ・構想段階：単元実施以前に行われ，学習者が単元のテーマに関して興味を持つことを目的として行われる。 ・実施段階：課題追究と言語活動が行われる。 ・発展段階：学習者が単元の学習を振り返って達成感と課題意識をもつことが行われる。
学習活動	○ 学習の内容は，課題追究とそれに伴って行われる言語活動（情報収集・理解・表現・話し合い）の二種類である。 ○ 学習の進め方は，冒頭で学習のねらいと方法の提示が冒頭に示され，個別学習・グループ学習・全体学習・総括学習が行われる。 ・個別学習とグループ学習：問題の追究 ・全体学習：交流により学習内容の深化 ・総括学習：達成事項の確認や整理（学習者個々に，学習記録が作成されることが多い） ○ 学習の支援や調整は，教材・資料，学習計画表や学習のてびきによって行われる。
対応	○ 指導者は，評価活動と指導活動を行う。 ・評価活動：学習者のアセスメントが行われる。 ・指導活動：資料の選択や作成，学習内容の選択，個別対応の有無の選択が行われる。

　つまり，大村の単元構造は「表面上は目的を持った主体的な言語活動による内容追求学習」であり，その過程で，言語技術（言語能力）の指導をはかろうとする」という二重の構造になっているのである。この構造については，世羅博昭（1993）が，前者は学習者の目標であり，後者は指導者の目標であるとして，指導者と学習者がそれぞれの目標を持ち，それが交差する中に授業が展開されるという「目標の二重構造化」[54]ということばを用いて説明している。

　こうした大村の単元構造にはもう1つ大きな特性がある。それは個別学習

と全体学習の関係性である。大村の場合は，多様な教材を用いる。それはテーマを追究するための資料でありながら，難易度や視点が様々であり，個々の関心や言語能力に対応することができる。それらを用いることは，単に個の関心や能力に応じるという個別指導ができるということだけではなく，個別の学習を独自の学習とさせることができるということである。独自の学習をさせるということは，他と比較されることがないという状態をつくり出し，個別指導の機会を確保し指導をしやすくするという指導の容易性とその個にしかない学習成果という独自性をつくり出すことができる。個別化を個別のままに終わるのではなく，その個に応じた学習が，学習の最後では，その個ならではの位置を占める個性化に昇華するのである。

　第1章でも述べたように佐藤（1997）は，これまでの一般的な授業では，「子どもの感じ方や考え方や見方の個性や多様性は、授業の出発点においてのみ尊重される場合が多かった。最初の段階では多様な意見をひきだして、それぞれの違いを意識させるものの、最後には『一つの答え』にまとめあげてしまうのである」[55]とこれまでの授業における子どもの個性化の問題を指摘している。これに対し大村の単元構造は，個々の多様性に応じた学習が準備され，それが終始保持され，最後には互いの学習がハーモニーとなるように設計されている。佐藤は，「授業の改革においては、個への対応（テーラーリング）と個と個の響き合い（オーケストレーティング）の双方を追求する必要がある」と述べる。テーラーリングとは，個々の「微妙な差異に敏感に対応し、一人ひとりにおいて自立的で個性的な学びを実現すること」であり，オーケストレーティングとは，「一人ひとりの感じ方や考え方や見方の差異をきわだたせ、それらの差異をすり合わせる対応が、個と個の響き合わせ（オーケストレーティング）」[56]である。

　大村の授業構造には，まさにテーラーリングとオーケストレーティングが存在している。教師の発掘によって個々の多様性が確保され保持される中で個別の指導が行われ，互いに響き合う状態を具現化したものとして，大村は

まの実践を挙げることができるのである。

(2) 中核を担う「学習の手びき」

　テーラーリングとオーケストレーティングを実践する大村の単元構造を支えているものの一つに、「学習の手びき」の存在がある。大村の「単元　明治・大正・昭和の作文の歩み」においても4点の「学習のてびき」が用いられ、個別学習や全体学習、総括学習それぞれで配布されていることが示されている（【資料2-①】「大村の単元構造（骨格）」参照）。また、世羅博昭（1993）の示した「単元的展開による授業モデル」においても、各種の「学習の手引き」が学習過程に位置づけられていることが指摘されている。

> 学習課題の解決を目指して、学習者が聞く・話す・読む・書く学習活動（言語活動）を展開するときに、学習者一人ひとりに学習のしかたを教え、言語能力を着実に習得させるためには、「学習の手引き」を工夫する必要がある。「学習の手引き」は、学習者一人ひとりの実態と、そこで習得させるべき言語能力や学習の方法を考慮に入れて、具体化が図られなければならない。国語科授業を、学習者に「させる」指導から、学習者が「する」学習へと転換させるためには、「学習の手引き」の実践研究が急務となる[57]。

　ここには、「学習の手引き」が「学習者一人ひとりに学習のしかたを教え、言語能力を着実に習得させる」ための機能と、学習を主体的にさせるための機能を持ち得る可能性があることが示唆されている。

　この「学習の手びき」について大村は、「そのつど、新しく作っております。目的も資料も、第一、その手びきを使わせる子どもがちがいますから、そのたびに作らなければ、どうにもならないように思います」[58]と述べる。さらに作成するときに考慮するものとしては、対象者の年齢、同種の学習経験、能力、学習展開を挙げ、「その変化するところが生きた学習をさせる」[59]と記している。つまり、「学習の手びき」は、テーラーメイドで作成

するからこそ，個別化（テーラーリング）の指導を充実させ，学習者を真に導くものになり得るというわけである。

「学習の手びき」は，このようにテーラーメイドで作成するものであることは事実である。ただし，大村の作成した「学習の手びき」の性質については，共通したものが認められる。第3章で詳述するが，『大村はま国語教室』（全15巻別巻1）に所収された203点に対する分析結果からは，構成要素と機能，利用の仕方のそれぞれ重複したものが認められる[60]。そのうちの，何がその「学習の手びき」に記されているかという点から見ると，《単元全体の進め方》《学習活動や作業の指示》《着眼点》《話し合いの仕方等の仕方》《知識（言語的知識を含む）》を見出すことができる。これらが具体的な学習者をイメージして作成されるということは，個々の能力や学習状況，その個のために準備された内容や項目が提示されるということである。それによって，学習者個々の学習を導く個別的支援と学習を主体的にさせることが可能になるのである。

この「学習の手びき」は，個々への必要な対応を可能にし，学習の個別化を図るだけではなく，学習者個々が行う学習の成果をその個独自のものとする個性化も可能にしている。個性化を可能にしているのは，「学習の手びき」に記された複数の着眼点である。この複数の着眼点は，指導者が学習者に考えさせたい，気づかせたいと思うものが，短い言葉や時には話し言葉で示される。学習者はそれら複数の着眼点から自分で選択し，個別に学習を進めるのである。大村が「学習の手びき」に記した複数の着眼点は，個別の学習の段階ですでに個性化が図られるように整備され，交流学習の際には独自の意見となる。

例えば，4章でも取り上げて分析する1977年に実施された「楽しくつくる『旅の絵本』」（中学1年対象）であれば，教材として安野光雅の『旅の絵本』が準備され，さらにそれら複数の教材からさらに自分の作品を作るための着眼点が，【資料2-②】のように「学習の手びき」によって複数通り示されて

いる。

【資料2-②】 「楽しくつくる『旅の絵本』」の「学習の手びき」(縦書きを横書きにして示している)

> 　　　　『旅の絵本』によって書く　一さあ　どんな形で　ヒント
> 一　旅日記　旅の記憶
> 二　旅だより　その日その日　日々の手紙
> 三　子ども（弟，妹，だれときめず，幼い子ども）に語ることば（見せながら）
> 四　人生断片　ここにある人生
> 　　訪問　労働　誕生　というふうにとらえて
> 五　ここにも人の生活が
> 　　働く　笑う　走る　うたう　逃げる　というように動詞でとらえて
> 六　心から心へ　ひびきあうことば
> 　　吹き出しをつける
> 七　「ここに人間がいる」と始まる詩　各ページごとに。「ここに人間が生きている」
> 　　と始まる詩　各ページごとに。
> 八　「ぼくは馬に乗って，人生をさがしに行った（出た）―創作
> 九　絵の中のどの人かになって書く。いろいろの人になる。
> 十　もし加えなら　私はこの一ページを　わたしの加えたい一ページ

　この学習は，学習者個々に与えられた『旅の絵本』一冊を丸ごと読みながら心に浮かぶことを，様々な形で「書く」ことが目指された学習である。この「学習の手びき」には，内容面では，学習者が歩んできた「特定の道のり」[61]を引き出す契機や，学習者に考えてもらいたいと指導者が思うものを示し，形態面では，詩や手紙，あるいは小さな子どもへの語り等を示している。学習者は，これらを手がかりとして『旅の絵本』に記された人生や生活場面，あるいはそれを透過して自己と対話する。そしてそれらを表現したものを相互に鑑賞し合い，自己や他者に対する認識を深めていく。この「学習の手びき」に示された着眼点の難易は様々である。しかし難易度はあからさまに示されることはなく，順不同にちりばめられている。こうした工夫（配慮）により，学習者は優劣に振り回される必要がなく，安心して，自己の関

心のあるテーマで存分に学習に取り組むことができる。

　こうした大村の「学習の手びき」について勝見健児（2014）は，国語科単元学習において，「学習過程で必要となるフィードフォワードの情報を教師から享受し，学びの価値を高めていくために必要不可欠な『学習材』」[62]であると指摘している。勝見はその上で大村の「学習の手びき」の特質として，次の4点を挙げている[63]。

- 子どもの「自律性」が重視されている：子どもが自らの学習の状況を把握し，「学習の手引き」が必要かどうかという点について判断しながら，自力で学習を展開していく契機となるように教師が意図的に関わっている。
- 「基準性」が重視されている：方法がわからない子どもにとっては，「学習の手引き」が一つの基準（モデル）となって機能し，その過程を「まねぶ（学ぶ）」ことによって学習活動が充実することを実感できる。
- 「具体性」が重視されている：子どもが「何をどのようにすれば良いのか」という学びの手段を獲得し，表層的な活動に陥らないようにしている。
- 学びに対する「先導性」が重視されている：個性重視ということが教師の子どもへの後追いになるのではなく，子どもが困難な場面を克服し学習を進めていくために，教師が先鞭をつけながら意図性をもって準備し提供することを重視している。

　こうした特質を持つ大村の「学習の手びき」に対する研究は，大村の単元展開や単元を具体的に分析する研究に対して多くがあるわけではない。しかし，大村実践における「学習の手びき」は，文字どおり学習者の手を引きながら，学習者の「学びの価値」を高めるものとして，テーラーリングとオーケストレーティングを具体とするためには不可欠であり，大村の国語科単元学習の中核を為すものである。

　次章においては，大村の国語学習の中核を為す「学習の手びき」について，その全体像とともに具体的姿を探索し，学校教育の普通教室での授業において，個性化に基づいた個別化を実現するための「学習の手びき」を明らかに

していきたい。

注

1) 大村はま（1978）『教えるということ』（共文社，p.54）
2) 『教えるということ』（p.56）
3) 大村はま（1989）『教えながら　教えられながら』（共文社，p.24）
4) 『教えながら　教えられながら』（p.22）
5) 大村はま（1981）『大村はまの国語教室－ことばを豊かに』（小学館，p.217）
6) 『教えながら　教えられながら』（pp.222-223）
7) 『教えるということ』（p.132）
8) 『教えるということ』（p.131）
9) 『教えながら教えられながら』（p.78）
10) 大村はま（1983）『大村はまの国語教室②　さまざまのくふう』（小学館，p.152）
11) 『大村はまの国語教室②　さまざまのくふう』（p.174）
12) 『大村はまの国語教室②　さまざまのくふう』（p.152）
13) 『大村はまの国語教室②　さまざまのくふう』（pp.195-196）
14) 大村はま（1984）『大村はまの国語教室③　学ぶということ』（小学館，p.69）
15) 『大村はまの国語教室③　学ぶということ』（p.78）
16) 『教えながら教えられながら』（p.213）
17) 『教えながら教えられながら』（p.221）
18) 宮下勲夫（1982）「諏訪高女における大村はま先生の作文資料」（大村はま国語教室の会）発表資料より
19) 『大村はまの国語教室②　さまざまのくふう』（p.200）
20) 『教えながら　教えられながら』（pp.222-223）
21) 『教えながら　教えられながら』（p.224）
22) 『教えるということ』（p.130）
23) 『教えながら　教えられながら』（p.156）
24) 『大村はまの国語教室②　さまざまのくふう』（p.206）
25) ルソー（1976）『エミール』（岩波書店，p.18）
26) 大村はま（1994）『新編　教室をいきいきと1』（筑摩書房，p.22）
27) 井上に関しては井上敏夫（1985）「大村方式の理解から実践へ」（『大村はま国語

教室　別巻』月報16　筑摩書房，p.3)，波多野に関しては波多野完治（1992）「巻末によせて」（大村はま『国土社の教育選書11　授業を創る』国土社，p.181）より引用。
28)　大村はま（1994）『教室をいきいきと2』（筑摩書房，p.124）
29)　大村はま・原田三朗（1990）『大村はま自伝「日本一先生」は語る』（国土社，p.158）
30)　野地潤家（1993）『大村はま国語教室の探究』（共文社，p.9）
31)　西尾実（1940）『国語教室の問題』（古今書院，p.57）
32)　『国語教室の問題』（p.153）
33)　大村はま先生教職五十年記念事業実行委員会編（1977）『大村はま先生教職五十年の歩み』（p.63）
34)　『大村はま先生教職五十年の歩み』（p.65）
35)　細川太輔（2008）「協働学習的学ション・リサーチの理論と実践―国語科教師の学びあいによる変容―」（全国大学国語教育学会国語科教育研究大114回茨城大会発表要旨集　p.107）
36)　佐藤学（1998）「教師の実践的思考の中の心理学」（佐伯胖・宮崎清孝・佐藤学・石黒広昭『心理学と教育実践の間で』（東京大学出版会，p.22）より。
37)　第1章の【資料1-3】（p.40）参照
38)　佐藤らは，「「実践的思考様式」にもとづいて獲得された「実践的知識」の網の目が，教師の専門的力量の内実を形づくっている」と位置づけ，「一人ひとりの教師の「実践的知識」と「実践的思考様式」の形成と発達の過程を明らかにする研究」が必要なことを指摘している。
39)　若木常佳（2015）「授業場面における教師の「実践的思考様式」についての一考察」（福岡教育大学紀要，福岡教育大学教育学部，第64号，第4分冊，p.205-214）
40)　39と同じ
41)　「心理学を実践から遠ざけるもの」（p.107）
42)　田近洵一（1993）「単元学習の構成」（『ことばの学び手を育てる国語単元学習の新展開Ⅰ理論編』（日本国語教育学会編　p.58）
43)　『ことばの学び手を育てる国語単元学習の新展開Ⅰ理論編』（p.58）
44)　田近の学習者自身の「内的欲求につき動かされて」様々な学習活動が行われることは，実は最近頻に言われる「アクティブラーニング」の姿である。まさに不易と流行である。「深い学び」（DAL）（『ディープ・アクティブラーニング』（松

下佳代ら2015　勁草書房))も，「内的欲求につき動かされ」なければ，真に成立するものではないだろう．

45) 桑原隆（1982）「単元構成の原理は，どのように考えたらよいか」（倉澤栄吉，外山滋比古，田近洵一編『単元学習の進め方』(p. 21)
46) 森久保安美（1991）「単元学習」（国語教育研究所編『国語教育研究大辞典普及版』明治図書，p. 591)
47) 首藤久義（1992）「学習者と国語単元学習」（日本国語教育学会編『ことばの学び手を育てる国語単元学習の新展開』(pp. 101-102)
48) 野地潤家（1977）「単元学習の再検討」（日本国語教育学会編「国語教育研究」NO. 454　p. 5)
49) 『教えるということ』(p. 62)
50) 『教えるということ』(pp. 62-63)
51) 野地潤家（1994）「国語科授業論（2）授業方式論」，『国語教育基本論文集成29巻』明治図書，p. 164)
52) 山元悦子（1995）「国語科授業の構造－単元学習」，『国語教育を学ぶ人のために』（世界思想社，pp. 230-231)
53) 「国語科授業の構造－単元学習」（『国語教育を学ぶ人のために』(p. 232)
54) 世羅博昭（2004）「『学習の手引き』と『学習記録』による評価のあり方－大村はま実践と宮本浩子実践を関連づけて－」（『総合と教科の確かな学力を育むポートフォリオ評価法　実践編「対話」を通して思考力を鍛える！』日本標準，p. 165)
55) 『教師というアポリア－反省的実践へ－』(p. 238)
56) 『教師というアポリア－反省的実践へ－』(p. 238)
57) 「単元学習の発想を導入した国語科授業の創造」(p. 4)
58) 『教えながら　教えられながら』(p. 155)
59) 大村はま（1983）『大村はま国語教室　第五巻』（筑摩書房，p. 121)
60) 若木常佳（1996）「大村はま国語科単元学習における学習の「学習の手びき」の研究」（修士論文）で指摘した．
61) 金子晴勇（1976）『対話的思考』（創文社，p. 92)
62) 勝見健児（2014）「大村はまの指導観に学ぶ『仏様の指』としての学習のてびき」（人間教育研究協議会『教育フォーラム53　文学が育てる言葉の力　文学教材を用いた指導をどうするか』pp. 95-96)
63) 61）のpp. 99-100から抜粋

第3章　大村はまの「学習の手びき」の実際と分析１―通覧―

　本章と次章では，大村はまが自身の国語科単元学習で作成し活用した「学習の手びき」についての分析・考察を行い，個性化につながる個別化を可能にする「学習の手びき」の特性を明らかにする。対象とするのは，筑摩書房から出版された『大村はま国語教室』（全15巻別巻１）に収録されている〈てびき　プリント〉〈てびきプリント〉と表示された203点である。
　まず本章では，〈てびき　プリント〉〈てびきプリント〉と表示された203点の整理と内容の取り出しを行い，「学習の手びき」がどのような学習を導くのかということを捉える（第１節）。次いで「学習の手びき」の使われ方に着目して「学習の手びき」の持つ機能を導出し，さらに，学習者に対する機能と指導者に対する機能に類別して記述する（第２節）。

第１節　大村はまの「学習の手びき」の実際

第１項　「学習の手びき」の整理

１　整理の方法

　「学習の手びき」をどこまでの範囲とするかということについては，大変に難しい問題である。しかし，学習者の手を具体的に引くためのものであるという目的は共通である。その目的から考えると，形態や使い方が様々であり，「学習の手びき」の範疇とすべきは，書かれたものだけではなく学習活動に対して助言という形で話されたものも含まれると考えるべきであろう。
　そうした口頭での助言という形態の「学習の手びき」も存在するであろう

が，本研究では，口頭のものについては現在においては収集その他が不可能であるという事情もあり取り扱わない。本研究で取り扱うものとしては，現段階でも残され，検証が可能であるという点から，文字媒体で学習者に手渡されたもの，その中でも『大村はま国語教室』に記載されている〈てびきプリント〉〈てびきプリント〉と表示された「学習の手びき」に絞り，それらから「学習の手びき」の内実を捉えることとする。ただし〈てびき　プリント〉〈てびきプリント〉とは記載されていないものも対象に含める。例えば，1966～1967年に１年生を対象として実施された「感想を育てる」で「てびき」として提示されたもの，1969年７月に１年生を対象に実施された「感想を幅広く育てる」のそれらである。前者については，大村は「「てびき」はいわゆる指示ではなく」と記しており，後者については「なおこのてびきは」と示していることもあるが，「学習の手びき」として重要な内容を示しているのではないかと考えたためである。

　この203点については時系列で整理を行い，それぞれに「学習の手びき」と学習活動との関わり，記されている内容，学習者に対する機能，「学習の手びき」を用いた学習者の実際を『大村はま国語教室』の中に見出せるかどうか（検証），形式といった点から整理を行う。

2　整理した「学習の手びき」一覧

　「学習の手びき」について，学習活動との関わり，記されている内容，学習者に対する機能，形式について時系列に整理したものを【資料3-①】に示す。学習の関わりについては，それぞれの「学習の手びき」の前に示した。なお，「学習者の機能」については，学習展開に位置づけた場合に想定されるものを全て記述している。この機能について『大村はま国語教室』内に記された学習者の反応によって確認することができるものについては，表中の「検証」欄に○を示した。また，実践の発表年月日を明らかにすることができなかったものについては，表の最後にまとめて示した。「月日・番号」の

第 1 節　大村はまの「学習の手びき」の実際

月日は西暦の下二桁を示し，番号については，その実践内に複数の「学習の手びき」が用いられているため，1-1　1-2のように示し，最初の番号にはいくつ目の実践なのかを示し，一の後には，その実践内の何枚目のものかということを示している。

【資料3-①】「学習の手びき」の一覧

実践名（巻号）	実施年月整理番号	学年	「学習の手引き」の内容	学習者に対する機能	検証	形式
作りかえながら書く力をつける（5）	57年10月	2	漠然と何かについて書いた他校の生徒作文を教材とし，作文を書く際に留意すべきことを，例を挙げて説明したもの。教師向けに指導の有り様について月刊誌「中学 作文」に記載したもの。			
	1-1		目的の明確な文章を書かせるために，多様な着眼点・形式の例示。どのように書けばよいのか，例示した着眼点に対する具体的な説明	・文章を書く上での様々な着眼点や形式を知る ・分の中にあるものを着眼点により引き出す ・文章を書くときに注意する点に気づく（知る）		箇条書き
	1-2		作文を書くときの留意事項を知らせるために例示しながら分析的に説明	・接続詞の使い方を考える ・一つの文には一つの事柄という文の書き方を知る		例示とその解説
古典へのとびら（3）	59年6月	3	4点の古典作品を通して，古典と自分たちの間に通じるものの多いことを感じ取らせ，古典に親しませることをねらいとする。2-1は最初の作品に対して考えたことをまとめるためのものであり，2-2は，資料を読み取るためのもの。			
	2-1		考えたことをまとめて書かせるために，着眼点と思考の道筋	・どのようなことに着眼してどのような順序で書けばよ	○	書き出し提示

				を示す	いのかわかる ・古典と自身の生活に重なりを見出し古典に親しみを感じる ・着眼点を手がかりとして文章の内容を理解する		
		2-2		内容を掴みやすくさせるために小さな問いを列挙	・内容の理解が容易になる		箇条書き
創作文集「秘密の遊び場」(6)	60年(61年の可能性も)？月	1		様々な状況が考えられる「争い」をテーマとして、文章を書き、各自が書いたものを集めて連作とし、それを読み合う。3-1は学習の冒頭で学習の全体像を知る段階で、3-2は、文章を書く時が清書する段階で、3-3は連作「秘密の遊び場」を読み合い、好きな作品を選んで、推薦の文章を書く段階で与えられる。			
		3-1		学習の全体像を示すとともに、どのようなことに注意するべきかということが例をあげて説明される	・選ぶテーマの重要性を知る ・辞書(類語辞典)の活用方法を知る		箇条書き
		3-2		ホワイトミリアに清書する際の手順と注意が具体的に説明される	・清書する際に注意すべきことがわかる		箇条書き
		3-3		作品全部を読むことが促され、書き出しや書く内容、用いる言葉についての注意が示される	・推薦の文章に必要な内容と注意すべきことがわかる	○	箇条書き
初歩段階の討議指導にはど	61年6月	2		討議の話題を資料に対する副題とし、自分の意見を考える。充分に資料を理解し、討議できるように資料の紹介文を書かせる。4-1 4-2は、いずれも紹介文を書く場面のもの。			

んな話題がよいか（2）	4-1		資料を紹介する文章を書くために書き出しを示す	・資料を理解するための手がかりを得る ・紹介文が書き易くなる ・書き方を知る		書き出し提示
	4-2		資料を紹介する文章を書かせるために書き出しを示す	・資料を理解するための手がかりを得る ・紹介文が書き易くなる ・書き方を知る	○	書き込み
学習記録への出発（12）	64年6月	1	資料をよく理解することと学習記録に関する事柄を指導することを意図して、資料文を紹介する文章を書かせる。5-1は紹介文を書くときのもの。5-2は学習記録を綴じるときのもの。			
	5-1		資料を紹介する文章を書かせるために書き込ませる	・資料を理解するための手がかりを得る ・紹介文が書き易くなる		書き込み
	5-2		学習記録を綴じるために順序と記述内容を示す	・綴じ方や製本の順序、ほんの部位の名称を知る		箇条書き
単元「あいさつ」（12）	64年6月	1	教材「イランカラプテ」を読んで、あいさつについて考えたり、「イランカラプテ」を紹介する文章を書く学習。6-1は、対象を決めて紹介する文章を書く場面で提示される。			
	6-1		紹介する文章の全体が示され、ポイントになる部分を書き込む	・内容の理解 ・対象者（読み手）を意識し、必要な配慮をする	○	書き込み
「作文の指導計画案」の中の例三	65年5月	2	資料（生徒作品）を読み、筆者の主張、内容、文章の書き方について意見や質問を考え、各自が自己の考えを出し合って話し合う。7-1は各自が考えたことを整理するためのもの。7-2は、書き手にあてて書く段階で与えられる。			

作文の学習（5）	7-1		学習の手順とともに，読み取ったことに対して考えたことを整理させるための着眼点を書き出しで示したり，書き込ませたりする	・資料の主張や内容について考えたことを整理する契機となる ・資料の主張や内容について考える ・資料から文章の書き方を学ぶ ・着眼点の設定の仕方を学ぶ	○	書き出しと書き込み
	7-2		書き手に当てた文章を書くために，内容を整理するとともに，書くべき文章の全体像を示す	・文章の書き方を学ぶ ・内容の整理の仕方を学ぶ		書き込み
	7-3		書き出しを示す	・書き出しの手がかりを得る		書き出しを示す
	7-4		書き出しを示す	・書き出しの手がかりを得る		書き出しを示す
	7-5		意見を書くために，内容を読み取る視点を示す	・理解を深める手がかりを得る		着眼点を示す
「作文の指導計画案」の中の例五自由作（5）	65年5月	1	自由に作文を書かせて相互批評を行う学習である。8-1は書くための準備段階，8-2は相互批評の準備の段階，8-3は学習のまとめの段階で与えられる。			
	8-1		書く内容を整理させるために，めあてと構想を書く表を示す	・書く内容を整理する ・めあてと構想をはっきり持つ		表
	8-2		書いた作文を読み合わせるための学習の進め方と読み取るための着眼点を示す	・学習の進め方がわかる ・相互批評という方法を知る		箇条書き

第1節　大村はまの「学習の手びき」の実際　　　　　　　　　　97

				・他者の文章を読むための着眼点を知る		
	8-3		自分の作文についてまとめさせるために，書く内容や書き出しを示す	・自分の作文について見直し，整理する ・作文を見直すための着眼点を得る		着眼点を内包した書き込み
夏休みの自由研究（2）	65年9月	2	話しことばの学習をさせるために，昔話が人々にどのように受け止められているかということについて様々な人に質問をし，その結果をまとめるという学習を行う。夏休みの宿題として行われ，9-1は，学習前に渡される。			
	9-1		学習の全体像を掴ませるために，学習の全体と手順，予め練習しておくことを示す	・学習の全体像と手順がわかる ・研究のための手順と方法を知る	○	箇条書き
作文の指導計画案例四目的を考えて（5）	65年9月	2	作文を書く際に，目的を考えた上で，構成，文体，表現を考えさせる学習である。10-1は目的を決めさせる段階で配布されたもの。			
	10-1		目的を決めさせるために，文章を書く対象と目的を例示する	・文章を書く目的と対象を決める ・具体的なイメージを持つ		列挙
作文処理のさまざま（6）	65年1月	2	作文処理を能率的にするために考えられたさまざまな方法である。			
	11-1		めあてをはっきりさせて書くことのために，対象と目的を例示する	・対象と目的をはっきりすることができる ・めあてのはっきりした文章が書き易くなる ・文章を書く際には，対象と目的を明確にさせる必要があ		列挙

				ることを理解する		
	11-2		作文の批評文の問題点を見つけさせるための着眼点を示す	・批評文を読むときの着眼点がわかる ・自分の考えをもって他者の文章を読むことができる ・作文の書き方を学ぶ		箇条書き
	11-3		作文の批評文の問題点を見つけさせるための着眼点を示す	・批評文を読むときの着眼点がわかる ・自分の考えをもって他者の文章を読むことができる ・作文の書き方を学ぶ		箇条書き
学習記録への出発例二国語教室通信による指導（12）	66年5月	1	1965年の1月から発行し始めた「国語教室通信」を用い，学習記録のまとめ方について，箇条書きで何をどのようにするのか示している。敬体で教師の話を聞くようなイメージで記されている。「これは通信ではなく，てびきである」と明記されているので，12-1として取り上げる。			
	12-1		学習記録のまとめ方について，箇条書きで何をどのようにするのかを示す	・学習をまとめる際の手順（仕方）がわかる ・正しく読み取ることが求められる		箇条書き
感想を育てる（8）	66年・7・10月～67年10月	1	感想を育てるために，自分の読んだ本について感想を記し，それに対して指導者が感想を深めたり別の視点を与えるような書き出しを書き足し，それに対して学習者が付け足して書いていくという学習である。「学習の手びき」というまとめた一枚ではないが，それぞれの感想文の後に書かれたもの。			
	13-1		感想（心の中にあるもの）を引き出すために，新たな着眼点を学習者の文章の続	・心の中にあるものが引き出される ・新たな着眼点により，考えの深化拡	○	書き足し

			きに書き示す	充が生じる ・読んだ本を再吟味する ・自己の考えを省察する		
本で本を読む（8）	67年6・7月	2	一冊の本を理解するために，多方面から関係のある本を読むという読書の方法を学ぶために，指導者の講話に続き，多角的な学習を行う。新たな読書方法に気づかせて体験させた後，自習的に学習を進める。14-1は自習学習の際に与えられる。			
	14-1		一冊の本の内容を理解させるために，他の本の重なるところを提示した表を示す	・示されたものを手がかりとして本の内容を掴む ・本で本を読む体験をする	○	表
本を使って（8）	67年10月	2	本を使って問題解決する態度の涵養をめざし，偉人をつくりあげた環境を探ることをテーマにして，各自割り当てられた伝記を読み，発表し合う学習である。15-1は，発表のための要項作成のために与えられる。			
	15-1		読み取ったことを発表させるための発表メモの書き方を示す	・伝記の人物の概略を掴むための着眼点を知る ・読み取ったことが整理できる ・人を包む環境の要素を知ることができる ・メモの書き方を知る	○	箇条書き
書くために読む（8）	67年11月	2	書くために読むという読書を理解させ，資料を読んで学び得たことをどのように処理して活用していけば，資料を活かして書くことができるのかということを学習する。16-1は書く際に与えられる。			
	16-1		書かせるために，題の例と学習の手順を	・学習の意味と手順を知る		例示と箇条書

			示す	・書く内容について イメージが湧く		き
読書生活を考える（8）	67年11月	2	書くことと読むことを通して読書について考えさせるための学習である。資料を読みながら考えたことや心に触れたところをメモし，発表し合う。その後，自身の読書遍歴を文章にする。17-1はメモする段階で与えられる。			
	17-1		読んで心に浮かぶであろうことを引き出すために，同意・共感・意外等の思いを，学習者のつぶやきの形で示す	・自分の心に浮かんだことが形になる ・自身の読書生活を見直す ・自身と重ねて資料を読む手がかりが与えられる	○	着眼点を内包した発言
本で本を読む―難しいものを読む（8）	67年12月	2	要旨をまとめる力を付けることと，本で本を読む技術を体得させることを目指した学習である。5種類の資料を読み，著者になりかわって主張を整理して発表しあう。18-1は整理する際に与えられる。			
	18-1		著者が主張したいことを考え，整理させるためにポイントとなるところを示して書き込ませるようにしている	・資料の要旨を捉える ・重ね読みによる効果を知る ・文章の書き方（構想や段落意識）を知る ・指導者の持つ価値観に導かれる	○	書き込む
感想文集を読み合って（8）	68年3月	2	感想文集を読み合って，他者の考えが自分を育てることと，多くの感想文を一度に読むことで，一つの感想文を読むこととは異なった感想文に対する着眼点を学ばせることを意図した学習である。19-1は，感想文集を読む際に与えられる。			
	19-1		感想文集を読ませる着眼点を示している（学習者に語りかけるような口調で対話	・着眼点や着眼点の設定の仕方を知る ・他者相互の比較や他者と自己との比		箇条書き（学習者に語りか

第1節　大村はまの「学習の手びき」の実際

			するイメージ)	較等の物事に対する認識の方法を知る ・今後の学習の意欲刺激や方向性を示唆される		ける口調 指導者と対話するイメージ)
日本の美の伝統をさぐる(3)	68年12月	3	古典の資料を複数読み、その中の日本の美の伝統を整理しながら探りつつ、日本の伝統の美を探るための読書計画を立案。20-1は古典資料のうちの「夏草」部分の読み取りを復習する際に与えられる。			
	20-1		学習したことを復習させることを意図して俳句の注釈と季題を書き込ませる	・季題と注釈の確認 ・注釈の書き方を学ぶ		書き込み
読書について考えを深める―読書論2―(8)	68年12月	3	読書についての様々な考え方に気づかせ、読書についての考えを深めることを意図して『わが読書』を読み、考えたことをメモして話し合う学習である。21-1は、学習の最初に与えられる。			
	21-1		学習の全体像とともに、各自が朗読を聞きながら考える着眼点(従来の読書論と異なるところ、新しく開かれたところ)を示している	・着眼点そのものを学ぶ ・着眼点を持って読むことにより、理解しやすい ・自身の読書生活と重ねて考える ・従来のものと比較することで論の特質を捉えやすくなる ・比較という認識の方法を学ぶ ・自分の読書に対する考えを広げる	○	箇条書き
本を紹介し合う(一)	69年4月	1	読んだ本を紹介し合う学習である。22-1は学習の初めに示され、紹介し合うということがどのような流れで行われるのかということと、話し手の心の中を拾い上げるとともに、			

(8)			聞き手にとっては要点を押さえながら聞くという3つの機能を同時に果たすものとなっている。		
	22-1		紹介し合う学習場面を話し言葉で台本のように示し，展開と話し手への意見構築の手がかりを示している	・話し合いの全体像を掴む ・（話し手には）自分の心の中を拾い上げること ・（聞き手には）話の要点を捉えること	台本
本を紹介し合う (二)(8)	69年5月	1	読んだ本を紹介し合う学習である。23-1は話す準備段階，23-2は他者の意見を聞いた後の整理段階に与えられる。		
	23-1		話し手が，自身の心の中を拾い上げられるように，話し始め，中，終わりの順序にそって，発言例を示している	・自分の心にあるものを拾い上げる ・話をつくる契機を得る ・選んだ本を見直す ・話の構成を考える ・指導者の意図に引き寄せられる	着眼点を内包した発言
	23-2		他者の発言を聞いた後の心の中を整理させるために，学習者の状態を3分類し，それぞれに手がかりとなる言葉を示している	・状態（その本を読んだことがあるかどうか等）に合わせて聞いた後の心の中が整理される	着眼点を内包した発言
本を紹介し合う (三)(8)	69年6月	1	指導者の本の紹介を聞いて，感想を発表し合う学習である。24-1は，指導者の話を聞く際に与えられる。		
	24-1		話を聞いてその話に対する感想を引き出すために4つの着眼点を，述べ方を変えた話し言葉で示している	・聞くときの着眼点となる ・自己の心の中を拾い上げる ・指導者の意図するものに引き寄せら	着眼点を内包した発言

				れる			
想像から読みへ（8）	69年6月	1	想像や予想をもって読み進める読み方を経験させることを意図し，読む前に想像させてから読ませ，読んだことを発表し合う学習である。25-1は読む前の想像を引き出す段階で，25-2は本を読む際に与えられる。				
	25-1		性格や生活を想像するための手がかりが呟きとして示される	・主人公の少年の性格や生活を想像する		着眼点を内包した内言	
	25-2		実際の内容と自分の想像を比較する着眼点（意外なことや想像と近いこと）が，それぞれ二通りの表現で示される	・内容の印象を強める ・自分の想像を確かめるために積極的に読む		着眼点を内包した内言	
感想を幅広く育てる（8）	69年7月	1	本を読んでの感想を豊かに育て，決まったパターンからの脱却を意図したもので，26-1は感想を書く際に与えられる。（夏休みの読書の中にも組み入れたという記述もある）				
	26-1		10のヒントを書き込んだ感想文の用紙	・本を読む際の視点や考える際の視点を学ぶ		箇条書き	
夏休みの読書指導（8）	69年9月	1	夏休みに本を読ませて内容を整理させることを意図した学習。27-1は，読んだ本の内容を指導者に伝えるという学習に対して与えられる。				
	27-1		読んで感じたこと，考えたことを整理させるために着眼点を示したもの	・読書の状態や読んで感じたことを整理する ・感じたことや考えたことを引き出す ・書き方を学ぶ		書き出し例示	
発展する読書（8）	69年10月	1	読んだことを活かして何かに発展していくという読書を経験させることを意図して，『父と母の歴史』を読み，自分たちの両親の歴史を聞き書きする。その後，自分たちの書いたものを読み合い，『父と母の歴史集』にはしがきを書く。28-1は読む際に，28-2は，はしがきを書く際に与えら				

			れる。			
	28-1		意欲を喚起させることも意図し，疑問点や考えたり調べたりしたらよいことがらを学習者の内言で示す	・聞いてみたいと思うことや書きたいという気持ちを引き出す ・書き出し方や材料の集め方を学ぶ		着眼点を内包した内言
	28-2		書き込むことにより，『父と母の歴史集』を記した理由やそれぞれの作品のまとめ方，書き出し方，内容についての分析，本を読むことの意義について考えさせる	・『父と母の歴史集』を書いた意味を考える ・表現や書き方を相互に学び合う ・本を読むことの意義を考える	○	書き込み
目録を活用して本を探し選ぶ（8）	70年1月	1	選書の大切さと図書目録を活用しての選書の方法を体験させることを意図して，図書目録を使って，ある対象者に対する本を選ぶ。29-1は選書の際に，29-2は選んだ本と理由の発表の際に与えられる。			
	29-1		適切な本を選択させるための着眼点と考えなければならないことを示す	・本を選択する際のポイントがわかる ・自身の読書生活と本の選択の仕方を考える	○	箇条書き
	29-2		発表を聞いて意見や感想を述べる際の着眼点を発言形式で示す	・意見や感想の述べ方がわかる ・自分ならどうするのか考え，質問や意見を述べるための聞き方が学べる	○	着眼点を内包した発言
目的によって本を選ぶ（8）	70年1月	1	選書の大切さを考えさせ，目的によって選書する態度を育てることを意図して，指導者の話を聞き，3冊の本と6つの課題を照合させ，課題を解決するために最適な本を選択するという学習をする。30-1は選書の際に与えられる。			

第1節　大村はまの「学習の手びき」の実際

	30-1		課題に対応する本を探させるための着眼点を列挙して示す	・選書の際の着眼点を知る ・課題に適した本を選ぶときの手がかりとする		箇条書き
問題発見のために読む（8）	69年12月 70年2月	1	読書が自分に新しい問題を発見させ，読書によって自分の心の世界が開けていくことを体験させることを意図した学習である。本を読んで考えたことや調べてみたいことを見出し，それに基づいて別の資料を読み，解決や更なる疑問を見出し，まとめの文章を書く。31-1は問題点を見出す段階，31-2はまとめの文章を書く段階で与えられる。		
	31-1		読んで考えなければならない問題を発見させるために，心に浮かぶであろう疑問を内言の形で列挙して示す	・問題を発見する手がかりとなる ・疑問に対し，解決方法が様々にあることを知る		着眼点を内包した内言
	31-2		考えたことをまとめさせるために，書き出しと書く順序を示している	・他の資料と比較して考えるという考え方を知る ・書く順序と内容，文章の書き方，抜粋の仕方を知る	○	書き込み
読み得たものを育てながら読む（8）	70年6月	2	読んで得たものを自分で育てていくことを学ばせるために行う学習である。『風の又三郎』とそれについての解説を読み，読みながら自分の心に浮かんだことをメモして話し合う。32-1は，心に浮かんだことをメモする段階で与えられる。			
	32-1		解説の言葉を例示し，対話スタイルで心に浮かんだことを捉えさせる	・どのようなことを書けばよいのかわかる ・心に浮かんだことを自由に書けばよいのだということがわかる	○	対話を促すように実際例を示す

私たちの読書力（4）	70年7月	2	学習者の読書力を示した図表を読み取り，読み取ったことを話し合う学習である。33-1は，図表を読む段階で与えられる。			
	33-1		図表を読ませるための着眼点を学習者の内言で示す	・資料を読む着眼点を知る ・一カ所を見ることと数カ所を合わせて見るという方法を知る ・現象の裏側にある理由を考えることを知る	○	着眼点を内包した内言
本のはたらき（8）	70年9月	2	資料から生活の中で本が働きかけている実際を読み取り，本や読書に対する認識をあらたにすることを意図した学習である。34-1は，資料から読み取り，内容を分類整理する段階で，34-2はこの学習からわかったことや考えたことをまとめる文章を書くときに与えられる。			
	34-1		本との出会いと，本がその人にどのように働きかけたのかということを整理して記入させる表	・本との出会いと本の働きについて整理する ・その人物と本との出会い，本の果たした役割について理解する	○	表
	34-2		まとめの文章の構成を示す	・まとめの文章に書くことがらについて知る ・どのような順序で書くのかということを知る	○	箇条書き
本が呼びかけてくる（8）	70年9月	2	本を読んでいるときに，本が自分に語りかけてくる実感を持たせ，読書への考えを新たにすることを意図した学習である。本を読んだことによって違った世界が開けたという指導者の体験談を聞き，資料を読んで自分の思いついたことを自由に書き，資料別，種類別で発表し合う。35-1は，			

第1節　大村はまの「学習の手びき」の実際

			資料を読んで思いついたことを書く段階で与えられる。			
	35-1		本を読むことで，心の中に生じているはずのことを引き出させるために，きっかけになる言葉を列挙する	・心の中を引き出す契機となる ・本を読んで自分と対話する経験をする ・本の内容を理解する	○	内言の列挙
解説は，作品を読む前に読むか，あとで読むか（8）	70年11月	2	解説の利用について考えさせ，読書に生じてくる問題に対処する態度を養うことを目的とする学習である。自分の考えを書いた後に二作品を読み，最後に解説をいつの段階で読むべきか自分の考えをまとめる。36-1は，読み際と書く際の両方で活用する。			
	36-1		自分の考えを構築させるために意見の根拠となる材料を収集させるための項目を文章の地の文として提示し書き込ませる	・考えるための材料を収集する ・解説に対して考える ・解説の役割を知る ・人を説得させる書き方を知る		書き込み
読書について考える（8）	70年12月	2	読書について自分の考えを確かめることを意図した学習である。資料を読んで自分の考えを書き，それを話し合い，さらに別の資料を読んで話し合いをする。37-1は，最初の資料を読む段階で構築した自分の考えと比較する際に，37-2は，別の資料を読む際に与えられる。			
	37-1		自分の考えを引き出し，まとめさせるためにきっかけとなるものを話し言葉で示す	・考えを引き出す ・自己の考えや他者の考えに対する認識を深める ・他者の考えに学ぶ ・示された着眼点により文章を読み直す	×	着眼点を内包した発言
	37-2		文章を読む着眼点を与え，読書について	・読む着眼点を与えられる	○	観点を内包し

			考え直すきっかけを示す	・読書に関する問題や読書について考えるきっかけとなる ・自分の読書生活を考える	た発言
批判的に読む (8)	71年1月	2	同一テーマのものを読み比べるということを通して，読書の観点態度について気づかせる学習である。伝記（シュリーマン）を読んだ後に，自伝を中心に物語として書かれてあるものと紹介として書かれてあるものを読み比べ，気づきをメモして話し合う。更に，自伝と比して他の二つのものがどのようであったのかについてまとめる。38-1は読み比べる際に，38-2はまとまる段階で与えられる。		
	38-1		内容を自伝と比較しながら読み，なぜそう書いたのか考えさせ，自伝と食い違う点を見つけさせるために着眼点を含んだ内言を示す	・着眼点を手がかりに一冊の本を読む体験をして内容の理解を深める ・書いてある内容をそのままではなく吟味しながら受け取る体験をする ・自分と対話しながら読み深める体験をする ・読み比べる体験をする	着眼点を内包した内言
	38-2		自分と比べて読んで気づいたこと，考えたことをまとめて書かせるために，着眼点が地の文に示された書き込み式のもの	・考えたことを整理してまとめる ・読み手として内容を吟味して読む態度 ・三冊の本の内容理解 ・文章の書き方を学ぶ	書き込み

単元名	時期	時数	内容			
アンケートを読む（8）	71年2月	2	アンケートを読むことと，複数を関連づけながら読むことを学ばせるための学習である。アンケートの読み方を学習した後，自分たちでアンケートを作成し，その結果を読む。39-1はアンケートの読み方を学ぶ際に，39-2はアンケート結果を読む段階で与えられる。			
	39-1		アンケートを読むことを学習させるため，発見や疑問等5つの着眼点を内言の形で示す	・アンケート結果に表れたことを読む着眼点を知る		着眼点を内包した内言
	39-2		アンケート結果を読む着眼点を示す	・アンケート結果を読む着眼点を知る		箇条書き
読書生活について考える（8）	71年3月	2	読書生活についてあらためて考えさせ，発展させる契機を得させることを意図した学習である。1年間の読書生活の記録のあとがきを書かせる。それらを文集にまとめて読み合い，考えたことを発表しあう。40-1はあとがきを書く際に，40-2は文集を読む際に与えられる。			
	40-1		あとがきを豊かに書かせるために，心の中のものを引き出すようなヒントを例示している	・心の中のものを拾い上げる ・比喩表現を学ぶ ・本と自分の関わりについて考える	○	例示
	40-2		自分の考えと比較し，文学を読んで自分がどのように思ったのかということを拾い上げさせるためのきっかけとなるものを4つの着眼点を内包した話し言葉で示す	・心の中のものを拾い上げる ・自分の考えを見つめ直す ・読み着眼点となる ・意見の述べ方を知る ・他者から学ぶ		着眼点を内包した発言
ことば—こんな意味が，こんな意味も（9）	71年5-6月	3	ことばの感覚を磨くことを意図して，一冊の教科書に出てくる「ことば　コトバ　言葉」を全て取り出し，使われ方から分類する。個人で分類した後にまとめの文章を書き，その後グループで個人学習をもとにして話し合い分類する。最後に再度まとめの文章を書く。41-1は，学習の進め方を			

	41-1		学習の全体像と予定を知らせるために学習の進め方と予定時間を示す	・学習の全体像を掴む ・主体的な学習になる		箇条書き
書き出しの研究(10)	71年9月	3	教科書の文章全ての冒頭を抜き出し，分類するという学習である。42-1は学習の最初に，42-2はまとめの文章を各段階で与えられる。			
	42-1		学習の趣旨説明と書き出しを分析する着眼点，予定時間を示す	・学習のねらいを知る ・分析のための着眼点を知る		箇条書き
	42-2		まとめの文章の書き出し，書く順序，分類のための着眼点を示す	・書く内容と順序を知る ・分類のための着眼点を知る ・この学習で学んだことを整理するための着眼点を知る	○	箇条書き
一冊の「言語生活」を手がかりに(5)	71年？月	3	いろいろの目的によって自在にいろいろな種類の文章を書く力を育成する学習である。いろいろな資料を与え，それに対していろいろな形の文章を書かせる。43-1は，否定を表した様々な文章の分析を行い，否定のいろいろな表し方を人に伝える文章を書く際に与えられる。			
	43-1		文章を書かせるための書き出しを着眼点とともに示す	・書き出しがわかる ・何に着眼して考えればよいのかわかる ・他者から学ぶ	○	書き出し
学習記録への出発「例三単元中学校国語学習の準	72年4〜5月	1	教科書の最初の単元について学習し，学習したことを発表し合う。44-1は発表のプログラム作成，44-2は発表を聞く段階，44-3は学習記録をまとめる段階，44-4は，学習記録のあとがき集を読んで発表し合う準備の段階で与えられる。			
	44-1		発表会のプログラムを作成するために話	・どのように発表するのかわかる		台本

備」(12)			し合う手順を示す			
	44-2		発表を聞き逃させないために，メモをとるこつとメモをとる意味を示す	・メモをとるこつとメモをとる意味がわかる		箇条書き
	44-3		学習記録をまとめさせる手順を細かに示す	・学習記録をまとめる手順がわかる ・製本の仕方と各部の名称を知る		箇条書き
	44-4		学習記録のあとがき集を読んで考えたことを発表させる準備のために，学習者の考えを引き出す着眼点を示す	・自分の意見を持ったり，自分の考えたことをまとめるきっかけとなる ・他者と自分を比較して考えるという方法を学ぶ ・他者と話し合うメリットを知る ・同意，添加，反論，疑問という着眼点を学ぶ ・意見の述べ方を学ぶ	○	観点を内包した発言
単元 小さな研究(10)	72年7月	1	指導者の談話と教科書収録の文章の題名の付けられ方を分類することを通して，繰り返し読み，正しく読み取ることや表現を学ばせることを意図した学習である。談話や文章にどのような題名がつけられているのかを分析し分類，それらを持ち寄り話し合って，学習したことを最後に文章化する。45-1は学習の冒頭段階，45-2は読み取りの段階，45-3は話し合いの準備の段階，45-4はまとめの文章を書く段階に，45-5は発展学習の段階で与えられる。			
	45-1		学習の全体像を掴ませるために使用する資料と学習内容，進め方を示す	・学習の全体像を掴む ・着眼点を決めて分類するという分類の仕方を知る		箇条書き

	45-2	読み取る時にことばで躓かせないために，新出漢字以外のものについての読みと意味や用法を示す	・読みやすくなる（安心して読める） ・ことばの読みと意味や用法を知る		列挙
	45-3	話し合いの準備として，他者の分類がどのようであるのかを考えさせるため，着眼点を内包した学習者の内言や発言例を示す	・自分の意見を持ったり自分の考えをまとめるきっかけとなる ・自己の分類を見直す ・内言（思考）の活発化 ・分析して分類するという方法を学ぶ ・他者との比較という認識の方法や比較するための着眼点を知る ・他者と話し合うことのメリットを知る ・文章の内容を読み深めることになる ・ことばに対しての意識が掘り起こされる	○	着眼点を内包した内言・発言
	45-4	まとめの文章を書かせるために内容と順序と書き出しを示す	・自分の学んだことを整理する（自己評価） ・文章の書き方（段落，構成，書き出し）を学ぶ	○	書き込み
	45-5	発展学習として，学習したことが身に付いているかどうかを	・自分の学習を自己評価する ・書き方（段落と構	○	書き込み

第1節　大村はまの「学習の手びき」の実際

			確かめさせるための指示を示す	成）を学ぶ		
単元　国語学習発表会（2）	72年11月	1	いくつかの学習や研究をグループ内で分担して進め，それをまとめて発表し合う学習である。46-1はグループの分担を決める会議で用い，46-2は発表の仕方を示し，46-3は研究の進め方と読む視点が示され，46-4は発表の準備段階で，46-5はまとめの文章を書く際に与えられる。（全集には，一つの研究のものについてしか記載がないが，グループ内のそれぞれの研究ごとにあると推察される）		
		46-1	担当を決めるグループ会議を進めさせるために必要な事項を示す	・会議の進行が円滑になる ・自分の意見をもって会議に臨むことを学ぶ		書き込み表
		46-2	「私たちの読書傾向」発表の手びきとして，発表の仕方を示す	・発表の仕方を学ぶ	○	箇条書き 書き込み
		46-3	学習の進め方と民話を読ませる着眼点を示す	・学習の全体像を知る ・民話を読む着眼点や比較という認識の方法を知る ・多様な着眼点から物事を掘り下げるという認識の方法を知る	○	箇条書き
		46-4	まとめて発表するために，発表順序とそれぞれの書き出しを示す	・自分の学んだことを整理する（自己評価） ・発表原稿の書き方を知る ・文章の書き方（段落意識，構成，書き方）を知る	○	書き込み

ことばの意味と使い方（2）	72年11月	1	言葉の意味と使い方を題材として，初歩的な討議の仕方を身につけさせるための学習である。取り上げる8点の語句についてそれぞれが用例文を作成，その後話し合い方を学習してそれぞれの用例文についての適否を討議し，話し合ったことを発表し合う。47-1は学習の冒頭で，47-2は話し合い方の学習段階で，47-3は発表段階で与えられる。			
	47-1		学習の全体を捉えさせるために学習の進め方を示す	・学習の全体像を捉える ・研究の方法を知る		箇条書き
	47-2		話し合いを有意味なものとし，発言できない生徒がでることや話が逸れることを防ぐために，発言の仕方や進め方について台本風に示す	・発言する呼吸を掴む ・発言の仕方や話し合いの流れ，対応（振る舞い）を知る ・話し合いに参加する準備としてどのようなことに着眼して意見を述べたらよいかを知る	○	台本
	47-3		話し合ったことを発表させるために，発表の全体の流れ（内容・順序・述べ方）を台本風に示す	・発表の全体像を掴む ・発言の仕方や話し合いの流れ，対応（振る舞い）を知る ・発表原稿の作成の手順と内容，必要性を知る	○	台本
単元 どの本を買おうか（7）	72年11月	1	根拠のある選択について考えさえ，体験させるための学習であるとともに，選書についての考え方を育てる学習でもある。状況や資料に基づき，学級文庫に必要と思われる本を，個人思考―グループ討議―全体討議という過程を辿り検討していく。48-1は学習の冒頭，48-2はグループ討議の後，48-3はグループ発表に基づく全体討議の際に与えられる。			

第1節　大村はまの「学習の手びき」の実際　　　　115

	48-1		学習に使う資料確認と学習の進め方を示す	・資料を確かめる ・学習の全体を掴む		箇条書き
	48-2		自分たちの考え方を伝えるための方法を指導すると同時に，わかりやすい発表とするための順序と内容を書き出しによって示す	・他者によくわかり，内容のある発表原稿の作成 ・考えたことを効果的に伝える方法や述べ方を知る		書き込み
	48-3		話し合いで必要な発言を導くことを意図し，発表を聞いたときに，心の中に起きていることを整理させ，引き出させるための発言例を示す	・心の中を刺激するとともに，心の中に生じたものを整理する ・自分の心の中を表現する ・考え方や着眼点を学ぶ ・自分たちの考え方や判断を考え直す ・他者と話し合うメリットを知る	○	着眼点を内包した発言
単元　新一年生に石川台中学校を紹介する（1）	73年3月	1	学年末のいろいろな言語活動を含んだ一年間の総復習的な単元である。自分たちの中学校を新一年生に紹介するという目的を持ち，石川台中学校を様々な分野から取材し，文集を作成する。グループごとに分担を決め，それを個人でさらに分担して学習を進め，最後にグループ発表と文集の作成を行う。49-1は，グループ発表の準備段階で与えられる。			
	49-1		何をどのように発表するのかということを教えるために，着眼点を内包した書き出しを示す	・発表内容と発表の仕方を知る ・自分の学習を振り返り，自己評価できる		着眼点を内包した話し出し提示

単元 こ のスピーチにこの題を（2）	73年9月	2	本気で聞かせることを意図している。各自にスピーチをさせ、そのスピーチに題をつけ、付けた題を巡って討論し、題の付け方や内容と題の関わりから、内容について吟味するという学習である。50-1は個人作業の段階で、50-2は、話し合う準備の段階で与えられる。			
	50-1		学習の進め方と比較するための着眼点を示す	・学習の全体像を捉える ・比較という認識の方法を学ぶとともに、類似のものを比較することで対象の微妙な違いを考える ・題の付け方を学ぶ ・他者に学ぶ ・言葉の使い方を意識する	○	箇条書き
	50-2		発表し合い、話し合うための準備をするために、自分の考えたことを整理する着眼点と着眼点を内包する地の文を示す	・話し合うための自分の考えを整理するとともに、考えが引き出される ・他者の表現を見直し、底から学ぶ ・着眼点を学ぶ	○	書き込み
単元 私たちの生まれた一年間（1）	73年11月	2	12のグループに分け、1年間のうちの担当月を決め、6つの面からいろいろな出来事を捉えて、どの記事を取り上げるのかを決定する。取り上げた記事について調べて担当月の概要を話し合いによってまとめ、さらに投書と「天声人語」の内容について調べて報告し合う。最後にわかったことをまとめて文章にするという学習である。51-1は話し合いの場面、51-2はまとめの文章を書く場面で与えられる。			
	51-1		話し合いを意味あるものにするために、どのようなことをいつ発言したらよいのかということを台本	・話し合いの流れが理解できる ・いつどんなことを発言すればよいのかがわかり、発言	○	台本

第1節　大村はまの「学習の手びき」の実際

			風に示す	しやすくなる。 ・発言する際に，聞き手がいることを理解する		
	51-2		自身の学習内容を振り返りまとめの文章を書かせるために，学習した道筋を箇条書きで示す	・自分の学習を振り返る ・研究の方法を復習する		箇条書き
単元　明治・大正・昭和の作文の歩み（4）	74年9月	3	様々な作文集を読み，それを着眼点別に分析していく学習である。分析のための着眼点は学習者自らが決める。着眼点によって分析したことを話し合い，最後に文章にまとめる。52-1は学習の冒頭，52-2は，まとめの段階で与えられる。			
	52-1		学習の全体像を捉えさせるために，資料の確認と，学習の進め方を示す	・学習の進め方を捉える ・研究の方法を知る		箇条書き
	52-2		発表資料を作成するために，書く順序とそれに伴う注意を示す	・発表資料の作成	○	箇条書き
単元　外国の人は日本（日本人）をこのように見ている（7）	74年9月	3	学習者も資料を収集し，それらについて着眼点に対してメモを取りながら読む。そのメモに基づきながら読書会資料を作成し，読書会を行い，それを踏まえて自分の意見を記述する。53-1と53-2は学習の冒頭（特に53-1は1年次に）で，53-3と53-4は読書会の前に，読書会の後で53-5が与えられる。			
	53-1		研究資料の集め方の指示を示す （この「学習の手びき」は，1年次に資料収集のために渡されている）	・資料の収集の仕方がわかる ・情報が収集されているところを知る		箇条書き

53-2		学習の進め方と読書会の説明，資料の読み取りの着眼点を示す	・学習の全体像を捉える ・読書会について知る ・漠然とした読みではなく，着眼点を持った読みを体験する ・様々な着眼点を知る	○	箇条書き
53-3		読書会の資料作成のために，何をどのように書くのかを示すとともに，集めた資料を整理するための着眼点を示す	・着眼点別に整理することや筆者の着眼点から資料を分析するということを知る ・筆者の着眼点に立って，資料を読むことを体験する ・資料を作成する	○	箇条書き
53-4		読書会の全体の流れについて発言と注釈で示し，学習者の心の中を引き出すような同種ではあるが述べ方の異なる発言例を示す	・読書会の全体を捉える ・心の中を整理し，表現するきっかけとなる ・どの発言をいつすべきかということを掴む ・様々な述べ方を知る ・話題に対応する発言について知る	○	着眼点を内包した発言
53-5		読書会通信として，自分が学んだことや考えたことを記させるために，何をどのように書けばよいの	・自分が学んだことを成立する（自己評価） ・着眼点を設定して整理するという整	○	箇条書き

			かを示す	理の仕方を学ぶ ・資料に記してあることと，事実，自分の考えを区別することを学ぶ ・小見出しを付けてわかりやすく整理する仕方を学ぶ ・研究のまとめ方について学ぶ		
一つの意見（6）	74年9月	3	意見を読み合いながら書く学習である。意見を構成するためのプリントや既成の文章を用いて接続詞の学習を行い，学習者相互（三人一組）と指導者も含めて意見文を書き合う。その手順は，①一人目が書く②同じテーマで二人目が書く③指導者が同じテーマで書く④これまでの3者の文章を読んで自分の意見文を書くというものである。54-1は，書き出す前に与えられる。			
	54-1		意見文を書かせるために学習者の心に渦巻いているであろう話題を列挙して示す	・心にあるものを引き出すきっかけとなる ・自分の生活について振り返る機会となる		例示
一日一語日記（9）	74年9月	3年	語彙を増やすための学習であり，夏休みの課題である。一日に一語ずつ自分にとって新しい言葉を取り上げて表にして記録し，収集したものの一つを発表する。55-1は収集段階，55-2は発表段階で活用する。			
	55-1		語彙を記録する表と例を示す	・学習の仕方が分かる ・語彙を文脈の中で理解することを学ぶ ・一つの語彙から広げていく学習の仕方を知る		表と例示

	55-2		発表のための準備内容を示す	・発表のための準備の仕方が分かる ・言葉を学習する手順，方法について知る	箇条書き
「課題図書」について考える（6）	74年9月	3	課題図書を巡っての投書を読み，それを意見によって分類しながら，考えの進め方や考えの根拠を明らかにして意見文を書く学習である。分類しながら読む過程で課題図書について捉えた上で，再度投書を批判的な見方で読み返し，最後に課題図書についての意見文を書く。56-1は学習の冒頭，56-2は読む過程，56-3は文章を書く段階で，56-4は，相互に書いた文章を読んで自分の意見を述べる場面で与えられる。		
	56-1		学習の全体像を捉えさせるために進め方と読む着眼点を示す	・学習の全体像を捉える ・何について考えるのかを知る ・筆者の視点を意識して読むことや批判的な視点で読むことを体験する ・意見を書くときに必要な着眼点と手順を知る	箇条書き
	56-2		学習者に自分の考えを確かめやすくさせるために，考えるべき点を考えを誘うようなことばで示す	・何について考えるべきかを捉える ・考えるきっかけを得る ・書き出し易くなる	着眼点を内包した言葉
	56-3		課題図書についての自分の考えを書かせるために，思考を導くような順序と書き出しを示す	・自分の考えを整理する ・書き方（構成・段落）を学ぶ	○	書き出し提示

第1節　大村はまの「学習の手びき」の実際

	56-4		友達の文章を読んでそれらを整理し、その上で自分の意見を述べるために、発表の全体像を示す	・整理の仕方を学ぶ ・発表の仕方を学ぶ		書き込み
創作文集「秘密の遊び場」(6)	74年？？ 不明70年？11月	3	生活の中からテーマを見出し、そのテーマが浮かび上がるような連作を書く。テーマを見つける練習の後、各自がテーマを考えて出し合い、幾つかの文章の構成を練り、その中の一つを実際に書く。その作品を集めて作品集を作り題をつけ、お互いの作品を読み合い推薦文を書く。57-1は題材を見出す段階、57-2は作品を清書する段階、57-3は推薦文を書く段階で与えられる。			
	57-1		書くための題材を探させるための指示やヒントを示す	・題材を見つける着眼点や手段を知る ・自分の生活を見つめる	○	箇条書き
	57-2		作品を清書させるための指示と注意を示す	・清書の仕方がわかる ・注意すべき点がわかる		箇条書き
	57-3		自分をひきつける作品の良さを概括的な表現を使わずに記すように指示し、分析するための着眼点を示す	・作品に対して深く読み、引きつけられた理由を分析する体験をする ・使う言葉を吟味する	○	箇条書き
作文題材集(5)	74年？月	3	作文の題材を収集したものを題材集としてまとめ、それを巡ってどのような題材であるのか吟味したり、題材を見つける着眼点を豊かにするために意見交換をする学習である。58-1は、意見交換の段階で与えられる。			
	58-1		題材を並べて行う意見交換の準備として、意見を引き出す着眼点と意見交換のための話し出しを示す	・どのように考えればよいのかを学ぶ ・意見を持つための着眼点を知る ・自分の考えを整理		着眼点を内包した話し出し

			する			
単元　座談会を記事に（5）		75年3月	3	テーマを選択して座談会を行い，それを文字化する学習である。59-1は，学習の最初に与えられる。		
	59-1		学習の全体像を捉えさせるために学習の進め方を示し，同時に，文字化するときに考えるべき点と工夫すべき事柄について示す	・学習の全体像を捉える ・工夫すべき点がわかる ・話し言葉を文字化する際の注意点を知る ・自身の話し言葉について認識し見直す	○	箇条書き
ここはこれを踏まえている（7）		75年3月	3	ことわざや俳句を踏まえて作成してあるコピーを見て，何が踏まえられているのかを探し，踏まえられているものについて調べて解説をする学習である。どのようにコピーに取り入れられているかについて分析・分類して，問題として出し合う勉強会を最後に行う。60-1は学習の冒頭段階，60-2は勉強会で与えられる。		
	60-1		学習の進め方と予定を示す	・学習の全体像を捉える ・進め方を知る ・目の前にあるものを判断する際に，できるだけの知識を得ることの必要性と研究の手順を知る		箇条書き
	60-2		勉強会のでの発表の仕方を台本風に示す	・勉強会の全体の流れを捉える ・発表の仕方，聞き手の反応に対する答え方を知る		台本
学習記録を育てる		75年3月	3	3年生最後の学習記録を綴じる学習であり，61-1は，学習の冒頭に示される。		

(12)	61-1		学習記録をまとめさせるための注意事項を示す	・学習記録をまとめるときの注意事項を知る		箇条書き
学習記録への出発「例 四 いろいろの工夫」(12)	75年4月	1	1年生最初の学習記録を綴じる学習であり，62-1と62-2が与えられる。			
	62-1		学習記録をまとめさせるために，どのようなことをどこに記すのかということを詳しく示す	・書き方や綴じ方がわかる ・製本の手順や知識を知る		箇条書き
	62-2		学習記録のあとがきを充実させるために，どのようなことを書くのかということを，一部書き出しとともに示す	・あとがきにどのようなことを書くのかわかる ・自分の学習を振り返り，学んだことを整理する ・自己の成長を見つめ，次に学びたいことについて考える		箇条書き
単元 いきいきと話す(2)	75年6月	1	漫画『クリちゃん』から2作品を選び，場面に言葉をつけて面白さを指導者に話すという学習である。63-1は学習の冒頭，63-2は指導者に話す準備段階で与えられる。			
	63-1		学習の進め方を示す	・学習の全体像を捉える ・言葉を付ける際にどのような点に留意すればよいのかわかる ・話し言葉の感じを出すための工夫を知る	○	箇条書き
	63-2		いきいきと話させることを意図して，指導者との対話の全体	・指導者と自分の対話の全体像が分かり，何をどう話す		書き込み

			像と話す内容，順序を台本風に示す	のかが理解できる ・読む観点が与えられる ・聞き手を意識した話し方を体験する		
楽しくつくる「白銀の馬」（6）	75年10月	1	創作力そのものを力をつけることを意図した学習である。絵だけが記された絵本を用い，ストーリーを考え書いていき，それを作品集としてまとめて相互に読み合い推薦文を書く。さらに相互の優れた点を学び合った後に冒頭と結びの表現について着目して作品を研究してまとめの文章を書く。64-1は冒頭段階，64-2は作品の清書段階，64-3は推薦文を書く段階，64-4はまとめの文章を書く段階で与えられる。			
	64-1		学習の進め方，注意，具体的なイメージをしめすための手順を示す	・学習の進め方と全体像，具体的なイメージがわかる ・心に浮かんだことを書き留める必要を知り，体験する		箇条書き
	64-2		作品を清書させるための注意事項を示す	・清書の仕方を知る ・清書する際に知らなければならない文章の書き方の決まりを知る ・挿絵等のくふうを考える ・出来上がりをイメージして書くという書き方を学ぶ	○	箇条書き
	64-3		他者から学び，推薦文を書かせるための着眼点を示す	・目の付け所を知る ・書くきっかけを得る ・他者の作品から学ぶ	○	箇条書き
	64-4		各作品を比較・検討しながら分析する着	・分析するための着眼点を知る	○	箇条書き

第1節　大村はまの「学習の手びき」の実際　　　　　　　　125

			眼点とまとめの文章を書くきっかけを示す	・比較することで特質を見出すという認識の方法や一つのものを2点から分析するという認識の方法を知る ・分析した後，分類するという研究の方法を知る	
本を知る窓（7）	75年10月	1	読書人の基礎能力としてその本の真の特質を見極める眼と態度を育てようとすることをねらった学習である。まず大まかに出版案内のパンフレットと実際の本を比較し，気づいたことを話し合う。続いて丁寧にパンフレットを読み直し，実際の本と読み比べながら気づきを記録し，発表し合う。最後に，誰に読ませたいかということで作文を書く。65-1はパンフレットと本を読み比べする段階で示され，65-2と65-3は，パンフレットを丁寧に読む段階で示される。65-2と65-3は同じ活動で用いられるが，学習者の状態に合わせて二種類準備されている。		
	65-1		パンフレットと本を見比べて大体を捉えるために，見比べる着眼点を話し言葉で示す	・読み比べる着眼点を知る ・分類するときの方法（色を使う等）ことを知る ・本とパンフレットの内容を理解する	着眼点を内包した発言
	65-2		パンフレットの内容を理解させるため，考えてほしいこと，知ってほしいことを学習者の心の動きに即した言葉で示し，その下に学ばせたいことばを書き示す	・パンフレットの内容を理解する ・パンフレットを通して本について知る ・心の動きを表す言葉により考えやすい ・誰がどの立場から書いているのかを	着眼点を内包した発言

				・知る立場というものがあることを知る ・ことばを知る	
	65-3		パンフレットの内容を理解させるために，学習を進める手順が示され，そこに書きこんでいく	・パンフレットの内容を理解する ・パンフレットを通して本を知ることができる ・誰がどのような立場で書いているのかを知るとともに，立場というものがあることを知る ・ことばを知る	項目列挙と書き込み
読書人の基礎力を養うために授業二「読む人を読む」(7)	75年10月	1	読書人の基礎能力として，その本を読むということは，その読み手がどういうことを考えているからなのかということを考えながら読む学習である。『少年少女日本の民話・伝説』についている解説が2つに分かれていることを教材化している。読む人を読むとはどうすることかということを示し，実際に読みながら見出したことを書き留め，話し合いをし，まとめの文章を書く。		
	66-1		学習の全体を示すとともに，読む人を読むとは具体的にどのようなことを考えるのかつぶやきで示し，読みながらどのようなことを考えれば良いのかということについても，発言のスタイルで示す	・読み手を意識して読むという読み方を知る ・考え方や発言の仕方を知る	箇条書きと着眼点を内包した発言
読書人の基礎力を養うため	75年10月	1	読書人の基礎能力として，なるべく多くの本（71種類の雑誌，112冊の本）を見て，必要な情報を見つけ出すための手がかりや読み方，記録の仕方を学ぶ。		

第1節　大村はまの「学習の手びき」の実際

に授業三「文献探索」(7)	67-1		学習の仕方や手順を示すとともに，カードの具体例，発言の仕方を示す	・本の探しかたを学ぶ ・本から必要な情報を得るための手がかりについて理解する ・発言の仕方や話し合いの仕方を学ぶ		箇条書きと着眼点を内包した発言
学習記録あとがきによって学ぶ(12)	75年11月	1	学習記録のあとがき集を使って，学習ということについて考える学習である。学習記録のあとがきを書き，その中から15編を資料として読み，指導者の講話を聞いて，学習したことや，心に残っていること等を話し合う。68-1は，学習記録のあとがきを書く段階で与えられる。			
	68-1		学習記録のあとがきが，単なる感想や懐古的内容となることを防ぎ，国語や学習について考えるものとなるように，どのようなことを書いたらよいかを示す	・どのようなことを書けばよいかわかる ・自分の学習を振り返り，学んだことやわかったこと，心に残ったことを整理する ・自分の成長を確かめる	○	箇条書き
私の編集(10)	76年2月		国語教科書の教材をテーマごとに編集するという学習である。まず，教科書の教材をテーマを探しながら読み，次にテーマを決めて取り上げる作品を決め，テーマと選んだ作品について話し合いをし，最後に自分の作品集を作成する。69-1は学習の最初に，69-2と69-3は，話し合いの準備段階に示される。このうち69-2は話し合いのために他者に示す資料作成，69-3は自分の意見構築のためである。			
	69-1		学習の全体像を捉えさせるために，学習の進め方と作品を作るまでの過程を示す	・学習の全体像を捉える ・何をどう書くのかということを具体的に知るとともにイメージを持つ		箇条書き

				・一冊の本を作るという意識をもつ ・製本に関する知識を得る ・教材に対する理解が深まる		
	69-2		テーマと作品をプリントさせるために原稿の書き方を指示する	・書き方がわかる		箇条書き
	69-3		話し合いの前に，自分が準備すべきことと，他者の作品から学び取るための着眼点を示す	・他者と話し合う前の準備として自分が選んだ作品（自己の考え）について整理する必要性を知る ・選んだ作品を振り返り分かったことを整理する ・自己と他者を比較して相違点を見出す ・他者の考えを引き出すように質問するという意識を持つとともに，他者の考えを理解し，その上で自分の意見を述べる姿勢を学ぶ ・他者に学ぶ ・着眼点を学ぶ	○	箇条書き
集める（9）	76年2月	1	「迎える」「促す」の二語について，使われている場面を見つけてカードに記録し，それらについて様々な着眼点から分析，分類して討議する。70-1は学習の冒頭に，70-2は討議のための準備段階で与えられる。			

第1節　大村はまの「学習の手びき」の実際

	70-1	学習の進め方と収集した言葉を分析し分類するための手順，分析の着眼点を示す	・学習の全体像を捉える ・分類するために二つだけを比較するという分類の方法，多様な着眼点から分析して分類するという方法を知る ・色々な着眼点を知る・言葉を文脈の中で捉えることを意識する			箇条書きと例示
	70-2	討議資料を作成するための書き方を下書き用紙で示す	・書き方がわかる ・はっきり分類できたものとわからなかったものは区別することを知る			項目提示
書き合う読書会（7）	76年3月		書き合う読書会である。グループ別にそれぞれ1冊の本を読み，興味を持ったところをメモして手紙形式で別グループと往還をして，相手の興味を持ったことに対して，自分が読んだ本にはどのようなことが示してあるのかを述べ合う。71-1と72-2は，手紙の往還の際に与えられる。			
	71-1	自分が興味を持ったところについて相手に伝えるための書き方を示す	・手紙の基本的に書き方を知る	○		書き込み
	71-2	返事を書くための書き方を示す	・手紙の基本的に書き方を知る			書き込み
「中等新国語二」を読むこの視点から（10）	76年6月	2	教科書を一冊の本として，いろんな「視点」から読み，言葉のいろいろな力を豊かにすることを意図した学習である。教科書を読む視点を11点指導者が準備し，それをグループごとに担当して学習を進め，資料にまとめて話し合う。学習成果の発表を行うが，その前には，発表を聞く前に発表される内容に対する下調べを行う。72-1は，学習の始まりの段階で示される。			

		72-1		学習の全体像を捉えさせるためと，どの「視点」から研究するのかを決めさせるために，学習の進め方と研究の手順と11の視点を示す	・学習の全体像を捉える ・研究の「視点」を決める ・いろいろな「視点」の置き方を学ぶ ・複数の「視点」から，一つの教材を読むという読み方を知る ・「視点」を決めて教材を集め，それらを分析して分類するという研究の方法を知る	○	箇条書き
古典への門―枕草子によって（3）	76年10月	2	古典に親しませることを意図した学習である。「枕草子」の代表的な部分を取り上げ，グループで分担して読み進める。読んでいる過程で心に浮かんだことを拾い上げて資料を作成し，発表し合い話し合った後に，学習したことをまとめる。73-1は読んでいる段階，73-2はグループでの整理，73-3は話し合いの準備，73-4はまとめを記す段階で与えられる。			
		73-1		学習の全体像と心に浮かんだことを捉えさせるために，学習の進め方と心の中を捉えるきっかけとなる言葉を表現を変えながら示す	・学習の全体像を捉える ・心に浮かんだことを捉える ・同意，疑問，意外の3点から心に浮かんだことを整理する ・内容と同時に言葉にも着目する ・言葉について考える着眼を得る ・古典と自分の世界		箇条書きと着眼点を内包した内言

第1節　大村はまの「学習の手びき」の実際

			・を重ねる着眼点を得る		
	73-2		グループ学習の成果を資料にさせるために資料の書き方を示す	・書き方がわかる ・言葉について述べるときに，言葉を文脈の中で扱うことを知る ・書くこつを知る	箇条書き
	73-3		話し合いのために意見を引き出すための着眼点や述べ方を示す	・意見の述べ方や着眼点を知る ・意見構築のきっかけを得る ・古典と自分の世界の接点を見つける	○	着眼点を内包した発言
	73-4		まとめの文章を書かせるための書き方や自分の学習を振り返る着眼点と書き出しと順序を示す	・何をどこにどのように書くのかわかる ・自分の学習を振り返る ・古典と自分の生活を結びつける ・自分の古典に対する考えを整理する ・古典に対する知識を整理する	○	箇条書きと書き出し提示
単元　各国に生きる現代の子どもたちの姿（7）	76年10月		読書人としての基礎能力を育て，本を使って生きる市民を育てることを意図した学習である。指導者が示した8点の視点により作品を読み，話し合い，視点ごとに取り上げる作品を決める。続いて，作品に出てくる子ども達を，実際の自分たちの生活の様々な場面において「その子ならどう考え行動するか？」を手がかりに考える。最後に，子ども達と出会って自分がどのように変容したのかを文章にまとめる。74-1は単元の冒頭に，74-2は話し合いの準備段階に，74-3と74-4は，学習のまとめを書く段階で与えられる。		

	74-1		学習の進め方と学習過程で行うカードの取り方，学習後の自己の変容を拾い上げるための言葉を提示する 下部に，言葉の学習メモ	・学習の全体像が捉えられる ・カードの取り方がわかる ・学習と自分の成長の関わりを意識して学習を進める ・言葉を学ぶ		箇条書き
	74-2		話し合いの準備をするために，話し合いで出る（出させたい）いろいろな発言例を示す	・誰にどんなことを尋ねるのかを考える ・自分が尋ねられることを想定して意見を準備する ・対立意見に対する解決方法を知る ・作品を読み直し，理解を深める ・意見の述べ方を知る ・作品全体に記されているものと部分に記されているものを意識する ・類似のものを比較して違いを見つけるという方法を学ぶ	○	着眼点を内包した発言
	74-3		登場した人物についてまとめさせるために，学習を想起させる手がかりとなる言葉を書き込み形式で示す	・心に残った人物について具体的な場面を想起して整理する ・いろいろな人物の考えや行動を考える ・概括的に書き，次	○	書き込み

第1節　大村はまの「学習の手びき」の実際　　　133

単元名	年月	数	手びきの内容	ねらい	○	形式
				・に具体的に書くという書き方を知る		
	74-4		学習によって自分がどのようなことを考えたのかということを整理して書かせるために，心の中を捉えさせるきっかけとなる言葉を書き込み形式で示す	・自分の心に浮かんだことを拾い上げるきっかけになる ・自分が考えたことを整理する着眼点を得る ・自分の心の中を見つめる ・自己の成長や変化を捉える	○	書き込み
私たちの作ったことばあそび（9）	76年10月	2	ことばのゲームをグループごとに作り，発表し合う学習である。75-1は，学習の冒頭で示される。			
	75-1		学習の進め方を示すとともに，ことば遊びを作るヒントを示す	・学習の全体像を捉える ・ことば遊びの問題をつくるヒントを得る		箇条書き
単元　このことばづかいをどう考えたらよいか（2）	77年1月	2	問題のあることばづかいについて，どのように考えるのかを他者にインタビューをする学習である。76-1は，最初の段階で与えられる。			
	76-1		学習の進め方と，学習途中で行う活動についての注意事項や割当，時間配分，話の運び方の例を示し，下段にことばを示す	・学習の進め方を捉える ・話し言葉を記録する際の仕方や，記録のまとめ方，時間配分がわかる ・インタビューについて話の運び方がわかり，イメージがわく ・ことばの学習	○	箇条書きと例示
学習記録への出発	77年4月	1	学習記録を書くことについての学習である。77-1は書き方を指導するためのもの。			

(12)	77-1		自分の学習を整理し、感想を豊かにさせるために、内容によって書く欄を分けた表を示す	・学んだことを整理する ・概括的な感想ではなく、自分の心に浮かんだことを細かに拾い上げる ・整理することを学ぶ		表
一つのことばがいろんな意味に使われている(9)	77年5月	1	一つの言葉にいろいろな意味があるものを取り上げて、意味ごとに分類していく学習である。練習学習を行い、グループごとに一つの言葉を担当して個人で分類を試みた後、グループで話し合いをする。その後、話し合ったことを発表資料として清書し、清書の仕方を考えた後に、グループ内の一人が清書をする。印刷した発表資料を用いながら、グループごとに発表していく。78-1は学習の最初の段階、78-2は話し合いの段階、78-3は発表準備の段階で与えられる。			
	78-1		学習の進め方と練習学習のための文例を示す	・学習の全体像を捉える		箇条書き
	78-2		話し合いを円滑に進めさせ、話し合いが横道に逸れたり、発言できない学習者が防ぐために、話し合いの全体の流れと様子を具体的な発言例で示す	・話し合いの全体の流れがわかる ・進行係の仕事と話し合いの進め方がわかる ・不明なことはすぐに解決しないで時を置いて解決する方法を知る ・誰かの意見に必ず反応することや自分の状態を伝えることを知る ・自分の考えを述べるときには、理由を述べること等、		台本

第1節　大村はまの「学習の手びき」の実際

				・意見の述べ方を知る ・時間を意識しながら話し合いを進行させ，最後に話し合ったことを整理することを知る		
	78-3		発表準備のために，発表資料の作成の仕方，発表の仕方，質問の仕方と着眼点を示す	・資料の書き方，清書に必要な道具の名前を知る ・指導者に依頼するとき述べ方を知る ・発表の仕方や発表に対する意見や質問の仕方を知る ・質問や意見を述べる着眼点を知る		箇条書きtp発言例
	力のやや高い学習者が多いD組では，その場面で使える別の言葉を考えだして話し合うという学習が付け加えられる。その学習に78-4が使われる。					
	78-4		話し合いを円滑に進めさせ，話し合いが横道に逸れたり，発言できない学習者が防ぐために，話し合いの全体の流れと様子を具体的な発言例で示し，学習させたいことばを示す	・話し合いの全体の流れと進め方がわかる ・誰かの意見に必ず反応すること，自分の状態を伝えることを知る ・意見の述べ方を知る ・ことばの学習	○	台本
広がることば 深まることば E組（9）	77年9月	1	「なになにを楽しむ」という言葉について，「なになにをする」との違いを考える学習である。両者がどのように違うのかということをグループで分担して考え，話し合う。最後に「なになにを楽しむ」に共通していることをまとめる。「学習の手びき」は話し合いの場面で与えられている。			
	79-1 79-2		話し合いの全体を捉えさせるために話し	・話し合いの様子がわかる	○	台本

	79-3 （同類のものを学級別に3パターン作成）		合いの様子を台本風に示す3展開が準備される	・自分が思いついた言葉をなるべく多く出すことにより，言葉の意味を掴む方法を知る		
ことばを思い出す探す見つける（9）	77年11月	1	言葉を増やすことを意図した学習である。写真が多い観光案内を教材とし，グループで分担してそれぞれの頁や写真から思い出せる言葉，その言葉から広がっていく言葉を捉えて模造紙に記入し合う。その後，見つけ出した言葉を整理発表して，更に見つけ出した言葉をもとにして問題をつくり，お互いに学び合う会を持つ。80-1は思い出す言葉を記入する段階，発表の段階，問題を出し合う段階で与えられる。			
	80-1		思いついた言葉を書き込ませるための書き込み用紙の作成の仕方と学習の進め方を示し，「学習の手びき」が確かに読み取れたかどうかを確かめるための減点表が付けられている	・学習の具体的イメージがわかる ・次の活動に活用することを考えながら，現在（今）行っている作業を行うという作業における考え方を知る		箇条書き
	80-2		見つけた言葉を流れよく発表させるためのヒントとして発表例を示す	・見つけた言葉をどのように発表すればよいのかについて考える手がかりを得る ・聞き手を意識した話し方を考える ・一つのことをいろいろな言葉を使って述べる例を示すことで，ことばを引き出すきっかけとなる		着眼点を内包した発言

第1節　大村はまの「学習の手びき」の実際　　　　　　　137

				・写真の部分と全体，登場人物の言動という着眼点を知る		
	80-3		どのような問題を出し合い進めて行けばよいのかということを例示する	・言葉を増やすための方法を知る ・問題の出し方と順番を考える手がかりを得る ・問題を出す着眼点を知る ・類似のものを比較することで，その言葉を知るという認識の方法を知る		着眼点を内包した発言
楽しく作る「旅の絵本」(6)	77年11月	1	創造する力そのものを育てることを意図した学習である。字のない絵本に言葉を加えて，様々な形の作品にする。81-1は絵本から創造の手がかりを得る段階，81-2はあとがきを書く段階で与えられる。			
	81-1		絵本から作ることができる様々な形と創造のために絵本を見る着眼点を示す	・絵本を読む着眼点を得る ・繰り返し読む機会が与えられる ・色々な作品の形を知る ・学習者自身を重ねたり，独自のものをつくるきっかけとなる	○	箇条書き
	81-2		あとがきを豊かにさせるために，書く内容と順序を示し，下部にことばを示す	・作品を作る過程で心の中に起きたことを拾い上げるきっかけを得る ・概括的な言葉ではなく，具体的に心の中を引き出し，表現する	○	箇条書きと書き出し

				・自分の学習を振り返る		
単元 こ こにこう 行きてい る少年少 女（7）	77年11月	1	まず，作品の中に描かれている人物の中から，はっきり性格や考え方の掴める人物を取り上げ，その人物を中心に，自分たちで場面や筋を考えて劇をつくり，上演する。次に取り上げた作品の人物についての分析を観客に説明し，その人物の捉え方について話し合う。82-1は冒頭段階に，82-2は劇を作る段階で与えられる。			
	82-1（知識を与えるものとしてカウント）確認の事		学習の進め方と劇を作るために何をどう考えるとよいのかについて示す	・学習の全体像を捉える ・どのように話し合うのかを知る ・どのように劇を作っているのかという手順を知る	○（部分）	箇条書き
	82-2		劇について理解させるために，劇の説明と台詞を考える際に考慮すべきことを示す	・劇について知る ・劇の台本についての知識を得る ・台詞の表現するものを知り，台詞を考えるときの目標を得る		箇条書き
単元 こ とばとこ とばの生 活につい て考える （9）	77年11月	1	言葉に関しての投書を資料として収集し，それらを5観点により，グループで考える。その際には同時並行的に，個人的に共感を得たもの等拾い上げておく。グループから報告を行い尋ねあい，最後にことばとことばの生活についてまとめの文章を書く。83-1は投書を分析する際に，83-2は，グループ間での報告会の準備電解で与えられる。			
	83-1		投書を分析させるために分析のための視点と考えるべき問題，学ばせたい言葉について示す	・どのような視点から分析するのかということが分かる ・具体的にどのようなことについて考えていけばよいのか分かる ・視点を定めて分析		項目列挙

第1節　大村はまの「学習の手びき」の実際　　　139

				・をするという方法がわかる ・ことばが増える		
	83-2		意見交換をするための資料作成のための注意事項と学ばせたいことばについて示す	・分かり易い資料を作成するために充分考える必要があることを知る ・思いついたことを必ず述べる必要性を知る ・後のことを考えて資料を作成することを学ぶ ・読み手を意識して書くことを学ぶ ・ことばについての学習		箇条書き
単元 「―という人」 (4)	78年2月	1	題名が「なになに伝」でない伝記を教材として，それぞれの本を読ませる。その人をよくあらわす10の場面を考え，そのうちの1つか2つを劇にする。また，ある場面を説明し，それに当てはまるようなことばを聞き手に考えさせる。84-1は冒頭段階，84-2は発表資料作成段階，84-3発表段階で与えられる。			
	84-1		学習の進め方を示す	・学習の全体像や進め方がわかる		箇条書き
	84-2		発表資料を作成させるために指示と注意事項を示しており，正確に読み取るように減点表がついている	・資料の書き方がわかる ・緊張して真剣に読み取る		箇条書き
	84-3		発表するために，発表の筋，注意事項と例を示す	・発表の仕方がわかる ・話し方がわかる		話し出し

学習記録への出発(12)	78年4月	1	力が弱いと聞いていた学習者のために学習記録の仕方を説明する。			
	85-1		学習記録を書かせるために，記入することがらについて詳しく示す	・学習記録に書くことや書き方がわかる ・整理して記録することを知る		箇条書き
単元 外来語の氾濫について考える(9)	78年11月	1	言葉への関心を高め，言葉に関する識見を持たせるための学習である。学習の進め方の話を聞き，資料を読むことで外来語の問題を考えることはどういうことなのかということをイメージし，外来語についての自分の考えを書き，更に資料を読み，書きを繰り返して，外来語に対する意見を豊かにする。次に使い方を問題にしたい外来語を一つ取り上げ，どういう場面での使われ方なのかということを書いて提出し，お互いの取り上げた外来語について話し合う。この学習と並行して，外来語がどのようなところで使われているのか実態調査をして話し合いの合間等に報告し合う。学習の進め方は口頭で指示され，86-1は話し合い場面，86-2は個人学習の実態調査の報告書を書く場面で与えられる。			
	86-1		話し合いで意見を述べさせるために，意見の述べ方を3つの立場から示す	・共感，疑問，反論の3つの立場で自分の考えを整理する ・自分の考えを引き出すきっかけを得る ・意見の述べ方がわかる		着眼点を内包した発言
	86-2		どのように書くのかを実例で示す	・イメージが掴める ・書き方が具体的にわかる	○	例示
単元 もっといろ	78年11月	1	言葉を行きた場面の中で身につけさせ，語彙を豊かにすることを考えた学習である。慣用語句を身につけさせるため			

第1節　大村はまの「学習の手びき」の実際

いろなことばを（9）			に各自で学習慣用語句辞典を読み，グループに分かれて出す問題を決め，慣用語句の使われている部分を巻末の解説を利用して，慣用語句を使わない言い方にした対話分を考えさせる。それを問題として答えとなる慣用語句を答え合う。87-1は問題を作成する段階で示される。			
	87-1		問題の出し方を理解させるために具体例を発言スタイルで示す	・問題の出し方がわかる		例示
単元　表現くらべ（9）	79年10月	1	ことばの感覚を磨くための学習である。花火大会の様子を記した新聞記事を教材として，同じ状況でも異なった表現であることを理解する。その後，テーマを決めて表現を取り上げ，使われている表現について話し合って吟味する。88-1は学習の冒頭部分，88-2は話し合い段階，88-3はまとめの段階で与えられる。			
	88-1		学習の進め方と表現を比べる視点と学習の留意点を示す	・学習の全体像がわかる ・どのように学習すればいいのかわかる	○	書き込み
	88-2		話し合いが横道に逸れたり，発言できない者が出ることを防ぐために，話し合いの全体の流れを，始まり，中，終わりに分けて台本風に示す	・発言の仕方がわかる ・話し合いの最後に話し合ったことを整理する必要性を理解する ・比較により，それぞれの表現の特徴を掴むという認識の方法を知る	○	書き出しと箇条書き
	88-3		まとめの文章を書くために内容とねらいを示す	・書く内容と順序がわかる ・何を中心に述べるのかがわかる ・自分の学習したことを振り返り整理	○	書き出しと箇条書き

				する		
意見から意見　意見に意見（6）	79年10月	1	意見を書くことに慣れさせ，考えたことを書く，書きながら考えを育てるとい体験をさせることを意図する。学習の進め方について指導者が話し，投書の切り抜きに対して次々と投書に対する意見を書いていく。指導者も含む他者の書いた意見文を読み，それに刺激されながらできるだけ多くの意見文をまとめて発表する。更に投書を巡る意見文について話し合う。89-1は，意見文をまとめて発表する段階で与えられる。			
	89-1		投書に寄せられる意見をまとめさせるために，整理する着眼点と書き方を示す	・書く内容と順序を知る ・意見文を比較することで意見文の特徴を掴むという方法を知る ・聞き手を意識して書く態度を意識する		書き込み
単元　知ろう世界の子どもたちを（4）	79年11月	1	目的をもって資料を集め，それを活用すること，整理すること，目的に合わせて資料を読むときにいろいろな読み方を選ぶ等の力を育てることを意図した学習である。着眼点を手がかりとして読み進めてカードに記録する。自分のテーマを指導者に報告し，それによってグループを編成して発表にむけて相談する。発表資料を書き，練習した後に発表し，まとめの文章を書く。90-1は発表の計画を立てる段階，90-2はまとめの段階に与えられる。			
	90-1		発表の計画を立てさせるために，テーマと形式の例を示し，注意事項を示す	・どのテーマでまとめるのかわかる ・どのテーマについてどのような形式にするかヒントを得る ・発表形式のいろいろを知る ・発表の具体的なイメージを持つ	○	例示と箇条書き

第1節　大村はまの「学習の手びき」の実際　　143

	90-2		学習をまとめさせるために考えることと順序を示す	・世界の子どもについて，知ったことを整理する ・自分の学習したこと，発表を振り返り，自分に身についた力を整理する ・他者から学んだことを整理する ・新しく覚えたことばについて整理する	○	箇条書き
単元　もう一つの歩き方をさぐる（4）	80年2月	1	伝記に記された人物を自分たちの生活の中に迎え入れて，本当に生活している姿で捉えさせることを意図した学習。何種類も準備された伝記を自由に読み，読みながらその人物の言動についてメモをとり，そこからその人物の考え方や態度を見つける。次いで，自分たちの生活の場面を切り取り，その中にその人物を入れて，その人物ならばどのような言動をするかということを考えて脚本を書く。全員の脚本を全員が読み，10編を選択して全員で演じる。劇の練習をしながら作品について研究し，劇の発表後に作品について話し合い，最後にまとめの文章を書く。91-1は自伝を読む段階，91-2は学習の関係性を理解させるために，91-3は自分の生活の場面を切り取る段階，91-4は脚本を書く段階，91-5は人物を生活に迎え入れる段階，91-6は作品についての研究段階，91-7は発表する段階，91-8は話し合いの段階で与えられる。		
	91-1		人物を自分に引き寄せて捉えるために，何に注目してどのように読むのかについて示す	・人物を捉えるための言動を手がかりにする ・言動にその人の考え方やものの見方があらわれることを知る ・その人物を自分と比較して捉える		箇条書き

	91-2	学習がどのように繋がっていくのかを知らせるために，捉えた人物についてどのように学習していくのかを示す	・捉えた人物を自分の生活の中の一場面に登場させるという学習であることを知る	箇条書き
	91-3	自分の生活の中の心が揺らぐ場面には，どのようなものがあるのかということを捉えさせるために様々な場面を列挙して示す	・自分の生活にある心が揺らぐ場面に気づくためのヒントを得る ・自分の生活を振り返る	例示
	91-4	脚本の書き方を知らせるために，脚本の書き方を示す	・脚本の書き方を知る ・脚本に関する知識を得る	例示
	91-5	その人物を自分の世界に迎え入れて理解させるために，どのように考えたらよいのかという考え方を示す	・具体的な場面を取り上げそこでどのようなことをしているかということを手がかりとして人物を理解するという方法を知る ・具体的な場面での人物の言動を手がかりとして人物を理解する	思考過程を例示
	91-6	作品について研究し，人物について更に理解させるための着眼点を示す	・どのような質問をすればよいのかわかる ・どのようなことについて意見を述べればよいのかわかる ・自分の捉えたこと	着眼点を内包した内言

第1節　大村はまの「学習の手びき」の実際　　145

				と比較して作品を読み意見を持つ ・作品と自伝を読み返す ・自伝と作品を重ねることで，その人物について考える ・その他の自伝に出ている人と比較してその人物を捉える	
	91-7		発表の全体像を知らせるために発表の流れを示す	発表の全体像を知る	箇条書き
	91-8		話し合いのために意見の述べ方と着眼点を立場ごとに示す	・発言の仕方がわかる ・立場ごとの着眼点がわかる ・自分の理解を土台として，他者の理解について意見を述べるということを知る ・他者の考え方に学ぶ ・述べ方を学ぶ ・話し合いを通して他の人物についても知ることができる	着眼点を内包した発言
以下の「学習の手びき」は，実施年月が不詳のものである。					
読書指導 （7）	66〜68年の間実施	1	継続的に実施した読書指導である。年間22〜33時間，月に2〜3時間を充当し，豊かな読書生活のために読書の意義や様々な読書の目的の自覚，読書する習慣の体得，読書の方法を学ぶことを意図している。読書日記，読書論を読むこと，読書についての話し合い等が設定され，「学習の手		

びき」は6点準備されている。92-1と92-2は話し合いのために読んだ本を友達に紹介するために，92-3はその紹介を聞くために，92-4は百科事典を含めて各種の本を活用して疑問を解決する活動で，92-5は，本を読んで考えたいことや問題を捉えることを学習する活動で，92-6は，読んで考えるため力を育てるため，着眼点を「のみこませる」ために提示している。

92-1	1	読んだ本を紹介し合うために，本の内容を捉える着眼点を含んだ「話しだし」を具体的に示す	・本の内容を捉える着眼点や本を紹介する糸口となるものが様々にあることを学ぶ ・話しだし方を学ぶ		着眼点を含んだ発言
92-2	1	友達の本の紹介に自身の読んだ本の紹介を絡めるようにして発言したり，友達の発言を深めたり広げたりする発言のあり方を具体的に示す	・他者の考えを聞き出したり，出された内容を深めたり広げたり，相互につなぐ際の述べ方を学ぶ ・話し合いで述べる様々な内容を学ぶ		着眼点を含んだ発言
92-3	1	友達の本の紹介を自分の考えや読んだ本と比較しながら聞く聞き方を具体的に示す （読んだ場合，読まなかった場合，初めて存在を知った場合の3パターン）	・他者の発言の聞き方を学ぶ ・他者の意見を活用して自身の読みを振り返るという読み方やそのための方法を学ぶ ・自身の状況を振り返る手がかりを得る ・他者の意見を活用して自身の読書傾向を考える契機を得る		着眼点とメモ欄
92-4	2	問題に対する答えと	・世界にある様々な		例示

第1節　大村はまの「学習の手びき」の実際

			その答えを得るための本の探し方を発表し合うために，問題例を考える手がかりも含めて示す	疑問を知る ・他者への問題の出し方を知る		（発言スタイル）
	92-5	1	本を読んで，そこから考えたいことを捉えるための手がかりを16例，つぶやき（内言）で示す	・読みながらそこから発展させるという読み方を知る ・どのように考えを広げるのかということを知る		つぶやき（内言）の例示
	92-6	1	読みながら心を耕し，感想を育てるための手がかりをつぶやき（内言）で示す	・読みながらどのように考えを広げるのかということを知る		つぶやき（内言）の例示
記述・批評・処理のためのてびき（5）	?年?月	?	文章を書き，その後，文章の書き手と読み手には同じ項目で相互評価を行い，さらにその評価を活用して自分の文章を書き直す。さらに相互評価を行う。93-1は書く段階で，93-2は相互評価の段階で，93-3 93-4は相互評価を活かして作文を書き直す段階で，93-5は相互評価の段階，93-6は自己評価の段階で与えられる			
	93-1		夏休みのことについて書く内容を持たせ，思考過程に即応した指導者の問いかけや書き出しを提示し，さらに書いた後にすべきことまで示す	・心の中にある夏休みの思い出を引き出す ・書きたい内容に順序をつけて題材の吟味をする ・題材について吟味することを知る ・いろいろな書き方があることを知り，どのような書き方にするか考える ・中心を決め書く順序を決めて書くという書き方を知る		学習者と指導者が対話する

				・段落にわけることを知る ・文章を書き終えた後にすべきことを知る ・作文を読み直す	
	93-2		友達の文章を読ませるために評価する着眼点を示す	・その文章を読んで考えたことを整理して書く ・友達の文章に学ぶ	箇条書き
	93-3		他者に評価してもらい，自分の作文を見直させるための着眼点を提示	・他者からの評価をまとめて自分の反省材料にする	箇条書き
	93-4		書かせるために内容と対象，注意事項について示す	・対象をはっきりさせる ・題材について考え，題材を吟味する方法を知る ・自分の意見を整理し，構成を考える ・文章を書くときにどんなことを考えなければならないのかを知る ・書いた文章を推敲するための着眼点を知る	箇条書き
	93-5		相互評価のための着眼点を示す	・他者の文章を読む着眼点を知る	箇条書き
	93-6		自分の作文を振り返り，どこがいけなかったのか良かったのかと考えるための方法を示す	・他者が受け止めたことと自分が書いたことの相違点を整理する ・なぜ伝わらなかったのかを考える	箇条書き

第1節　大村はまの「学習の手びき」の実際　　　　　　　　　149

				・自分の文章についての他者の意見と自分の考えをまとめる ・自分の作文を見直す方法を知る ・作文の書き方がわかる	
暑中見舞いのてびき（5）	?年?月	?	暑中見舞いを書く学習である。94-1は，学習の冒頭で与えられる。		
	94-1		暑中見舞いについて理解させるために，暑中見舞いの意義や書き方を示す	・暑中見舞いの意義と書き方を知る ・手紙やはがきの書き方を知る	箇条書き
修学旅行二題（5）	?年?月	?	修学旅行についての作文を書く学習である。苦労せずに書かせることを目的として，95-1が与えられる。		
	95-1		修学旅行記を苦労せずに書かせるため，書き出しを28提示する	・書き出しによって心の中にあるものが引き出される ・書き出しにより書きやすくなる	例示
おりおりのことばの学習（9）	?年?月		言葉の学習であり，身体語彙による表現について書かれた論文を，7名の架空の中学生の課題を解決するために適した論文かどうか確かめるという目的で読み進める。96-1は，読む活動のために与えられる。		
	96-1		論文から言葉についての認識を得るために設定した着眼点を示す	・読むための着眼点を得る ・一つの論文が多様な内容を含んでいることを知る	着眼点を内包した質問
ナンバー付きのことば（9）	?年?月		学習の中で提示される様々な「学習の手びき」や板書，授業中の教師の話し言葉，放送を聞いたときの言葉で，身につけさせたいと思う言葉を「ナンバー付きのことば」として，整理させる。97-1は，整理のために提示される。		
	97-1		ナンバー付きのこと	・整理の仕方を知る	表

			ばを整理するための表を示す	・多くの言葉に触れていることを知る		
問題を感じたことばづかい（9）	？年？月		生活の中で問題を感じた言葉遣いを収集させることにより，言葉の感覚を鋭くしようとする学習である。98-1は，学習の冒頭段階で与えられる。			
	98-1		問題を感じた言葉遣いを収集することについて理解させるために，作業の具体例と表を示す	・どのようなことをするのか分かる ・収集したものをどのように整理していけばよいのか分かる ・問題を感じたものについて考えたり，調べたりする態度やそのための方法を知る		実際例提示
発表と報告（10）	？年？月	3	中学校用国語教科書「国語」（筑摩書房）の3年「発表と報告」についての学習指導案のうちのC案の実践記録。教材を読んだ後に書くことの基礎練習をするものであり，99-1は学習の冒頭で示される。			
	99-1		学習の全体像とともに，学習日記や教材に対して自分の考えたことを書くための書き出しや何を書くのか具体を示す。	・考える手がかりを得る ・考える際の様々な着眼点を学ぶ	○	箇条書きと書き出し
外国の小説から（10）	？年？月	3	中学校用国語教科書「国語」（筑摩書房）の3年「外国の小説から」についての学習指導案のうちのE案として提示。100-1は「資料が少なく，また生徒の力もあまりなく，時間もかけられない場合」として，内容を理解するために示される。			
	100-1		内容を理解するために，要旨を書いた中にポイントになることを書き込ませる。	・読む手がかりを得る		書き込み

第1節　大村はまの「学習の手びき」の実際

文学を味わわせるために（4）	？年？月	？	「屋根の上のサワン」の鑑賞文を書くというスタイルで，読み聞かせた後，鑑賞文を完成させるために繰り返し教材を読み深める。101-1は，繰り返し教材を読み深めるために，鑑賞文の全体像として提示される。		
	101-1		内容を理解するために，鑑賞文の全体を示し，そこにポイントになることを書き込ませる。	・内容を理解する ・作品の読み方や作品の紹介をする書き方を学ぶとともに，鑑賞文について知る	書き込み
学習記録を育てる（12）	？年？月 (72年前後の可能性も)	1	学習記録を育てるために，あとがきだけを集めた29ページの「あとがき集」を教材化し，自身の学習を振り返らせ，話し合わせている。102-1は，発表しあう際に与えられる。		
	102-1	1-1	「あとがき集」を読んで，気づいたり，考えたりするべき視点を，発言のスタイルで提示している	・読む視点や考える視点を得る ・他者の考えや意見を引き出す述べ方を学ぶ ・他者と自身のあとがきを比較して考えるという考え方を学ぶ ・他者のものを読むことが自身の学習の深化につながることを意識する	着眼点を内包した発言のスタイル

第2項　「学習の手びき」の実際

1　「学習の手びき」の内容

(1)　内容について

従来から「学習の手びき」には型がないと言われ，その内容や表れ方は

様々であると捉えられている。「学習の手びき」を使う学習者が個々に異なるのであるから、学習者に必要なこと、手引きしなければならない事柄も当然異なる。そのことについて、大村は「(引用者注 「学習の手びき」のこと)そのつど、新しく作っております。目的も資料も、第一、その手びきを使わせる子どもが違いますから、そのたびに作らなければ、どうにもならないように思います。」[1]と述べている。それとともに取り上げたいのは、大村の次のような記述である。

> このようなてびきは、(引用者中略) 一つの形式を持っていて、必要なときにそれを使うというわけではない。目的は同じでも、内容や形、ことばづかいなどはそのたびに少しずつ変わってくることが多い。それは、まずそのときの資料、つまり生徒の作文や量や内容による。さらに、生徒が何年生であるか、また、この種の学習を何回か経験してなれているか、初めてであるか、読んだり書いたりする能力の程度などによる。またこの学習活動のあと、この書かれたものを活用して、どういう学習を展開する予定かなど、さまざまな関係で、少しずつ変化するのである[2]。

ここには、「学習の手びき」が「さまざまな関係で、少しずつ変化する」ものであることが記されている。上記の大村の記述は「書く」ことに対して記されたものであるので限定的かもしれないが、「学習の手びき」が何を手がかりとして作成されるのかということを理解するためにも、ここで大村が挙げた「さまざまな関係」の記述は重要である。

「学習の手びき」は「さまざまな関係」状況によって異なるものであり、異ならなければ「学習の手びき」とならない。その点からすると確かに「学習の手びき」は、全てが異なった、そこにしか位置しないものであることは間違いない。しかしその反面で、大村が育成しようとした力や教育観を共通的に反映させているものでもあることを考えた場合、「学習の手びき」が真に学習を手びきする存在となるために共通な何かが存在しているはずである。

第1節　大村はまの「学習の手びき」の実際

それを見出さなければ，どのように個性化につながる個別化指導を可能にしているのかということが捉えられず，様々な教室で実現することができない。

そうした考えのもとで対象とした203点を通覧し，まず，記されていることがらについて，学習展開を踏まえて捉え直し，どのような内容があるのかということを探った。次に，取り出された内容とそこから考えられる学習者への機能を照合し，「学習の手びき」に書き示されたことがらの分類を行った。その結果，「学習の手びき」は，整理番号8-1と20-1の2点を除き，次のA〜Eの5つのいずれかの内容が存在していることを確かめることができた。

A：単元全体等の学習の進め方　B：学習活動や作業の指示　C：読むため考えるため等の着眼点　D：話し合いや書き方等の仕方　E：言語的知識を含む主として国語に関係する知識

ただし，これらの5つの内容が単独で示されることもあれば，後述するように重複して示される場合もある。確かに「学習の手びき」は，「さまざまな関係で，少しずつ変化する」ものではある。しかし，通覧した「学習の手びき」には，5つの内容が存在しており，示された内容によって異なる機能を発揮させている。内容の重複によって複数の機能を果たす場合も多く，実はそのことがまた「学習の手びき」が個々の学習を手びきするために重要な役割を担うことにもなっている。

（2）「学習の手びき」に見出された内容と具体例
① 「A：単元全体等の学習の進め方」を示したもの

「A：単元全体等の学習の進め方」は，学習の進め方を示したものである。「A：単元全体等の学習の進め方」の具体例として示すのは，整理番号41-1の「学習の手びき」である。この「学習の手びき」は，1971年の5月と6月に，3年生を対象として実施された「ことば―こんな意味が，こんな意味も」で学習者に与えられたものである。

【整理番号41-1の「学習の手びき」】（縦書きのものを横書きで示す）

学習の進めかた
一　教科書を一冊の本として読む
（1）「ことばのてびき」を使って読む。（てびきその他全部読む）
（2）「ことば」ということばが使われていたら，カードに書く。
注意　〇ページを書き落とさないように。
　　　〇カードはめいめい，持っているように。
　　　〇本のなかで捜したのを書いたカードは，提出
　カードを一枚上につけて，次のように書名などを書き，クリップでとめて出す。クリップ，机上にあり。

> あすなろ物語　20枚　B組　大村はま

二　「ことば」（コトバ，言葉も同じに扱う）ということばが，どういう意味に使われているか，カードによって分類する。
（1）いろいろの辞典で調べてみる。ただし，それはあくまでもヒント，参考。
（2）自分のを分類してみる。
（3）文章にまとめる。
三　単元の名まえ
　ことば―こんな意味が，こんな意味も
四　時間の予定
　　　読むこと，カードをとること　10時間
　　　分類　　　　　　　　　　　　3 〃
　　　まとめ　　　　　　　　　　　2 〃
五　読むこと，カードをとること　個人学習
　　　分類　　　　グループ学習
　　　まとめ　　　個人学習
　　途中に，テストや作文，放送などあり。「通信」にしたがって。
注意　〇自分の予定をぐんぐん進める。話し合いの時間までに読みあげる。
　　　〇間で，個人で，または二，三人いっしょに，指導の時間がいる。
すばらしい研究をしましょう。

もちろん、「A：単元全体等の学習の進め方」は、例示した整理番号41-1の「学習の手びき」のような順序や内容が、様々な単元の進め方として共通のものであるわけではない。予定時間を記していないものもあれば、例示した「学習の手びき」以外の内容が記されているものもある。

② 「B：学習活動や作業の指示」を示したもの
　「B：学習活動や作業の指示」の具体例としては、学習活動の指示を記したものとして整理番号53-1の「学習の手びき」を、そして作業の指示を記したものとして整理番号53-3の「学習の手びき」をそれぞれ挙げる。
　53-1の「学習の手びき」は、1974年9月に3年生を対象とした「単元　外国の人は日本（日本人）をこのように見ている」の準備として、対象学習者が中学一年生（1972年9月）のときに、資料収集の活動の指示のために学習者に示したものである。53-3の「学習の手びき」は、読書会の資料作成のために、何をどのように書くのかということを示している。

【整理番号53-1の「学習の手びき」】（縦書きのものを横書きで示す）

研究資料集め　てびき
一　題目
　外国の人は、日本、また、日本人のことをどのように見ていたろうか、また、どのように見ているだろうか。
　（二年生の終わりか、三年生の初めに、集めた資料を使って学習するのです。たくさん集めて、ゆたかな学習ができるようにしましょう。）
二　方法
（1）集める
　○出版社で出している出版目録（あれば、解説のついたもの）で調べる。
　○各種の出版ニュースの類で調べる。
　○書店に行って（本、雑誌で）
　○図書館に行って
　○本の広告で

○新聞で
○ラジオ・テレビの番組に注意して
○人にたずねて
（２）　記録する
　　　カード使用（別に書き方の学習あり。）
（３）　一か月に一回程度，集めたものを紹介しあう。
　　第一回　十月上旬
　　第二回　十一月上旬
　　「旬」は十。一か月を十日ずつ三つに分け，一日から十日までが上旬。あと十日ずつ中旬，下旬という。上旬は一日から十日までででも，一日や二日などは指していないのがふつう。

【整理番号53-3の「学習の手びき」】（縦書きのものを横書きで示す）

発表資料作成の手びき
1　まえがき
資料
研究の方法
研究したこと
2　グループで一冊にまとめる
3　内容の書き方
　　説明なしに，あらましのわかるように書く。（少し書いたところで，見せること）
　　見出し，必要
4　○○であるという報告だけでなく，考えたこと，わかったこと，発見し，気がついたことを書く。
5　ページは必ず打つ。
　　第１グループは，1-1　1-2　…というふうに。
　　第八グループなら，8-1　8-2　…と。
6　「学習日誌」をつける。（時間も。）
7　プリント，二段に。（今，これを書いているように。）
8　原紙，左右に一行は，わくの中でも，開けなさい。上の数字をみなさい。2の行から書く。日だしも2行まで。まちがいないよう，サインペンで，しるしをつけておくとよい。
9　第一ページ　上のらんには，次のことを書く。
形をよく考えて書く。
○明治・大正・昭和の作文の歩み
○石川台中学校　三年　組
　　グループのメンバーの氏名
○昭和四十九年九月
10　第一ページ　下のらんは，目次。例えば，
　　まえがき
　　資料と研究方法
　　題目　　　氏名

第1節 大村はまの「学習の手びき」の実際

		担当例
ここに全部並べて書く。		
学習日誌から	表紙（第一ページ）	A
11　見出しを生かすよう注意	まえがき	B
12　字の大きさ注意	資料	C
×　字の大きさ（大き過ぎ例）	方法	D
×　字の大きさ（小さすぎ例）	学習日誌から	C
13　誤字注意	ページつけ	A
自分の研究のまとめのほかに	まとめてとじる	全員

　記されたものについてはそれぞれに違いがあるものの、指示が細やかで具体的である。学習者はこれらを読み取って、活動や作業等、学習を進める。そうした活動や作業の指示に対し大村は、「ほとんど解説せず、ひとりで読んで、考えてひとりで進めるというようにした。ちょっと、わからないからといって、すぐ人にきくということでなく、おちついて読み直し、考え直し、自分で判断し行動することができるように」[3]とも述べている。それは、「一字一句をおろそかにしない読みの力をつけようと願ったら、そうせずにいられない場に生徒を置」[4]くことの必要性を大村か感じ、「間違いなく学習を進めたり、資料なり何なり形のあるものを仕上げていくということは一つの学力」[5]と考えているためである。

③　「C：読むため考えるため等の着眼点」を示したもの
　この内容を含んだものとして、整理番号48-3の「学習の手びき」と整理番号44-4の「学習の手びき」を例示する。この整理番号48-3「学習の手びき」は、1972年に一年生を対象として実施された「単元　どの本を買おうか」において与えられている。単元内で、学習者相互で他者の分類について気づいたことを話し合う学習が設定されるが、その話し合いの準備として、他の学習者の学習の成果（資料の分類の結果）に対し、どのようなことを考えながら読んだらよいのかということが着眼点として示される。

【整理番号48-3の「学習の手びき」】（縦書きのものを横書きで示す）

友だちはどんな分類をしたろう（着眼点。こんな眼のつけかたで）
① これとこれを，こんな見方で，同じ種類にしたことはすばらしい。
② これとこれを，分けたのか。そういわれれば，やっぱり微妙な（かんたんに，口ではいえないようなちがいがある。すばらしい）
③ わたしがさんざん迷ったのを，こんなふうにまとめたのか。
④ いいことばでまとめたものだ。わたしも，同じまとめかただが，その種類を表すことばがおもいつかなかった。
⑤ ここ，自分とまったく同じ。
⑥ これとこれをくくったのは，どうしてですか。ここに，これを入れたのは，どうしてですか。
⑦ そのほか。

「C：読むため考えるため等の着眼点」の示し方は様々である。着眼点だけを項目で列挙するだけでなく，学習者の内容や発言例に内包するスタイルで示したり，「ここにも人の生活が」（旅の絵本）のように，活動に向かうように指導者からのことばとして示されるスタイルのものもある。示される着眼点は，その対象と対話を深めるための手がかりとなるもの，他者と自己の考えや複数の考えの共通点と相違点に向かわせるもの，意外な他者の視点に向かわせるもの，疑問形により他者の考えを引き出すことに向かわせるもの等である。

この整理番号48-3「学習の手びき」は，読んだり考えたりするためのきっかけ，手がかりとなるものについて「着眼点」と記して提示されているが，「学習の手びき」によっては，着眼点と示されるだけでなく，「視点」「観点」「目のつけどころ」等の記述で示される場合もある。あるいは，そうした着眼点などのことばを明示せずに，どのようなことに眼をつけて読んだり考えたりしたらよいのかということを示しているものもある。その例として，整理番号44-4を挙げる。

第1節　大村はまの「学習の手びき」の実際　　　　　　　　　　159

【整理番号44-4の「学習の手びき」】（縦書きのものを横書きで示す）

```
　てびき「あとがき集」を読んで
（1）　―さんが…こう書いていますが，私も，そう思います。
（2）　―さんが…こう書いています。私も，そう思いますし，もっと
　　　　…ということを付け加えたいと思います。
　　　　…こういうふうに言いたいと思います。
（3）　―さんが…このように書いています。私は，自分のあとがきには書かなかっ
　　　　たのですが，
　　　　…と思います。
（4）　―さんが…と書いています。―さんは…こういうことは考えないのかな，…
　　　　こういうことはどう思うのかな，と思います。
```

　整理番号44-4の「学習の手びき」は「着眼点」と明示されているわけではない。しかし，学習記録の学習者相互が記した「あとがき集」に対し，自己の考えを構築するためには，他者と自分との共通点，他者の意見から気づかされた点，他者の意見に対する疑問や相違点への着目を，発言の仕方を示しながら促している。こうした「C：読むため考えるため等の着眼点」には，着眼点をそのまま箇条書きに示したものもあるが，発言や学習者の心のつぶやき（内言）のような形を示すというものもある。

　こうした読むため考えるため等の着眼点は必ず複数提示され，そこには難易の差や着眼点をつなぐことで思考の流れを構成するように構成されたものも見出せる。第4章で詳述するが，難易の差が直接的に「学習の手びき」に示される順序と比例するというわけではない。

　こうした変化は，単に着眼点をそのままに列挙することよりも，発言スタイルで示すという方が学習者にとって使いやすいということに，大村が気づいたことが背景にあるとも考えられる。

④　「D：話し合いや書き方等の仕方」について

　「D：話し合いや書き方等の仕方」の具体例として，整理番号47-3の「学

習の手びき」を挙げる。これは、「ことばの意味と使い方」の学習の中で話し合ったことを発表する際に与えられている。

【整理番号47-3の「学習の手びき」】（縦書きのものを横書きで示す）

```
        発表のしかた
司会   第（ ）グループの発表をいたします。
       私たちのグループで担当したことばは、「たたずむ」でありました。まずA
       さんから、だいたいの様子をお話しします。
A      「たたずむ」ということばは、私たちにとって、むずかしいというのか、と
       にかく、使いなれていないことばで、使ってみるのには、ほねが折れたよう
       です。私たちのグループの人、そのほか何人かに聞いてみましたが、わかっ
       ているようで、いよいよ使ってみようとしたら使えなくて、苦労したと言っ
       ていました。そのせいか、正しく使えた人は（ ）人、それもだいぶ迷って
       から○にしたというようなのがだいぶありました。
       「たたずむ」は、自分たちはあまり使っていないと思いますが、ニュースの
       なかなどで聞くことがあるせいか、比較的、らくに使えたのではないかと思
       います。私たちのグループの人も、そのように言って言いましたし、…　そ
       のわりに、出来はよくなく、○は（ ）人でした。
司会   次に、Bさんが「たたずむ」ということばについて、私たちの勉強したこと
       を発表いたします。
B      …
司会   次に、大変的確に、適切に、使えていると思う例を発表します。
       Cさん、どうぞ。
       次に、よく使えた例を発表するわけですが、残念なことに、そういうのがあ
       りませんでした。
       それで、私たちで作ったのですが、このようなのでどうでしょうか。Cさん、
       発表してください。
C      プリントをごらんください。
       …
       これが私たちの選んだ、よい例文です。
       これが私たちの作った…
```

第1節　大村はまの「学習の手びき」の実際　　　　　　　　161

司会　終わりに、このことばを使って書かれた文を見て、気がついたことを発表いたします。おもな誤り、
　　　また注意すべき点について、Dさんから発表いたします。
D　　「たたずむ」という意味をまちがえているのは少なかったのですが、どういう場合に使うかということでは、いろいろ問題がありました。
　　　プリントをごらんください。
　　　…
司会　以上で発表を終わります。
　　　ご質問をどうぞ。

　整理番号47-3の「学習の手びき」には、「発表のしかた」として「しかた」であることが明示されている。しかし、「しかた」と明示してはいないが、「できるだけ簡潔に、略せることばは略して書く」（整理番号44-2の「学習の手びき」）等と、発表を聞きながらどのようにメモをとったらよいのかということについて、メモの達人である指導者がメモの取り方のコツを伝授するようなスタイルのものもある。内容Dは仕方であるが、示される仕方は、発表の進め方、話し方、話し合い方、発表内容の構成の仕方、資料の使い方等、発表や実際場面における具体的な表出する行為に対する仕方だけに留まらない。考え方や認識の仕方というアタマの中で行う内的な行為に対しても仕方を示しているものがある[6]。

　また、この「D：話し合いや書き方等の仕方」は、別の内容と重なる場合が多い。例えば、「A：単元全体等の学習の進め方」と重なって、学習の進め方を直接的に示しながらも、それば研究の仕方を示すことになっていたり、発言の仕方を示しながら、その中に「C：読むため考えるため等の着眼点」が内包されているものも多い。

⑤　「E：言語的知識を含む主として国語に関係する知識」について
　言語的知識を記したものとして整理番号45-2を、そしてその他の知識を記したものとてしては、整理番号83-2の「学習の手びき」を提示する。

【整理番号45-2の「学習の手びき」】（縦書きのものを横書きで示す）

「フシダカバチの秘密」ことばのてびき 　新出漢字は教科書の84ページ下の注をよく活用すること ページ 72　保存（ほ　ぞん） 　　秘密（ひ　みつ）×し　みつ 73　粉々（こな　ごな） 　　解剖（かい　ぼう） 　　防腐剤（ぼう　ふ　ざい） 　　激しく（はげ　しく） 　　営み（いとな　み） 　　証拠（しょう　こ） 74　ほのかに＝かすかに。はっきりとそうと見わけのつかないくらい。 　　刺激（し　げき）を与（あた）える 　　揮発油（き　はつ　ゆ）に浸（ひた）して 　　策略（さく　りゃく）＝計略（けいりゃく） 　　すり替える（すり　かえる）	再び（ふたた　び） 75　獲物（え　もの） 　　運動中枢（うん　どう　ちゅうすう） 　　刺（さ）す 　　近所一帯（きん　じょ　いったい） 76　お気に召（め）さない 　　おもに目上の人に対して使うことばで「気にいられない」こと。この場合は，わざとハチなんかに使って，ハチをからかうような気持ちを出し，文をおもしろくしている。 　　背中（せ　なか） 77　興奮（こう　ふん） 　　次の手＝次の方法，やりかた 78　名案（めい　あん）＝いい案 81　絶好（ぜっ　こう）

【整理番号82-2の「学習の手びき」】（縦書きのものを横書きで示す）

　　小さな劇をつくるために　　てびき
1　放送劇yと考えよう。
　　5分から10分くらいの小さな劇。
2　「劇」は「劇薬（げきやく）」の「劇」，はげしいという意味がある。
　　「劇」には，はげしいものがなくてはならない。
　　「劇」には，なにかのぶつかりあうもの，争い，もつれあい，からみあい―きずつけあい―葛藤がなければならない。必ずしも，あらあらしさの意味ではない。心のなかでの争い，考え方の争いもある。

第1節　大村はまの「学習の手びき」の実際　　　　163

> 3　せりふ（劇の中の人物としていうことば，劇のことば）は，その人の性質，考え方，気持ちがあらわされるだけでなく，いろいろの事情，人と人との関係などが，自然なことばのなかであらわされれば上々。
> 4　ト書きは，せりふのあとに，たとえば，「ト いきいきとした目をする」といったように，ちょっとした動作の注意を書いたもの。

「Ｅ：言語的知識を含む主として国語に関係する知識」は，言葉の意味や解説，段落や句読点等の文章の記述に関する知識のように，その学習で必要になる知識が中心である。言語的知識のみを取り扱ったものは整理番号45-2の「学習の手びき」のみであり，それ以外は，国語に関係する知識とともに，「学習の手びき」の下部に枠で囲って言語的知識を示したり，整理番号82-2の「学習の手びき」の「劇」のように，表れてきたその場面で必要な言葉について解説するという，国語に関係する知識と言語的知識の混合スタイルになっている。

（3）　5つの内容の出現割合

通覧の作業で導出し，前項で具体事例を示してきた「学習の手びき」に見られる5つの内容であるが，それらは単独で表される場合もあるが，重複して表される場合もある。

それらA～Eの5つの内容が，実際どのようにそれぞれの手びきにおいて見出されるかということについて整理したものが，次の表【資料3-②】である。【資料3-③】は，【資料3-②】を基にして，作成した年が明らかな整理番号91-8までの「学習の手びき」についての内容のあらわれ方を年代別に整理した。いずれにおいても，表中の整理番号は【資料3-①】で「学習の手びき」を時系列で整理した際に付したものであり，【資料3-②】にはA～Eの5つの内容のうち該当するものと対象学年をともに記している。

【資料3-②】「「学習の手びき」に見出される内容について」

番号	内容	学年	番号	内容	学年	番号	内容	学年	番号	内容	学年
1-1	C	2	1-2	C	2	2-1	C	3	2-1	C	3
3-1	ABC	1	3-2	BD	1	3-3	BC	1	4-1	C	2
4-2	C	2	5-1	C	1	5-2	B	1	6-1	CD	1
7-1	C	2	7-2	BCD	2	7-3	B	2	7-4	B	2
7-5	BC	2	8-1	B	1	8-2	BC	1	8-3	BC	1
9-1	A	2	10-1	C	2	11-1	C	2	11-2	C	2
11-3	C	2	12-1	BD	1	13-1	C	1	14-1	C	2
15-1	C	2	16-1	AC	2	17-1	C	2	18-1	C	2
19-1	C	2	20-1	例外	3	21-1	AC	3	22-1	ACD	1
23-1	CD	1	23-2	C	1	24-1	C	1	25-1	C	1
25-2	C	1	26-1	C	1	27-1	CD	1	28-1	CD	1
28-2	C	1	29-1	C	1	29-2	CD	1	30-1	BC	1
31-1	C	1	31-2	CD	1	32-1	BCD	2	33-1	C	2
34-1	C	2	34-2	C	2	35-1	C	2	36-1	CD	2
37-1	C	2	37-2	C	2	38-1	C	2	38-2	C	2
39-1	C	2	39-2	C	2	40-1	C	2	40-2	C	2
41-1	A	3	42-1	AC	3	42-2	C	3	43-1	C	3
44-1	B	1	44-2	D	1	44-3	BE	1	44-4	C	1
45-1	A	1	45-2	B	1	45-3	AC	1	45-4	CD	1
45-5	B	1	46-1	E	1	46-2	D	1	46-3	AC	1
46-4	CD	1	47-1	A	1	47-2	CD	1	47-3	CD	1
48-1	A	1	48-2	CD	1	48-3	CD	1	49-1	CD	1
50-1	AC	2	50-2	C	2	51-1	D	2	51-2	CD	2
52-1	A	3	52-2	B	3	53-1	B	3	53-2	AC	3
53-3	BC	3	53-4	CD	3	53-5	BC	3	54-1	C	3
55-1	B	3	55-2	BD	3	56-1	AC	3	56-2	C	3
56-3	CD	3	56-4	D	3	57-1	C	3	57-2	B	3

第1節　大村はまの「学習の手びき」の実際　　165

57-3	C	3	58-1	C	3	59-1	AB	3	60-1	B	3
60-2	AD	3	61-1	B	3	62-1	BD	1	62-2	C	1
63-1	A	1	63-2	D	1	64-1	A	1	64-2	B	1
64-3	C	1	64-4	C	1	65-1	C	1	65-2	CE	1
65-3	CE	1	66-1	AC	1	67-1	ACD	1	68-1	C	1
69-1	A	1	69-2	A	1	69-3	BC	1	70-1	AC	1
70-2	BD	1	71-1	CD	1	71-2	D	1	72-1	AC	2
73-1	AC	2	73-2	B	2	73-3	CD	2	73-4	CD	2
74-1	ACD	2	74-2	CD	2	74-3	CD	2	74-4	C	2
75-1	AC	2	76-1	AD	2	77-1	C	1	78-1	A	1
78-2	CD	1	78-3	BCD	1	78-4	CD	1	79-1	CD	1
79-2	CD	1	79-3	CD	1	80-1	B	1	80-2	CD	1
80-3	CD	1	81-1	CD	1	81-2	CD	1	82-1	AC	1
82-2	CE	1	83-1	CE	1	83-2	BE	1	84-1	A	1
84-2	B	1	84-3	BCD	1	85-1	BD	1	86-1	CD	1
86-2	BD	1	87-1	CD	1	88-1	A	1	88-2	CD	1
88-3	CD	1	89-1	CD	1	90-1	CD	1	90-2	CD	1
91-1	C	1	91-2	A	1	91-3	C	1	91-4	DE	1
91-5	C	1	91-6	CD	1	91-7	A	1	91-8	CD	1
92-1	CD	1	92-2	CD	1	92-3	C	1	92-4	B	1
92-5	C	1	92-6	C	1	93-1	BCD	?	93-2	C	?
93-3	C	?	93-4	D	?	93-5	C	?	93-6	D	?
94-1	DE	?	95-1	C	?	96-1	CD	?	97-1	B	?
98-1	C	?	99-1	AD	3	100-1	C	3	101-1	CD	?
102-1	CD	1									

【資料3-③a】「内容の年代別のあらわれ方」（％）

	50年代	60年代前半	60年代後半	70年代	計
A	5.56	8.33	36.11	50	100
B	25.64	5.13	38.46	30.77	100
C	14.29	17.29	31.58	36.84	100
D	4.76	11.11	28.57	55.56	100
E	0	0	25	75	100

【資料3-③b】「内容の年代別のあらわれ方の変化」（％）

	50年代	60年代前半	60年代後半	70年代
A	5.88	8.57	14.44	15
B	29.41	5.71	16.67	10
C	55.89	65.72	46.67	40.83
D	8.82	20	20	29.17
E	0	0	2.22	5
計	100	100	100	100

※【資料3-③】については，a b のいずれも60年代の実践数が多いことから，前半と後半で分けている。また，a は内容のあらわれ方の年代別の変化を，b はその年代ごとの内容のあらわれ方の変化を見たものである。

「学習の手びき」に見出される内容についての年代別の変容や全体の割合を見ると，次の2点に気づく。まず，どの年代でも最も多いのは着眼点を示すCであること，次第に学習の全体像という学習の進め方を示すAと考え方や話し方といった仕方を示すDが増加することである。

Cが多いことについては，学習者の学習内容をその個ならではのもの，かけがえのないものとするという大村の教育観を反映し極めて当然と考えられる。いわば「学習の手びき」の本質というべきものである。Cは，指導者が学習者個々の状況を勘案し，学習者個々がその個々の感性や生活経験を生かしながら「対象世界」や自己の内面と対話できるような学習を設定するために，対話の手がかりを具体的に示したものとなっている。

第1節　大村はまの「学習の手びき」の実際　　　　　　　167

　では，学習の進め方を示すAと考え方や話し方といった仕方を示すDが次第に増加傾向にあるということは何を示しているであろうか。それは学習者が目の前の学習に困らないようにという手を引くという意識や内容的な知というものから，学習者の自立を意識して，学習というものの進め方，大きく言えば，一つの課題を解決するための研究の仕方とも言えるものを示すこと，学習や課題を解決するために身につけておくべき仕方を指導する必要性に，大村の視線が向けられたことを示しているのではないだろうか。

　考えてみれば，内容のCにおいても，その場での学習での着眼点であるとともに，ものごとの見方や考え方を示すものでもある。「私は渡し守みたいなもの」「仏様の指」「世の中を生き抜く力」[7] と大村は述べる。目の前の学習をいかに円滑に優劣に意識を向けず，夢中になって行うかということとともに，その夢中になって行う学習から自然に体得して「世の中を行く抜く力」となるものは何か，そうしたことがこの「学習の手びき」の内容の変化にはあらわれているように感じる。

2　「学習の手びき」の表現

　5つの内容が見出される「学習の手びき」であるが，その表現について整理すると「学習の手びき」の中の表現と，学年による表現の仕方の違いが挙げられる。

　まず，「学習の手びき」の中の表現であるが，それらは次の3点である。

　1点目は，示し方が様々であるということである。手順を示すような箇条書き，例などの列挙，書き込み，書き出しの提示，表，着眼点を内包した発言やつぶやき（内言），台本，そしてそれらの混合型といったものが見られる。

　2点目は，総じて，「B：学習活動や作業の指示」「D：話し合いや書き方等の仕方」の一部以外には，「〜しなさい」といった指示する表現は用いられていないという点である。「A：単元全体等の学習の進め方」については，

箇条書きで記され,「E:言語的知識を含む主として国語に関係する知識」のうち,言語事項については事項の列挙が多いものの,それ以外の「学習の手びき」については,学習者に話しかけるような表現や指導者である大村と学習者の間で対話が成立するかのようなスタイルが用いられていることが多い。例えば,整理番号93-1の「学習の手びき」であれば,「どのことを書きましょうか。休みの間にあったことや考えたことを思い出してみましょう。その中で,いちばん,先生に話したいことは何ですか。二番目は？三番めは？」[8]のように,まるで大村が傍らにいて話しかけるような語調である。「D:話し合いや書き方等の仕方」の場合も,整理番号84-2の「文章のはじめ,段落のはじめ,一字下げ忘れないよう。誤字,くれぐれも注意」[9]なども同様である。

　3点目としては,同じことでも表現を変えて示すということである。「C:読むため考えるため等の着眼点」については,学年によって状況が異なるものの,内言や発言例,書き出し等の学習者の言葉で示したものが多くなっているが,同じことでも様々な言い方にして学習者が拾い上げやすくしている。顕著なものとしては,整理番号73-1の「読んでいるうちに気づいたこと,心に浮かんでいたことを次のようなとらえかたで整理してみる」として挙げられたものである[10]。大村は,その意味について次のように「学習の手びき」の解説として記している。

　　ほかの子どもは同じことでも「まったく,そのとおり」という言葉の方が親しめるというのか,自分の言葉のような気がして,よくとらえられたりする。共感していることは同じでも,「それは。そうだったろう」とか,「私もそう思ったことがある」などが,自分の共感のしかたにぴったりあったりする。
　　　読みながら,気づいたこと,心に浮かんだことなどあったなあというような,ないことはないが,とらえにくい気持ちでいるとき,このいろいろな言い方は,発掘すること,とらえること,それぞれに整理すること,まとめることに役立つ。

第1節　大村はまの「学習の手びき」の実際　　　　　　　　169

　次いで学年による変化について注目すると，「学習の手びき」における示し方が挙げられる。例えば，「C：読むため考えるため等の着眼点」の場合は，次のような変化がある。

・一年生の段階：「着眼点。こんな目のつけかたで」「いろいろの観点（目のつけかた）」と，観点，着眼点とはどんなものかということを，言い換える形で示した上で，実際に観点や着眼点を学習者の発言として示す。
・二年生の段階：「着眼点」として，「とらえ方から，ことばの意味から　文の型から」となり，着目すべき点そのものを直接的に示す。
・三年生の段階：「観点ごとに題を」として観点の簡単な例示があり，つづいて，「どの観点から資料があるか」というように，観点そのものを学習者自身で設定して資料を整理するようになる。

　こうした学年による示し方の変化の意図は，整理番号57-4の「学習の手びき」に対する注釈の中に見ることができる。

> 着想について気づいたことを書くための手びき，具体的な問いかけである。ただ，着想について何か気がついたことを，というだけでは，なかなか，踏み込んで書けない。また，このようなことを書く場合の着眼点をそれとなく教え，二年三年の学習の展開のなかで役立つようにという，一年生としての学習能力の基礎をおくことでもある[11]。

　「学習の手びき」は，「この問題をどういうふうにやっていったいいか，その先がもう一つあるはずだ。それが『手びき』というもの」「子どもたちがどこから手をつけていいかわからないような状態になっているときに，ちょうどよいヒント」[12]を与えるというように，その学習に対して学習者の手を引いていくものである。しかしそれは，自立した学び手への滑走路の役割も担わなければならない。手を引き続けねばならない「学習の手びき」であっ

たならば，それは真に意味ある「学習の手びき」とは言えない。自立のための確かなステップのために，手びきの仕方についても学年によって変化させていると考えられる。

3 「学習の手びき」が導く学習

(1) 「対象世界」との対話の成立

　第1章第1節に記したように，Desecoの3類のコンピテンスのうち，〈カテゴリー1〉の「道具を相互作用的に用いる」ということについて考えた場合，用いる道具である言語や知識，情報やテクノロジーを持っていることだけではなく，それら持ち得た道具を用いて，「対象世界と対話」することが求められる。「対象世界」は，教材等のモノである場合と他者や自己というヒトである場合があるが，いずれにしても，個人あるいは他者と共に協働して対象と対面し，その内部を理解しようと努め，自己の認識を豊かにしていくために行う。

　こうした「対象世界」との熟考場面成立に対し，大村の「学習の手びき」は，「C：読むため考えるため等の着眼点」によって，どのように「対象世界」に切り込んでいくのかということを具体的に示す。項目や学習者の内言の形態で示された着眼点により，「対象世界」との熟考場面が成立するわけであるが，ここで「学習の手びき」の特筆すべき点として，対象のその奥にあるものを引き出していることについて取り上げておきたい。それは，対象が教材等の場合と他者である場合の両方に見出すことができる。

　まず，対象が教材等である場合の例としては，「単元　国語学習発表会」(1972)の整理番号46-3の「学習の手びき」が挙げられる。

【整理番号46-3の「学習の手びき」】（縦書きのものを横書きで示す）

「日本・中国・朝鮮の民話」研究の進めかた　てびき
一、民話を読む

第1節　大村はまの「学習の手びき」の実際　　　　　　171

　　いろいろの観点で，気のついたことをメモしながら。
　　観点（着眼点）例
　　1　話の筋の似ているところ
　　　①日本と中国と　②日本と朝鮮と　③中国と朝鮮と　④日本と中国と朝鮮と
　　2　話の中に出てくるもの
　　　①話の中によく出てくる植物
　　　②　　〃　　　　　　動物
　　　③　　〃　　　　　　道具・品物
　　　④風俗・習慣
　　　⑤人以上の不思議な力を持つものとして，どういうものが，どういう呼び方で
　　　　出てくるか。（鬼とか，魔法使いとか）
　　3　①どんな人，どんな性格の人が，良い人とされ，好かれているか。
　　　②どんな人が幸福をつかんでいるか，望みが考えられているか。
　　　③以上，①や②からさらに考えてみる。―それぞれの国のものの考え方，人
　　　　の見方。
　　　「幸福」というものを，どういうものと考えているか。
　　4　（3と重なるところもありますが）
　　　①喜ばれ，祝福されていること
　　　②悲しまれ，嘆かれていること
　　　③恐れられていること
　　　④軽べつされていること
　　　⑤尊（たっと）ばれていること
　　5　（1につづくものですが）
　　　①お話の話し出しかた，終わりかた
　二，一で調べた，日本と中国と朝鮮の民話の，いろいろな点での同じところ，違
　　うところを見て，考えたことをまとめる。

　注目したいのは，上記の「学習の手びき」の中の「以上，①や②から，さ
らに考えてみる。―それぞれの国のものの考え方，人の見方。『幸福』とい
うものを，どういうものと考えているか。」[13]である。①や②では示された
着眼点によって民話という対象と対話させ，そこから見えてくる現象を拾い
上げさせるのだが，さらにそれら見出した現象について，比較という方法に

よって見つめ直させ，民話から導出される「それぞれの国のものの考え方，人の見方。『幸福』というもの」を見つけさせようとする。ここからは，出てきた現象をまず捉え，それらを比較することによって現出していないその奥にあるものを引き出し，物事の本質を捉えることが示唆されている。

次に，対象が他者である場合の例としては，「単元　どの本を買おうか」(1972) の整理番号48-3が挙げられる。

【整理番号48-3の「学習の手びき」】（縦書きのものを横書きで示す）

発言のてびき
1 「──」はどんな本ですか。
2 ──の種類がたいへん多いようですが，どうしてですか。
3 ──の種るのたいへん多いわけは，今の発表でわかりましたが，それにしても……ということは考えなくてもいいでしょうか。
4 「──」は，私たちのグループでもえらびました。ぜひ，買う本のなかに入れたいものです。
5 「──」は，私たちのグループでもえらぼうとしました。けれども，……ということを考えてやめたのです。……のような意見は出ませんでしたか。
6 「──」を入れたことは，たいへんいいと思います。私たちも，そういうのを探していたのですが，見つけられませんでした。
7 いま，文学の本が多いから，ほかの本を，と考えたそうですが，私たちは，調査から見ても，圧倒的に，文学を望んでいるのですから，多いものを，もっと多くする，というように考えました。こういう考えかたをどう思いますか。
8 「──」という本は〇〇出版社のものもありますが，どうして△△出版社のにしたのですか。
9 とてもよくえらべていると思います。まとめの委員会のとき，第一候補にいいと思うくらいです。

上記の「─の種類がたいへん多いようですがどうしてですか？」「『─』は，私たちのグループでもえらぼうとしました。けれども…ということを考えてやめたのです。…のような意見は出ませんでしたか。」[14]は，他者の判断（そ

の本を選択したこと）に対して，そこにどのような考えが働いたためなのかという思考プロセスを引き出そうとするものである。グループで話し合った後の発表という場では，結論や話し合ったことの一部を述べることが多く，発表している他者が，話し合いの過程（その結論や判断を導いた過程）で，どのようなところで躊躇い，迷い，考え，検討したのかということについては出されにくい。それに対して，大村の「学習の手びき」の場合は，単に結論や判断だけを聞くのではなく，他者の思考プロセスに対して意識を向けさせることで，他者，他者の思考との対話を成立させようとしている。これにより学習者は，"表出していない他者や他者の思考に意識を向けそれを引き出して他者と対話する体験"，あるいは，"尋ねることをしなければ，本当に他者の考えを理解したことにはならないという体験"をすることになる。

　この他者に尋ねるという行為であるが，実はあまり授業の中では為されない。学校の一般的な授業場面で，尋ねるのは，正解を知っている教師側であることが多く（IREの連鎖による学習展開），他者の考えを知るために，「尋ねる」あるいは「尋ね合う」ことは学習者相互の間で為されにくい。それについて小学生を対象に2つの学級を調査した研究[15]によれば，次のことが報告されている。

　なおこの2つの学級は，いずれも他者を思いやることに対して担任教師によって細やかに指導され，自分の所属する学級に対して信頼感を持っている様子であった。

- 尋ね合うことについて，学級Aの子どもからは，むしろ他者に尋ねることは，そのひとのことを「わかってあげられていないということ」を示すことであり，それに対してよくないことという思いを持っている様子が捉えられた。子どもたちには，自分が相手を推測してわかってあげるべきなのだという思いがあり，それが相互に尋ね合うことを躊躇させ，尋ねることをあえてしないのである。それは，相互にわかり合えている，友達だから分かってあげないといけないというわかり合えることへの幻想と言ってもよいものである。それが，他者の意

見に尋ねる，確かめるという吟味・検討をすることに対する遠慮や躊躇になっている。
・学級Bの子どもからは，他者に尋ねることについて「理由まで言っているから，きかなくてもいい」と，理由に提示されない背景の存在を感じていない様子が見受けられた。理由を添付した意見の述べ合いはできるものの，理由に提示されない背景の存在を感じておらず，理由が述べられることにより，他者に対する知りたい要求は満たされ，他者に尋ねる必要性を感じない様子が捉えられる。

　大村は，話し合いの司会をしながら，「話し合っているとき，こんな話が出たということを少し聞かせてください。この案がまとまるまでに，こんな本も出た，それがこんな話で消えた，そういう話を聞かせてください。」[16]と述べている。ここからは，話し合いの過程で出されたことにこそ価値がある，それを出し合いお互いに絡め合っていくことで対象と対話し，お互いの認識を深化・拡充することができるという大村の考えを見出すことができよう。そして，こうした他者という「特定の道のりを歩んできて，ある時点において私の道のりと邂逅することになった」[17]者との対話こそは，OECD-DeSeCoの示したキー・コンピテンシーの〈カテゴリー2〉の「異質な人々からなる集団で相互にかかわりあう」ことを実現するものである。これは，自己と他者の異質性・独自性を認識し，それらを集団内で意識的に組み合わせることによって相互が目的のために力を発揮しあい，さらには相互を伸ばし合うということである。それを可能にするためには丸野らが示したように，学校の教室で「個人の頭の中に閉じた営み」から「他者や状況との間に開かれた知の営み」[18]へという学びの変革を図り，生涯にわたって他者と関わりあうための基盤を育成していかなければならない。そうした「異質な人々からなる集団で相互にかかわりあう」ことや「他者や状況との間に開かれた知の営み」に対し，他者と話し合うことは必須であり，それゆえ話し合いの指導は重要性を増し，その話し合いにおいての発言内容の指導に関わるこうした大村の具体的な指導は，今後の教室で再現していかねばならな

いことの一つである。
　もう一つの対象である自己との対話であるが，それについては「考え方を深め，意識していなかった自分の心の中の疑問に自分で気づかせることになります。そうでないとありきたりのことしか考えつかず，ほんとうの自分の疑問を発見できず」19)という大村の記述を挙げたい。
　「考えを深め」ることや，「意識していなかった自分の心の中のできごと」や「ほんとうの自分の疑問」に気づくといった自己との対話については，先に挙げた「単元　国語学習発表会」（1972）で提示される「学習の手びき」で促される対象との対話の中で生じてくる場合もある。あるいは，次章で取り上げる「古典への入門―枕草子によって―」（1976）「学習の手びき―」整理番号（64-1）や「楽しくつくる『旅の絵本』」（1977）にあるような教材を読む過程での自己の内面との対話を導く具体的なつぶやき（内言）の提示によっても導かれる。
　このように，「学習の手びき」は，対象との対話を成立させるだけではなく，その奥行きに視線を至らせることにより，学習者の前に現れた「対象世界」との熟考やその「対象世界」と自己との関係，自己の有り様を問うてくるように設計されている。まさに，「深い学習」20)そのものである。

（2）　学習者個々に異なる学習の成立
　学習者個々に，備わっている考え方や能力は異なっていることが当然であり，それが引き出されることによって，学習は豊かになる。異なっていることが相互の学習の豊かさになることはあっても，何らの優越感や劣等感につながることがあってはならない。そこで求められるのは，その個の持っている力に対応しつつ，それを最大限に伸ばし，その個の内部にあるものを発掘し，その個にしかないものを持たせること，それにより，他者と自己の存在感を認識させることができるように，学習を導くということである。序章でも挙げたが，鹿毛のことばを借りれば，「学習者の個人差に対してできる限

り個別に対応すると同時に，個性の開花を支援する」ということになる。

　大村の「学習の手びき」が，こうした学習者個々の持っている力に対応しつつ，個々の内部にあるものを引き出す学習を可能にしているのは，実は「学習の手びき」に着眼点が様々に工夫されて複数示されることと，その示されるもの一つの中に複数の機能が存在していることにある。

　まず，着眼点が様々に工夫されて複数示されることである。その例として，『旅の絵本』（安野光雅）という文字のない絵本を教材としてそこに物語を創作させる学習を挙げる。創作するために示された「学習の手びき」（整理番号81-1)[21]）には，10の手がかりと6つの立場が示されている。その中の一部を紹介すると，「一旅日記，旅の記憶　二旅だより　その日その日　日々の手紙　三子ども（弟，妹，だれときめずに，幼い子ども）に語ることば（見せながら）　四人生断片　ここにある人生　訪問労働誕生　というふうにとらえて」等である。同じ一つの場面を選択しても，子ども（弟，妹，だれときめずに，幼い子ども）に語ることば（見せながら）を記してもよいし，自身を旅人として旅だよりを記すのもよい。さらにここにある人生として誰かを取り上げ，その人生を想像して描いてもよい。しかもこれらは同じ一つの場面を選択しても難易が異なる。子どもに見せながら語るのであれば，見えたものをことばに変えていくことだけでも対応できる。しかし，旅だよりとなれば，そこに何かのテーマを設定する必要があるし，ここにある人生を考えるのであれば，見えている絵から見えていないものを想像し，ストーリーを考えるということが求められる。このようにそれぞれ難易の異なる複数の着眼点と複数の立場が示されていることで，学習者はこれまでの経験や課題意識という自己の内面と対話し，『旅の絵本』の絵の中から場面を選ぶことになる。学習者個々の持っている力に対応しつつ，個々の内部にあるものを引き出す学習が，このようにして成立する。

　次に，示されるもの一つの中に複数の機能が存在していることである。例えば，「Ａ：単元全体等の学習の進め方」を示す内容である場合，ある学習

者には一つ一つの進め方を示し混乱や躓きを取り除く役割を担う。しかし，ある学習者には，研究や自己学習の進め方を提案することになる。また，話し合いの場面での発言例「―の種類がたいへん多いようですが，どうしてですか。」であれば，発言に慣れない学習者に対しては，「なるほど，こういう述べ方やこうした内容を発言（質問）すればよいのか」ということを知らせ，安心感を与えることになる。しかし，別の学習者にとってこの発言例は，「多いところがあれば，少ないところもあるはずだ，そこについて尋ねてみよう」といった新たな着眼点へつなぐものともなり得るのである。

　このように，難易を巧みに含みつつ，個々の内面に寄り添いながらその個々の気づきを引き出し，刺激を与えてその個に対応するようにしながら考えや意見を持たせるという個別的学習を「学習の手びき」は成立させている。それは学習者個々に対し，自己に即応した学習の成立を導くことになる。しかもそれは，どこまでも自己の内面との対話によって成立したものであり，他者と同列に並べられて一つの規準で評価されるものではない。確かに裏面には，その学習者個々の保有する知識や教養，情報処理の仕方等のいわゆる学力が関わり，そのために学習内容には深浅が生じる。しかし，学習者個々が学習内容に対し，いわゆる表面に露わになり計測される"学力の差"を見取って，相互に優劣を見ているわけではない。こうした個別的学習で成立した考えや意見は，相互に関わる場面となると，複数の着眼点であるがゆえに，その個ならではの考えや意見として個性的位置を占める貴重なものとなっていく。複数の着眼点を設定し，学習者個々に独自の学習課題や意見を持たせることは，そのことによって他者との比較ということなしに，その個独自の課題解決や意見構築に向かわせることと，その過程においては，個の国語学力に対応した支援を可能にする。

　そうした個別的学習の後に他者との交流が図られ，学習者相互は指導者が用意し個々に計画的に持たせた異なる他者の考えや意見に出会い，それぞれの学びを深め広げるとともに，相互の存在の必要性を認識することになる。

それは，自己の学習の充実に他者が本当に必要な存在として位置づいていることを実感する時間を持つことにもなり，今後の学習の在り方にも影響を与えるものとなっていく。

第2節　通覧から見出せる「学習の手びき」の機能

第1項　「学習の手びき」の使われ方から導出される機能

1　端から丁寧に読んで使うタイプの「学習の手びき」の場合

これについては，「A：単元全体等の学習の進め方」「B：学習活動や作業の指示」と，「D：話し合いや書き方等の仕方」の「学習の手びき」が該当する。これは，原則的に指導者からの補足説明が為されず，学習者が自身の力で読み取っていくものである。ただし，「D：話し合いや書き方等の仕方」のうちで，話し合いや発表の仕方という音声言語に関するものについては，こうした使い方ではないものもある。これら端から丁寧に読むことを求める「学習の手びき」について，大村が指示を文字化して示したことの意図は何であろうか。それについて，大村の記述を辿りながら整理する。

まず，単元学習ならではの展開の複雑さが背景にある。大村は「単元学習には，型にはまった部分が少ないのです。それぞれの学習の展開につれて，聞く力が弱いと，話がくどくなったりして，時間もかかり，せっかくの学習に対して意欲を失います。聞くのが難しくて無理と思うのは，プリントにしました。」[22]と述べている。次いで，「よく読んでみれば聞く必要のないこと」について「それを確かめるような気持ちで」「わかってはいてもちょっと不安になるとすぐ人に聞く」という子どもの実態に対し，「中学生としては甘ったれた気分という気がしますし，本気になってその手びきを読まないことにもなる」という問題を感じて，「細かく正しく読んで，そこに指示さ

第2節 通覧から見出せる「学習の手びき」の機能

れていることをきちっと形に結晶させることができるというふうな能力は非常に大事」[23]と捉えている。さらには，整理番号78-3の「学習の手びき」の説明の中で，「話で説明してもいいわけですけれども」と前置きし，話で説明せずに文字化した「学習の手びき」を提示する理由について次のように述べる。

> やっています作業が，ことばの意味の分類で，神経を細かく使っています。そういう時に，討議資料を作成する段階で，また，細かい話が出てくるというのはよくないと思いました。そして，そういうことで，頭の弱い子どもがそれてくると思います。このてびきがあれば，だれにも，まちがいなく，また，質問したり，面倒なことにならずに，しかも，見やすいものが書けます[24]。

以上の大村の記述からは，指示を文字化して示した「学習の手びき」に3つの意図を見出すことができる。1点めは指示内容を徹底させること，2点めは読み取る力を育て人に頼ることのない自立した学習者にすること，3点めは個々それぞれが抱える学習の障壁を取り去り，学習に集中できる状況を整えることである[25]。

これら3点の機能のうち2点目の読み取る力を育て人に頼ることのない自立した学習者にすることについては，大西道雄（1993）も「『学習の手びき』を『学ぶ力』育成の手だてでなく，目標とされるというところに，大村氏の『学習の手引き』観の独自性を認めることができる」[26]と指摘している。

さらにこうした「A：単元全体等の学習の進め方」「B：学習活動や作業の指示」「D：話し合いや書き方等の仕方」等に示された様々な学習の仕方は，その眼前の学習の進め方や仕方を示すだけでなく，一般化できる活動や課題解決のための道筋を示すものにもなっていることを指摘しておきたい。例として，整理番号76-1（単元「このことばづかいをどう考えたらよいか」）の「学習の手びき」を挙げる。この76-1「学習の手びき」には，インタビュー活動の仕方が示されており，尋ねるための準備，記録のための準備・記録の

まとめの準備の三段階が設定され，それぞれに準備することが細かに示されている（そのうちの尋ねるための準備について，【資料3-④】に示す）。

【資料3-④】 76-1（単元「このことばづかいをどう考えたらよいか」）の「学習の手びき」（縦書きのものを横書きで示す）

1　たずねるための準備
　○　参考資料を用意する。
　○　どういうことをたずねるか考える。
　○　話の運び方，順序を考える。
　○　考え方について，だいたいを予想してみる。
　○　注意事項を考える。
　　　　順序など，考えておいたことに，とらわれない。
　　　　ことばづかい・話しぶり。
　　　　よくきいて，発展させるように次の話題を出す。

　大村は，こうした作業や活動について細やかに手順や「仕方」を示す「学習の手びき」を活用する学習者に対し，次のような注意を与えている。

　　◇　それぞれのてびきを大切にしなさい。てびきを乗り越える，それ以上のくふうをすることはいいけれど，てびきを無視（むし）してはだめです。見ることを忘れてはだめです。今までのところでも，てびきしてあるところを見忘れて，よけいな苦労をしたグループがありました。
　　◇　自分で考えることと，ただの自己流とはちがいます。なんとなく持ち合わせている自分の力でなんとなくやっては進歩がありません。なんとかやればいいのではありません。発表に進歩がなければ，学習でも勉強でもありません[27]。

　この注意は，1972年11月11日発行の「国語教室通信」[28]に記されたものであり，「単元　国語学習発表会」を学習している段階で示されている。「ただの自己流」や「なんとなく持ち合わせている力でなんとなくやって」しまうことを戒め，「学習の手びき」を「大切」にすることを述べたものであるが，この記述は，学習者の状態を進化させるために「学習の手びき」が存在し，

第2節　通覧から見出せる「学習の手びき」の機能　　　　181

そのために習得すべき内容を「学習の手びき」に記していることを示唆している。

　以上のことから，端から丁寧に読んで使う場合には，指示内容を徹底させることや，学習者の状況を推察し，個々それぞれが抱える学習の障壁を取り去り，学習に集中できる状況を整えることといった学習のサポートとともに，読み取る力を育て，人に頼ることのない自立した学習者を育成することや学習者の状態を進化させること，一般化できる活動や課題解決のための道筋を示すという機能を見出すことができる。

2　眺めながらヒントとして使うタイプの「学習の手びき」の場合

　これは，「C：読むため考えるため等の着眼点」の「学習の手びき」が該当する。文章等対象となるものに向かう際に，心に感じたこと考えたことを引き出す，心にあるものに言葉を与えて明確にさせるということを意図したもの，あるいは，一人では気づきもしなかったことについてあらためて読み直させたり，考えさせたりするためのものである。着眼点は，一つの対象をいろいろな角度から見つめることができるように複数示してある。それらは学習者に自己の内面との対話を生み出し，学習者個々の内面にあるものを引き出したり整理させる機能を持つ。「心に何もないことはありませんが，ちょっとつかめない」心にぼんやりと浮かぶが，言葉にしきれないという状態の学習者を予想し，読むため，考えるための手がかり，ヒントとして示しているわけであり，「手びきを読んだために，ここには全然出ていないことを思いついて，これを踏み台にして外に出て書いたり考えたりする」[29]ことも，そこに生じてくる可能性がある。そうした，学習者の内面を引き出したり気づかせたりするだけではなく，指導者が目を向けさせたいところ，考えさせたいところも提示されていることにより，学習者の認識を深化・拡充させる機能も担っている。そしてこうした着眼点の示し方は，項目のように列挙される場合もあるが，多くの場合は，提示された着眼点を学習者が身内に受け

入れて考えやすいように，学習者の発言やつぶやき（内言）といったスタイルで示されている。

　さらに「学習の手びき」には，同じことが様々に言い換えてある場合がある。「学習の手びき」の言葉は，学習者の思考の活性化につながることが目的として記されるが，そのきっかけとなるものや言葉は，学習者によって異なる。その点を踏まえ，個々が自身の心の中のものを拾い上げることができるように，「学習の手びき」は様々な言葉で同じことが言い換えてある。大村はこの点について，「いろいろの言い方をしませんと，いろいろな子どもの気持ちをとらえきれませんので，同じことをいろいろな言い方にして」[30]と述べているが，同じことでも様々に言い換えて，なるべく学習者の心に寄り添うように工夫されている。

　こうした複数の着眼点を学習者に寄り添うような述べ方で示し，「いろいろな子どもの気持ち」を捉えて学習者の内面にあるものを引き出すことは，「対象世界」に対して複数の視点から検討を行わせること，そしてその検討段階で様々な個の生活経験を経て個の心の中にあるものを発掘し，引き出す契機となる。それは西尾実の言うところの「真実のことば」に近いものを語らせる契機に他ならない。その「真実のことば」に近いものは，様々な個の生活経験を経て個の心の中にあるものであるがゆえに，学習者個々により異なり，その個独自のものとして存在する。

　こうした学習者の内面に機能し，学習者個々に個独自の考えを引き出すということは，引き出すための視点が多角的で複数提示されることによってこそ，その真価を発揮する。つまり，多角的で複数であるということは，それだけ異なる意見が出されるということであり，他者と自己の考えが異なるという状況になりやすい。そうした他者と自己の考えが異なるという状況は，自己とは異なる他者の存在を意識する契機ともなるはずである。相互に自身が気づいたことや考えたことを出し合う中で，自己と他者が異なっていれば，対象をお互いの中間に置いて，対象を再吟味することもできる。それは単な

第2節 通覧から見出せる「学習の手びき」の機能

る習得とは異なり，葛藤を経ることで内化（appropriation）へとつながり，より深い理解も促す。学習者個々の認識を深化・拡充させるとともに，自己と異なる見方をしている他者に出会うこと，他者の考えとそこに至る過程を尋ねることによって他者によって対象に対する新たな発見をすることとなり，他者の存在を意識したり他者が自己の学びのために必要な存在であることを感じる契機となる可能性がある。

さらに「C：読むため考えるため等の着眼点」の「学習の手びき」には，考え方の道筋が示されるというパターンも認められる。例えば，整理番号33-1の「学習の手びき」[31]には，「ここを見ると，一ということが考えられるが，どうだろうか。」というような提示された資料を読むときの学習者のつぶやき（内言）例が示されている。それらは読み方，どこに着目して読めばよいかを示すだけではなく，「学習の手びき」に記された学習者の内言を追いかけると，《一つのことに着眼してそこに何かを見出す→見出し得たことが一般的化できることかどうか，他にも類例がないかどうか確かめる》という思考の流れを見ることができる。もちろん，この思考の流れに導かれて思考を進めていく学習者もいるであろうし，幾つかの示された着眼点をつなぐ留まる学習者，単一の着眼点からの発見に留まる学習者と個々の学習者に応じて見出すものは異なるであろう。しかし，いずれにしても，「学習の手びき」を眺めることによって，読み取ることや考え方の手がかりを得ることができる。

以上，内容C「読むため考えるため等の着眼点」の「学習の手びき」からは次の5点の機能が導出される。

・個の心の中にあるものを発掘し，引き出す契機となり，西尾実の言うところの「真実のことば」に近いものを語らせること
・独自性を持たせること
・他者の存在を意識させ，他者の存在を意識したり他者が自己の学びのた

めに必要な存在であることを認識する契機となる可能性を持つこと
・対象を再吟味（読み直す等）させたり，対象に対して複数の視点から検討を行わせること
・思考の流れや読み取ることや考え方の手がかりを得させること

3　繰り返し読んで使うタイプの「学習の手びき」の場合

　繰り返し読むことの目的は，指導者側からの指示を理解させることだけではない。注意深く正しく読み取るという読む力を育てることと，「学習の手びき」に記された内容を吸収させることにある。こうした使われ方の「学習の手びき」は，内容「Ｄ：話し合いや書き方等の仕方」である。
　「Ｄ：話し合いや書き方等の仕方」については，話し合いにしても発表にしても学習をまとめる文章を記す場合にしても，学習を円滑に進行させるだけではなく，「学習の手びき」を用いて学習を進める中で，「学習の手びき」に示されている仕方を体得させることが意図されている。顕著にそのことが表れているのは，台本スタイルで記される話し合いの仕方である。大村は，「話し合いはどのようにするか，話しても，順序などを教えても，一年生はなかなか実際には話し合えない。」「話し合いのしかたのてびきは，読むことなどのてびきと，全くちがわなければならないと思う。単なる指示では，てびきの役目を果たさない。」[32]と考え，台本スタイルの「学習の手びき」を作成した。
　台本スタイルの話し合いの仕方が示された「学習の手びき」の使い方は，「まずその通り読んで劇の本読みのようにやっていきます。それを何回かやっていくうちに，こういう調子かとわかってきますね。」[33]，「そして実際には初めのうちは替え歌でも作る時のように習ってやっていきますが，だんだん自分たちの話題について話ができるようになってきまして」次第に自分たちの実際にあてはめて話し合いを進めるのである。大村は，この「学習の手びき」によって何を言うのかという知識を持つのではなく，実際のことばと

して，何と言うのかわかるようにしようとした。大村は，こうした台本スタイルの「学習の手びき」があることにより，「発言できない生徒がなくなり，話のそれることを防ぐこともできる。指導も，何番のところで流れなくなったかがよくわかり，やりやすい。文字どおり，手びきしてくれる。」[34]と述べ，さらに「そういう話し合いの手びきがありませんと，実際にどうしたらいいかわからなさすぎまして」話し合うことが「嫌いになり」「話し合うことの意義」[35]を見出すことができなくなると述べている。

こうした記述からは，「学習の手びき」が学習者の手を引いて，学習者の学習を保障するとともに，「学習の手びき」に記された内容を自然に体得していけるように工夫をしたものであることがわかる。そしてその工夫は，認知心理学において示される人間の脳の複雑な情報処理システムでの作業の理屈（❶教授されたことや体験したことがコード化され，知識として長期記憶に貯蔵❷構造化組織化されて知識の集合体であるスキーマ❸環境から入力された情報（現在判断が求められる状況）と長期記憶から取り出したスキーマとの照合作業（マッチング））に添うものである。「繰り返し，劇の場合の，本読みのように試み」という使い方は，体験したことを長期記憶に貯蔵するために，有意な学習活動と言えるであろう。

第2項　学習者と指導者に対しての機能

1　学習者に対する機能

前項で「学習の手びき」の使われ方に着目し，示された「学習の手びき」の内容について学習者に対する機能を導出した。それらを一覧で整理すると，【資料3-⑤】のようになる。

【資料3-⑤】「導出した学習者に対する機能」

	導出した機能	該当する「学習の手びき」
a	指示内容を徹底すること	「A：単元全体等の学習の進め方」
b	個々それぞれが抱える学習の障壁を取り去り学習に集中できる状況を整備すること	「B：学習活動や作業の指示」 「D：話し合いや書き方等の仕方」
c	読み取る力を伸長させること	
d	課題解決のための道筋を提示すること	
e	「対象世界」に対して複数の視点から検討を行わせること	「C：読むため考えるため等の着眼点」
f	個の心の中にあるものを発掘し、引き出すこと	
g	独自性を持たせること	
h	他者の存在を意識させ、他者の存在を意識したり他者が自己の学びのために必要な存在であることを認識する契機となる可能性を持たせること	
i	「対象世界」を再吟味する機会を設定すること	
j	読み取ることや考え方の手がかりを示すこと	
k	その仕方やルールを学ばせること	「D：話し合いや書き方等の仕方」

　これらを見ると、実に様々な形で学習者を手引きしていることがわかる。その手引きのあり方には、aやbのように、手引きというよりは学習しやすいように状況を整備するといったサポート的な内容もあれば、自立した学習者の育成や学習者の現在の状態を進化させるために、習得させたい方法を直接的・間接的に示すcdeijkもある。cについては、読まざるを得ないという状況を設定して読む力を伸長させるという場合であり、dehijkについては、学習の進め方や読み直す機会や手がかり、あるいは話し合いの様子を示し、実際に「学習の手びき」に記されたように学習を進めたり読んだり考えたり、話し合いで意見を述べるという体験をさせながら、どのようにそれらを行う

第2節 通覧から見出せる「学習の手びき」の機能

のかという方法と読む力や話し合う力等のことばの力そのものを育てようとしたものである。

　ことばの力は，言語行為を為すことによってしか身につけさせることはできない。そこで必要になるのは，学習者により多くの言語活動を，必要感のある中で確実にさせるということである。西尾実（1951）は，「話し・聞き・書き・読む四作業の独立学習と，それの徹底による関連学習の確立が期せられなくてはならぬ」[36]と指摘している。西尾によって"手びきを手びきするものが必要"であることを示唆された大村が，確実にその言語活動を為させ，しかもそれらを「関連」させることができるように腐心したことは間違いない。それを可能にしているのは，「学習の手びき」における着眼点の提示である。これにより，漠然とあるいはあてどもなくさまようようにその言語活動を為すことが避けられ，さらにその着眼点が複数であることにより，書く内容や話す内容の独自性が確保できる。その内容が個々に異なるものとなれば，他者に自己の考えを説明（話したり・書いたり）したり，他者の考えを理解（読んだり・聞いたり）することに必要感が出てくる。西尾の言うところの「四作業の独立学習と，それの徹底」が図られると同時に，話すため書くため話し合うために読む，読むために聞いたり話し合ったりするといった，必要と目的を持った「関連学習」が成立することになるのである。

　こうした状況整備や方法，ことばの力そのものの習得をさせることと異なっているものが，efgh である。cdeijk が何かを教えるということであるのに対し，ef は学習者個々の心の中にあるものを引き出すことである。e によって複数の視点が提示され，それによって学習者は自己の中に存在していた何かや自己が意識しなかった見方や考え方に気づく。学習者個々はそもそもそれまでの人生が異なるので，それぞれに気づくことや考えることが異なるわけであるし，e によって複数の視点が示されることにより，異なるものが引き出されやすくなることが予測される。その結果，g が成立しやすくなり，同じ対象に対して複数の視点から異なる見方や考え方が出されることに

なる。それらを交流することは，自己とは異なる見方や考え方に接することであり，異なる見方や考え方から，あらためて対象を検討することが生じることであり，自分だけでは見えなかったものが見えるという体験をすることである。こうした体験は，自己の理解や認識を豊かにするために，自己とは異なる他者の存在が必要であることに気づきにつながる。そしてこの気づきは，やがては他者から学ぶこと，他者と共に学ぶことといった他者の必要性に意識を開いていくものとなる。

以上のことから，大村の「学習の手びき」の使われ方に着目して導出した学習者に対する機能としては，学習をしやすくする条件整備の機能（ab）と，方法や読む，書く，話し合う等のことばの力そのものの伸長させる機能（cdeijk），さらに，学習者独自の見方や考え方等を引き出し，他者の存在の必要性を認識させる機能（ghijl）があるということができよう。

こうした「学習の手びき」が学習者の気づきを促したり，思考を導いたり，学習の仕方を指導するものとなっていることに対しては，型にはまるという批判を受けることがある。それは当時も今も存在する。考え方には様々にあるであろうが，大村が1972年の「国語教室通信」に記したように，「ただの自己流」「なんとなく持ち合わせている自分の力」で，その活動をするのでは，学習の進化には結びつきにくい。先達があること，熟達者からのサポートを受けることは，学びを深化させ自身の力を進化させるために必要なことである。この点について，大村の次のような記述を紹介したい。

> 何かこういったようなてびきがなければ，子どもたちは引っ張れない。私が子どもたちを向かせたい方向がありましたら，必ずそれにのるようなてびきを，子どもの立場に立ったきっかけを作ってやらねばならない。これが先生の仕事ではないかと思います[37]。

また，後述（第5章第2節第1項）するが，大村は，「学習の手びき」を作成する際には，必ず学習者に寄り添い，学習者の有り様そのものからスター

第2節　通覧から見出せる「学習の手びき」の機能　　189

トしている。それは例えば，次にあげる「感想を育てる」(1965〜1966) という実践にも見られる。この実践は，学習者が書いた原稿用紙5行分の感想（「五行感想」）に対し，感想そのものを育てようとして，「指導者としてその文章を読んで，一人ひとりに手びきをつける」というものであるが，それについて大村は次のように述べている。

> 「手びき」は，いわゆる指示ではなく，子どもの書いた後へ，もう一歩深まったりもう少し別の方向へ目を転じたりできる文を書き継いだ。その書き継いだ文に，子どもたちがまた書き継ぐ。すでに道がその方向に開いてあるので，指導者の書きさしの文が終わるまで書くと，少し新しい考えが開けてくる，それまでの自分に何か加えたり，それまで自分の中にあるのに気がつかないでいたものを拾ったりする。このようにして，感じること，考えることの力が養われていくのであろうと考えた[38]。

　もちろん，こうした「少し新しい考えが開けてくる」ような文を書き継ぐために，大村は「子どもたちの読んでいる本，五行感想の書かれる本を指導者が全部読んで」いる。学習者自身に対する理解と学習者が読んでいる本についての理解を重ね合わせてその個の現状を分析し，その上で「少し新しい考えが開けてくる」一言を書き継ぐわけである。そうした一言は，確かに大村という人生の先達のフィルターを通ったという色合いはつくであろうが，決して型にはまるというものではあるまい。そうした学習者の有り様そのものからスタートということについては，「あくまで，子どもたちの読書から得たものを，育てみのらせ，読書への興味を持たせ，読書から得たものを自分で育てていく」[39]という記述や，全集の第四巻に示されたような「手びきのグループへの与えかた」(p.61)といったグループの力や傾向を分析して複数（この実践では，8グループであり8種類）作成した「学習の手びき」を選択的に提示している様子からも捉えることができる。そして，次のような大村の言葉からも，学習者のあり様からスタートしていることが見出される。

このようなてびきは，本書でも他のところにもよく似たものが出ている。このようなものは，一つの形式を持っていて，必要なときにそれを使うということではない。目的は同じでも，内容や形，ことばづかいなどは，そのたびに少しずつ変わってくることが多い。それは，まずそのときの資料，つまり生徒の作文の量や内容による。さらに，生徒が何年生であるか，また，この種の学習を何回か経験してなれているか，初めてであるか，読んだり書いたりする能力の程度などによる。またこの学習活動のあと，この書かれたものを活用して，どういう学習を展開する予定かなど，さまざまな関係で少しずつ変化するのである。
　このような学習のためのてびきは，その変化するところが生きた学習をさせるのであって，固定した型見本のように対したくないと思う[40]。

これらから，常に学習者の状況を注視しつつ，必要なこと，学ばせたいこと，学習者の状況によって柔軟に対応しつつ，そこに学びがあるように工夫されたものが，「学習の手びき」ということができよう。

2　指導者に対する機能

「学習の手びき」は，学習者に対して作成されたものであり，学習者にどのように機能しているのかということが主であることは言うまでもない。しかし，大村の作成した個に応じる「学習の手びき」は，指導者である大村に，さらなる個の独自性や個の特性や能力を見せ，学習者のアセスメントとなっている。

　大村は，「子どもは，常に一人一人を見るべきであって，それ以外は見るべきではない，束にして見るべきではないと思います。」「結局『教育』は個人の問題」「個人を伸ばすことが中心」[41]という教育観，学習者に何かを教え込み理解させることではなく，発掘すること，引き出すことが「教える」ということだという教育観に基づき指導している。そのため，個を捉えることを指導の第一歩として大変重要視し，その個が何を持っているのかという点から個を把握できる場について，学習記録や個との対話，あるいは，個人面談，個の生育環境を知るためのアンケート的なもの等，様々に考案してい

第2節　通覧から見出せる「学習の手びき」の機能

る。

　その個を捉えることについて、大村は「その子の長所とか特色とかが現れるように場面の中で見てやらないと、その子はとらえられないだろうと思うんです。」42) とも述べているが、学習者の状況や心は学習者が活動している中でこそ、捉えることができる。「Ｃ：読むため考えるため等の着眼点」を示した「学習の手びき」は、前項で整理したように、「ｅ　対象に対して複数の視点から検討を行わせること」「ｆ　個の心の中にあるものを発掘し、引き出すこと」、「ｇ　その個独自の意見（独自性）を持たせること」という機能を持っている。それによって「いろいろな子どもの気持ち」を捉えて学習者の内面にあるもの、様々な個の生活経験を経て個の心の中にあるものを発掘し引き出し、西尾実の言うところのその個の「真実のことば」に近いものを語らせることができやすくなる。学習者が授業において「真実のことば」に近いものを語るという状態になるということは、学習者の内面を指導者が捉えやすくなるということである。こうした点について、大村は次のように述べている。

　　何が書かれているのかを書くのではなく、読んでいる自分が書かれています。（引用者中略）また、私には、どのように読まれたか、手に取るようにわかりました。（引用者中略）ははあ、あそこのところをそういうふうに思ったのか、あれは、あすこのところをそんなふうに読んだのかと、私はびっくりしたり、うれしくなったりしました。それから、こんなことを言っていることについて疑問に思った、などと書いてありますと、どこを読んだのか、ああ、そうか、そこであのことがわからないな、とわかります。（引用者中略）そういうふうにしていますうちに、子どもたちが、どういうことが読めないか、どういう読む力があるかないかということは、たいへんはっきり受け取ることができようになりますね43)。

　これは、学習者が内容「Ｃ：読むため考えるため等の着眼点」の「学習の手びき」にしたがって文章を読み、考えたことや感じたことを記していく場合のことについて述べたものである。ここに記されているように、大村は、

様々な着眼点や読み方を「学習の手びき」に示しながら，それによって学習者の状態や躓きを素早く掴み，適切な指導をしていくための手段としても考え，活用しているのである。

その具体として，「学習記録への出発」（1972年4月5月）の記述を取り上げる。大村はこの時の学習記録に「感想『書いている時の自分』」を書くように指導しているが，それについて次のように記している。

> この場合，「ルナールのことばを読んで心に浮かんだことを書きなさい」というような指示では型にはまっていて，書く意欲をそそることができないように思われ，書くことに，きらくに自然に引き入れる工夫として，「ほんとにそうだなあ」という書き出しのことばを与えたのであるが，それがよかったかどうか，考えるたねが得られる。ことに今度特によく書けた子ども，この書き出しの効果を思わせる子どもはだれだれか想像するのに役立つ。また，書いている間に観察してとらえたものと，細かく比較してみることができる[44]。

この記述からは「学習の手びき」は，学習者のために工夫され，作成され活用するものであるが，同時に，指導者が学習者を把握し，理解するための貴重な情報源としていたことがわかる。

こうした指導者に利する機能は，「C：読むため考えるため等の着眼点」の「学習の手びき」だけではなく，「A：単元全体等の学習の進め方」「B：学習活動や作業の指示」「D：話し合いや書き方等の仕方」の「学習の手びき」についても見出せる。大村は「学習の進め方を示しておくと，学習者が自分で予定を立てて進めていくことができるし，いちいちどの時間の予定のことを話す必要もなくなり，学習者個々の活動に助言・指導を与えていく時間がとれる」[45]と述べている。この記述からは，授業進行上の利便性だけでなく，学習者個々に対する個別の指導時間や場面の確保に大村の意識が向けられていたことが読み取れる。

第 2 節　通覧から見出せる「学習の手びき」の機能　　　193

　ここまで，指導者に対する機能として，指導者に利する機能を上げたが，「学習の手びき」作成においては，指導者の力量や能力の開発に対する機能という点も忘れてはならない。それは，「書き過ぎて面倒な印象を与えないように，しかし，明快にわかるように，文体や行変えに注意した」[46]とあること，あるいは，「資料によって感想を育てる」（1965年10月）の実践で感想を呼ぶ感想として，学習者たちの話し合いに基づき，感想を育てるための「学習の手びき」（全集にこの「学習の手びき」は記載されていない）を作成する際の次の言葉からも捉えることができる。

　　　この時間は話し合って終わりである。次の時間までに，この時間に出た感想をまとめてプリントする。短い時間に，端的に断片的に，多くはことば足らずで話されたものであるが，その真意をできるだけ汲みとり，わかりやすい，子どものひとりごとめいたことばで，感想を呼ぶ感想―てびきの感想を書いた[47]。

　以上のように，「学習の手びき」は，学習者に対する機能だけでなく，学習者の内面を指導者が捉えやすくなること，学習者個々に対する個別の指導時間や場面の確保といった，指導者に利する様々な機能も持っている。そして，「学習の手びき」を作成する過程や「学習の手びき」を用いて学習する学習者の状況を看取る場面においては，指導者としての力量を高めるという機能も持ち合わせている。

第 3 項　通覧から導出した「学習の手びき」の特性

1　「学習の手びき」の役割

　「学習の手びき」を通覧した結果，「学習の手びき」は，学習者をサポートするとともに，学習者の力を育成するものとしての役割も持っているものであることがわかった[48]。
　先述したように，大村の「学習の手びき」について，「単元　私たちの生

まれた一年間」で用いられている「学習の手びき」を考察した大西（1993）は、「『学習の手びき』は、明確な課題把握のもとに、その達成の道筋を示すものと理解でき」[49]ると述べている。「明確な課題把握」とは、大村の国語教育観と学習者の実態の間に成立するものである。さらに、大西は、「『学習の手びき』を『学ぶ力』育成の手だてでなく、目標とされるというところに、大村氏の『学習の手引き』観の独自性を認めることができる」と指摘した上で、「大村氏の言う言語生活の一部として、「手引き」を活用する力を養うことを目標とするという考え方には、この自己学習力を真に生活に密着した、生涯にわたって生きて働く力として習得させようとする学力観が認められる」[50]とも述べている。

つまり、大村の「学習の手びき」は、学習者の直面している学習を導くという目的と、学習者に「真に生活に密着した、生涯にわたって生きて働く力」を育成する二つの目的を持って存在しているということである。確かに、「学習の手びき」を通覧する中で、大村が提供している学習には、学習者の人生において今後必要となることを見越した多彩な内容や方法が盛り込まれたものとなっていることが捉えられた。それは大村が、学習者が世に出たとき（自立したとき）に必要とされる言語活用能力や感性等の言葉の力、それを用いて自身の学習を推進していく力を学習者に育成することを念じてきたからである。その力を「優劣を越えた世界」の中で個々につけさせるべく、「くふう」を重ねてきたのが、大村の国語教室なのであり、その理念を具体化すべく、大村は「達成の道筋」を、「さまざまな関係」によって「少しずつ」変化させながら、直接学習者に手渡す「学習の手びき」を作成しているのである。

2 「学習の手びき」の特性

「学習の手びき」は、「Ａ：単元全体等の学習の進め方」「Ｂ：学習活動や作業の指示」「Ｃ：読むため考えるため等の着眼点」「Ｄ：話し合いや書き方

等の仕方」「E：言語的知識を含む主として国語に関係する知識」という5つの内容を持ち，それらを単独に，あるいは同時に学習者の状況によって少しずつ変えながら記しているものである。このA～Dのうち，学習者個々の内面との対話を導いて個別的学習を成立させ，それを個性的学習として優劣に関わりなく位置づけさせることに対しては，「C：読むため考えるため等の着眼点」に依ることが大きいことが捉えられた。このCは量的にも他に比して多かったが，量的に多いだけではなく，質的にも大きなものであり，大村の「学習の手びき」の特質の一つとなっている。まさに「対象世界との対話」を成立させ，読んでいる自己の生活や自己の経験がそれとともに浮き上がることで，自己との対話もそこに成立していくように導かれている。個性化につながる個別化が成立するためには，学習者個々の「対象世界との対話」を充実させる必要があるが，「C：読むため考えるため等の着眼点」を複数準備することが，学習者個々の「対象世界との対話」を成立させ，結果的に独自のものを引き出させる重要な鍵となっている。

　そうした学習者への機能だけではなく，「学習の手びき」が学習者個々の学習を導き，その個ならではのものとして位置づける役割を担っていることからは，指導者に学習者の実態を捉えさせることにも機能していることを捉えることができる。学習者に対する機能と指導者に対する機能が連関し，循環している姿である。

　学習者の力の有り様を把握すること，さらにはその内面を理解することは困難なことであるが，そこから学習をスタートさせることにこそ，学習の意味があるのであるから，是非ともしなければならないことであり，そのための手だてを様々に講じる必要がある。その一つとして，学習者の個々の思考や心に寄り添い，それらを導くとともに，拾い上げる大村の「学習の手びき」は，今後ともにその価値は高い。

注
1) 『教えながら　教えられながら』（p.156）
2) 『大村はま国語教室　第五巻』（p.121）
3) 大村はま（1982）『大村はま国語教室　第一巻』（筑摩書房，p.425）
4) 『大村はま国語教室　第一巻』（p.131）
5) 『教室をいきいきと2』（pp.142-143）
6) 若木常佳（2005）「話す・聞く学習指導における「思考」を育てる学習の手びき―大村はま実践を手がかりに―」（広島大学大学院教育学研究科紀要，広島大学大学院教育学研究科第二部第54号，pp.141-149）では，このうちの話し合うことについて考察している。
7) いずれも『教えるということ』の中に記された言葉である。
8) 『大村はま国語教室　第五巻』（p.176）
9) 『大村はま国語教室　第四巻』（p.300）
10) 第4章第2節第2項の「古典への入門―枕草子によって―」に手引きを示している。
11) 大村はま（1984）『大村はま国語教室　第六巻』（筑摩書房，p.102）
12) 『教えながら　教えられながら』（p.155）
13) 大村はま（1983）『大村はま国語教室　第二巻』（筑摩書房，p.298）
14) 大村はま（1984）『大村はま国語教室　第七巻』（筑摩書房，p.195）
15) 若木常佳（2016）「話し合い指導における「尋ね合い」の存在―表出したものから「道のり」への視点転換」（福岡教育大学紀要，福岡教育大学教育学部，第65号，第1分冊，pp.53-62）
16) 『大村はま国語教室　第七巻』（p.200）
17) 金子晴勇（1976）『対話的思考』（創文社，p.92）
18) 丸野俊一・松尾剛（2009）「対話を通した教師の対話と学習」（秋田喜代美　キャサリン・ルイス『授業の研究　教師の学習　レッスンスタディへのいざない』明石書店，p.69　p.70）
19) 大村はま（1983）『大村はま国語教室　第十一巻』（筑摩書房，p.64）
20) 松下佳代編著（2015）『ディープ・アクティブラーニング　大学授業を深化させるために』（勁草書房，p.45）に，「浅い学習」「学習への浅いアプローチ」と比較して説明されている。
21) 第2章第2節第2項の2「大村はまの国語科単元学習」（p.78）に【資料2-②】として掲示。

第2節　通覧から見出せる「学習の手びき」の機能

22) 大村はま（1987）『国土社の教育選書　11　授業を創る』（国土社，p.75）
23) 『教室をいきいきと2』（pp.142-145）
24) 大村はま（1984）『大村はま国語教室　第九巻』（筑摩書房，p.186）
25) この3点目の機能についてのみ言えば，端から丁寧に読むという場合だけではないが，内容Eの「言語的知識を含む主として国語に関係する知識」も該当する場合がある。
26) 大西道雄（1993）『国語科授業論序説』（渓水社，p.59）
27) 大村はま（1985）『大村はま国語教室　資料篇2　国語教室通信　昭和44年-48年』の11月18日の通信に記載されている。
28) 「国語教室通信」は，両面1枚に啓発的内容のエッセイ，言葉や言葉遣いについての知識，連絡や時間割が記され，ほぼ，週に1枚の割合で発行されたものである。『大村はま国語教室　資料篇2　国語教室通信』には1965年の1月9日から1980年の2月9日までの臨時1号を含め567枚が3分割されて収録されている。
29) 『教室をいきいきと2』（p.127）
30) 『教室をいきいきと2』（p.116）
31) 第4章第2節第1項に「学習の手びき」の全体を記載。
32) 『大村はま国語教室　第二巻』（p.391-392）
33) 『教室をいきいきと2』（pp.123-124）
34) 『大村はま国語教室　第二巻』（p.392）
35) 『教室をいきいきと2』（p.129）
36) 西尾実（1951）『国語教育学の構想』（筑摩書房，p.64）
37) 『大村はま国語教室　第七巻』（p.59）
38) 『大村はま国語教室　第八巻』（p.381）
39) 『大村はま国語教室　第八巻』（p.397）
40) 『大村はま国語教室　第五巻』（p.121）
41) 大村はま（1973）『教えるということ』（共文社，p.54）
42) 大村はま（1990）『大村はま自伝「日本一先生」は語る』（国土社，pp.158-159）
43) 『大村はまの国語教室②　さまざまのくふう』（pp.67-69）
44) 『大村はま国語教室　第十二巻』（pp.290-291）
45) 『教えるー中学校教諭大村はま』（1976）（NHK制作）単元「いきいきと話す」の授業を録画したビデオ資料の中での大村のコメントである。
46) 『大村はま国語教室　第十二巻』（p.325）この直前には，「この初めての指導に，

ごく自然に入れる態勢になっていたので，以前のある学年のように，あまりいろいろ手を取らず，わかりやすいてびきに」という記述があり，以前の指導状況を踏まえて改善していることがわかる。

47) 『大村はま国語教室　第八巻』（p.399）
48) それは学習者に応じるためであるので，時には作成しても配布しないままのものもある。『大村はま国語教室　第八巻』の p.181 に，「作業がたいへん困難のようであったら示すつもりで，次の案をプリントとして用意していたが，みな，どんどん進めていてその必要がなく，ついに配布しなかった」という記述がある。
49) 『国語科授業論序説』（p.59）
50) 『国語科授業論序説』（p.60）

第4章　大村はまの「学習の手びき」の実際と分析 2 ―詳察―

　本章では，3つの実践における「学習の手びき」を詳察することにより，「学習の手びき」の特性を探るとともに，個性化につながる個別化を実現する「学習の手びき」のあり方を捉える。まず，詳察する実践と詳察する方法について記述する（第1節）。次いで，実際の学習過程の中で「学習の手びき」がどのように位置付き，学習者にとってどのような意味があるのかについて，学習を再現しながら考察・検証し，実際の中に置くことで見えてくる工夫と個性化につながる個別化のための工夫について取り上げる（第2節）。

第1節　対象とする実践の選択と詳察の方法

第1項　対象とする実践

1　選択の条件

　詳察の場合には，対象とする「学習の手びき」を選択する。その選択においては，まず，前章で導出した「学習の手びき」の内容A～Eのうちで，最も多く出現し，個性化につながる個別化に対応する「C：読むため考えるため等の着眼点」が含まれているものとする。さらに「学習の手びき」の機能ができるだけ明らかになるように，次のa～dの3条件を設定する。

　　　a：学習の過程を明らかにすることができるもの　b：「学習の手びき」に対する学習者の反応が記されているもの　c：1年生と2年生を対象としているもの　d：活用した資料（教材）を用いての追試が可能なもの

aについては,「学習の手びき」の機能は,その「学習の手びき」を用いた学習場面とともに考える必要があるためであり,bとdについては,「学習の手びき」が学習者の反応からその機能を検証するためである。大村が鳴門教育大学に寄贈した学習記録に依っても,当時の学習の過程や学習者の反応の全てが文字化されているわけではない。そのため学習者の思考については,推理や推測が不可避であることを考えると,学習の過程や学習者の反応が記されているものを選択することが妥当であろう。cの条件については,次のような大村の言葉から設定している。「生理学的に調べてみたって,脳細胞の発達の方から勉強してみたって,中学の二年から三年の初めをもってもう脳細胞の開発は終わりですね。あとはもう鍛えることだけしかできないんです。」[1] このように大村が考えていたということからは,中学3年間についての大村の授業内容構成は,1年生と2年生で「教えなければならないこと,つけなければならない癖」をつけさせ,3年生でそれらを鍛錬するというものとなっていたであろうことが推察される。したがって,1年生と2年生では,3年生に比して具体的な導き「学習の手びき」に示されていると考えることができる。

2　詳察する対象について

前項に挙げた条件を勘案し,次の実践を詳察の対象とする。

・単元「私たちの読書力〈図表を読む〉」(1970年7月・2学年)
・「古典への入門―枕草子によって―」(1976年10月・2学年)
・「楽しくつくる『旅の絵本』」(1977年11月・1学年)

第3章で明らかにしたように,「学習の手びき」の内容のA～Eのうち,学習者個々の内面との対話を導いて個別的学習を成立させ,それを個性的学習として優劣に関わりなく位置づけさせることは,「C：読むため考えるた

め等の着眼点」に依る。そのため，3つの実践において「C：読むため考えるため等の着眼点」，あるいは，Cを含む「学習の手びき」のみを対象として詳察することとする。したがって，その実践内に複数のC以外の「学習の手びき」が用いられている場合には，特に必要な場合以外は，詳察の対象としないものもある。

第2項　詳察の方法

　詳察においては，まず，実践の展開を捉え，「学習の手びき」の位置と役割を明らかにする。次いで，その「学習の手びき」を用いた場合の学習者のアタマの中にどのようなことが生じているのかということを捉える。そのために，収録されている[2)] 学習者（中学生）の言葉も参考とするが，それと同時に考察者や第3者（大学院生）が学習活動を追体験することにより，アタマの中で生じるものを捉えるという方法を用いる。当然ながら考察者や第3者（大学院生）は純粋な学習者になることはできないことから，限界や問題は生じる。しかし，大村の「学習の手びき」を理解するという点からは，その学習過程で生じる学習者のアタマの中を捉える必要がある。そのため，限界や問題は認識しつつ，考察者や第3者（大学院生）が学習活動を追体験するという方法を選択する。なお，この方法については，大村の著作に記載されている学習者の記録を用いて検証を行うことにより，客観性を持たせることとする。

第2節 「学習の手びき」の詳察

第1項 単元「私たちの読書力〈図表を読む〉」の場合

1 概略

　本単元は，1970年7月に2年生を対象として実施されたものである。1965年から倉澤栄吉の示唆を受けて始まった読書生活の指導の一環として為されている。本単元のねらいは，「図表を読む力をつける」ということであり，対象の学習者は，この授業を挟んで読書生活指導に関する学習指導を数多く受けている（第3章【資料3-①】「学習の手びき」の一覧参照）。

　本単元の展開を，【資料4-①】に整理した。教材については，『大村はま国語教室　第四巻』の本単元の「まえがき」部分（pp. 223-224）を参考として記している。

【資料4-①】　単元「私たちの読書力〈図表を読む〉」の展開

	学習活動	言語活動	教材と「学習の手びき」
展開1	読書力を把握するテストを受ける。	読む・書く	『標準読書力診断テストD型，中学校用』（山本一郎　金子書房）
	二人一組で分担して読書力テストを採点する。	読む・書く・聞く・話す	『標準読書力診断テストD型，中学校用』に記された採点の方法等
	指導者が，読書力テストの結果を整理し，資料（図表）を作成する。		
展開2	各自で図表を読む。グループごとに図表を読んで話し合う。	読む・書く・聞く・話す	「学習の手びき」整理番号33-1
展開3	読み取ったことを発表し合う	読む・聞く・話す	

展開を見ると，学習者は提示された学習課題である自分たちの読書力について分析・考察する過程を辿ることになっている。その学習課題を解決する過程では，読む（この場合は図表を読む）・書く・聞く・話すという言語活用能力を駆使しなければならない場面が設定され，解決すべき課題に対して確実に言語活動をするように設計されている。

2　本授業における「学習の手びき」について

（1）「学習の手びき」の使われる場面

　「学習の手びき」整理番号（33-1）は，展開2で使われている。展開2の学習活動は，学習者個々が「学習の手びき」に手を引かれながら教材として示された図表を読み取ること，その後に個々に読み取ったものを出し合いながらグループで検討するという2つの活動である。2つの活動に対し，1枚の「学習の手びき」が用いられている。

（2）「学習の手びき」の実際（整理番号 33-1）

　展開2で用いられる「学習の手びき」は，次のものである。1～8の番号は，考察の都合上考察者が添付した。縦書きのものを横書きで示している。

```
　こんなことが話せるように
○　ここを見ると，―ということが考えられるが，どうだろうか。1
○　こことここを合わせて見ると，―ことが考えられるが，どうだろうか。2
○　―ことに気がついた，ここを見てごらん。3
○　どうしてだろうな，―ことは。4
○　これは，きっと―わけだろう。5
○　このあらわれを，わたしはこう見る。6
○　これは，喜んでいいことだ。―ことは。7
○　しかし，喜んでばかりはいられない。ここに―ことがある。8
```

3 「学習の手びき」の考察と検証

(1) 個人での学習の場合

① 「学習の手びき」の考察

この「学習の手びき」には，次の6つの着眼点が示されている。それは❶一つの図表から何かを見出すことと，❷複数の図表を関係付けて何かを見出すこと，❸見えてきたものからその背後にあるものを探ること，❹自身の考えを構築すること，❺見つけ出した事実と自身との関係を考えること，❻自身が考えたものが独善的ではないかどうかを確かめることである。これら❶～❻は，図表等の客観的な資料を読む場合には必要となる着眼点であるとともに，❶から❻へという思考の段階をも示している。

まず，❶の段階については，「学習の手びき」の1によってどこか一つを見るようにということが示唆される。そして❷の段階については，「学習の手びき」の2と3により，見出したこと相互を関係付けて考えることが示唆される。「学習の手びき」の2は複数の資料を比較関連するという考え方の道筋が直接的に示され，「学習の手びき」の3は直接的に示されているわけではないが，複数の資料を比較関連した結果見出せるものがあることを示している。❸の段階については，「学習の手びき」の4・5が該当し，表現は異なるが，いずれも見出したことの背景を考えるように導かれている。❹の段階については「学習の手びき」の6が該当し，現象やその背景も含めて見出したことに対して何らかの判断や意見を持つことが導かれている。❺の段階については「学習の手びき」の7が関わり，図表等から捉えた事実やそこから導出されたことが自身にとってどのように位置づくのか，自身の状態のどのような点を明らかにしたのかということを示すものである。「学習の手びき」の8については，「ここに～がある」とあるように，内容としては❶の段階であるものの，7を踏まえることにより❷の段階の内容となっている。❻の段階については，「学習の手びき」の1・2の「どうだろうか」という

第2節 「学習の手びき」の詳察

言葉によって示され，発見したことが独善的ではないかどうかを確かめることが導かれている。つまり，この「学習の手びき」に示された図表を読む際に必要な着眼点は，実は，〔注目→比較・関連→背景の推理→判断（自己の考えの構築）→自身との関わり→確認〕という図表を読む際の思考の流れそのものである。その図表を読む際に不可欠な着眼点が，この「学習の手びき」1枚の中に示されているということになる。

　そして，これら着眼点は異なる段階の思考を促すものであり，それらが同時に同じ紙面に順不同に示されていることによって，能力の異なる学習者の学習の成立を可能にしている。さらに，着眼点の示され方が，学習者がそのまま用いることのできる表現（発言やつぶやき）であることから，話し合い場面での発言の仕方や発言内容を導くものともなっている。

　また，この「学習の手びき」に示されている言葉に着目すると，自身の気づきや考えが臆見にならないように，常に提示された図表に立ち戻り，図表をじっくり眺めて考えるという図表との対話が，「ここ」「こことここ」「このあらわれ」「ここに－ことが」という言葉で誘われていることに気づかされる。こうした図表に立ち戻り，根拠を図表から得させるための「ここ」等の言葉は，「学習の手びき」の中の1～8のいずれにも用いられ，どれを用いても，「ここ」という根拠を持ちながら考え，他者にも「ここ」という根拠を示して説明するということが，学習者に求められることになる。

　このようにこの「学習の手びき」は，思考の流れを学ぶことに機能するとともに，異なる学習者の状況に対応することを可能にするように工夫されている。さらに，「ここ」という具体的な言葉を用いることで，資料という対象との対話を通して，必ず根拠を持って考えたり話したりするということが導かれるようにという複数の機能を持ち合わせたものとなっているのである。

② 検証〈個人での学習の場合〉
（A） 検証対象

　検証としては，実際に使用した学習者がこの「学習の手びき」を活用しながらどのように思考したのかということを明らかにすることが望ましい。しかしながら，展開3で行われた学習者の発表内容は残されているが，他の実践と同様に，実際に使用した学習者の思考過程については残されていない。そのため，「学習の手びき」を用いて図表を読むとどのような思考が発生するのかということについては，考察者（本書では稿者，以下同じ）が学習者として「学習の手びき」を用いて体験し，それらについて記録された学習者の発表内容において確かめることとした。その有り様は以下の「考察者が再現した学習者の思考」に記述している。

【資料4-②】「考察者が再現した学習者の思考」

　この図表を見ながら今からすることは，「こんなことが話せるように」とあるということは，この図表から，話せる中身を探し出すのだな。これは，私たちの読書力のテストの図表だから，探したことから，私たちのことがわかるということにもなるのだな。
　この図表，一体何がどこに書いてあるのだろう。たくさんあってどこから手をつけていいのかわからない。「ここを見ると，―ということが考えられるが」とある。ということは，資料全部をずっと見ていなくても，どこか一部，あるいはどれか一つの資料を見ても何か考えられる，分かるということか。それから，「こことここを合わせると」とある。ということは，どこかとどこかを合わせて一緒に見たり，つないだりしたら何か分かるということか。よし，まず（7）の資料を見てみることにしよう。正答者の数を最初から見ていったら，なんだか，だんだん後の問題になるにつれて正答者が減ってきているなあ。つまり，みんな，後の問題が解けなかったということだ。でも最初の方の問題でも，正答者がすごく少ない問題もある。23や29なんかそうだ。ということは，問題によって答えにくいものと答えやすいものがある，つまり，苦手なものと得意なものがあるということが考えられないかな。でも，最後の方の問題は，何人かしかできないぐらい難しかったか。いや，時間が

なくて最後まで行けなかったという場合もあるはずだ。だから，一カ所だけ見てはダメかも。「こことここを合わせて」とあったから，別の資料で今見つけたことを確かめてみよう。「どうだろうか」とあったもの。言えるかどうか確かめてみなくては。

　同じような資料は，（9）と（3）と（5）だ。（9）はどうだろう。正答者の数は，最初の方が多いし，問題によってばらつきがある。4などは，最初の方の問題なのに，すごく少ない。39は終わりの方の問題だけど，結構多いな。でも，まだはっきりしない。（3）ではどうだろう。あっ，終わりの方になると無回答者がすごく多い。これには，どんな内容の問題だったのかということが出ているから，どんな問題ができていて，どんな問題ができていないのか，できていないところどうしを合わせてみたら，みんなの苦手なものが見えるかもしれない。例えば，12とか30とか。では，（5）はどうだろう。（3）ほどではないけれど，無回答者は終わりの方が多くなっている。でも，そんなにはっきりしていない。それに，終わりの方の問題の21だって，32人もできている。初めの方の3の（1）の問題の方がよほど誤答が多い。ということは，できていない問題の中身を比べると，みんなの苦手なものと得意なものが見えてくるというのは，できそうだけど，終わりの方の問題ができていないということは言えないのかな。どうしてなのかな。ああ，そうか。（3）は速読テストで，（5）は読解テストだ。調べる力が違っているということだ。さっき気がついた終わりの方の問題ができていないということは，きっと，問題をするスピードが遅いということで，速読テストでの結果にそれがよく表れているということなのだ。

　では，今まで私がわかったことは，（3）（5）（7）（9）の資料，特に（3）の資料から，問題を解くスピードが遅いということと，（3）（5）の資料から，正答の問題と誤答の問題を見つけ出して合わせてみたら，みんなの得意なものと不得意なものがわかってくるかもしれないということだ。よし，どんなものが不得意なのか見つけてみよう。私が今見つけたことは，いいことではないけれど，「学習の手びき」に「喜んでいいこと」ということがあるということは，私たちの力の良いところが表れているということだろうから，今度はこれを探してみよう。

※　「学習の手びき」に記された言葉については，「　」で示す。この考察中の数字はテストの設問番号を，（1）～（9）は教材として学習者に渡された資料に付された資料番号を示している。

(B) 検証
(a) 「学習の手びき」に導かれて図表を読む初期段階

　「学習の手びき」を用いて図表を読む場合，どのような思考が発生するであろうか。実際に「学習の手びき」を使いながら考えたことを段階的に取り出すと，最初にしたことは，この図表から話せる中身を探し出すのだということについての理解である。次いで，どこに着目してどのように探し出していけばよいのか，考え方の手がかりを求めて「学習の手びき」を見た。考え方の手がかりについては，「学習の手びき」の1と2から1点に着目してそれらをつなぐという方法を得ることにより，着目する点を決めるために資料を全体的に眺め，資料の一つ一つが何を記しているものなのかということを捉えた。着目する資料を定め，それを眺めて事実から意味を見出そうとするが，選択した資料だけでは無理であることに気づき，「一カ所だけ見てはダメかも。『こことここを合わせて』とあったから，別の資料で今見つけたことを確かめてみよう。」と「学習の手びき」の2を思い出して，類似のスタイルの別の資料を見ることを思いついた。類似のスタイルの別の資料によって示された数字に意味が見え始めると，そこで初めて「どうしてだろう」とその背景を探る「学習の手びき」の4や5についての思考が導かれた。

　つまり，「学習の手びき」の1「ここ」という一カ所を見ることに従っているだけであれば，事実は見えても，そこに意味を見出すことはできず，「学習の手びき」に示された2が成立するところを求めなければ，事実に何かの意味を見出すことができない。複数の資料を比較・関連させることに気づき，そのことによって事実に何かの意味が見出せれば，そこでやっと「学習の手びき」に記された4・5・6の事実の背景や自己の意見の構築に向かうことができるということになる。実際の授業で学習者に提示された資料には，問題番号と問題の類型，正答者と誤答，無答の数が同時に示される等，複数の情報が同時に提示されている資料もあり，複数の資料を比較・関連させるという思考を導きやすくなっている。

第2節 「学習の手びき」の詳察

　こうした複数の資料を比較・関連させるという思考の展開は、記録された学習者の発表内容にも認めることができる。例えば「40人できている問題と20人以下しかできていない問題を取り上げて、能力、環境、経験、文章の内容、素材との関係を考えてみようとした」や「全員ができた問題が1問ありました。9番です。42人できたのは三問で、15番・17番・18番である。これに、41人、40人できたのを加えて、11問について、何か発見できるかと思って」等である。これらは、部分と部分を関係付け、そこから何かを導きだそうとする思考であり、「学習の手びき」の1・2・3・4・5の文言から着想を得たものである。これらの思考は、〈1つの情報から気づいた事実、複数の情報を照合させることによって気づいた事実、気づいた事実についての解釈、気づいた事実の背景の探索〉という「学習の手びき」に記された思考過程を辿ったものである。つまり残された学習者の発表内容からは、「学習の手びき」に示された文言を手がかりとして、資料を読み考えるということが成立していることが示されている。

　また、残された発表内容には「全員ができた問題が1問ありました。9番です。」「40人できている問題と20人以下しかできていない問題を取り上げて」「「非常に高い」が一人もありません」というように、図表の中に示された事実に基づいた発表であることがわかる。それらからは、「学習の手びき」の中の根拠を図表から得させる「ここ」「これ」等の言葉によって、学習者が根拠を持ちながら考え、他者にも「ここ」をという根拠を示して説明している様子を捉えることができる。

　ただ、前項の考察で挙げた「『どうだろうか』という言葉が示され、発見したことが独善的ではないかどうかを確かめる」ことについては、思考の結果となる発表内容には記されていない。しかし、思考過程を辿った【資料4-②】「考察者が再現した学習者の思考」においては、「一カ所だけ見てはダメかも。『こことここを合わせて』とあったから、別の資料で今見つけたことを確かめてみよう。『どうだろうか』とあったもの。言えるかどうか

確かめてみなくては。」という思考が存在しており，独断や事実から離れて憶測に走りそうになる際に，自己の思考をコントロールするものとして「学習の手びき」の「どうだろうか」という文言が機能する可能性もある。

（b） 図表を読むことに馴れてきた段階

　もう一点，「学習の手びき」を実際に用いて考察者が思考したことによって気づかされたことがある。それは，「学習の手びき」をいわゆる"首っ引き"で見ているという状態ではなかったということである。どのようにしてよいかわからない最初の段階では，手がかりを求めて「学習の手びき」の1や2を見る。しかし，そこから何か発見したことがあると，それを確かめるために色々な可能性を考え始め，別の資料を読み進めるという状況が生じ，自身で言いたいことがある程度まとまり，一つのことが形を見せてくると，つぎの段階に移ることや別の発見を求めて「学習の手びき」を見直し，必要な手がかりや自分が次に何をすべきかということを探ろうとした。これは，最初の段階において学習者の手を引くものであり，学習者にきっかけを得させて，学習を軌道に乗せるという「学習の手びき」の一つの機能を示したことになる。

　なぜ，「学習の手びき」をいわゆる"首っ引き"で見ているという状態にならないのかということを考えてみると，「学習の手びき」に記された文言の順序，特に1と2の存在が大きいということに気づかされる。1は部分を見ること，2は部分と部分を関係づけることが示唆されている。前述したように1だけでは事実に意味を見出すことができず，「学習の手びき」の2が成立するところを求めなければならない。「学習の手びき」によっては，示された順序は特に大きな意味を持たない場合もある。しかし今回のように図表を読む学習者の思考の形成に寄与する「学習の手びき」の場合には，「学習の手びき」に記される順序は読み方を導くという点からも重要になってくる。

（c） 読み取った内容と自己を関わらせる段階

　最後に，自身との関わりということがこの「学習の手びき」によってどのように行われたのかということについてである。「学習の手びき」には7と8に自身を関わらせてどのように考えるかということが示されている。記載されている当時の学習者の発表内容には，この点に触れたものが2つある。1つは「速さに対しては，私たちのクラスは，劣等の部です。」という発表，「大変できなかったのは，12番です。（引用者中略）つまり思考力，推理力を働かせなければならない問題です。」といった「私たち」についてのものであり，もう1つは「ぼくは人並みの人並みで，中二の三学期の仲間，でも，読書年齢はその中の低い方です。」という「ぼく」という個人について述べたものである。このように自身の位置を捉えた上で，「読むことに慣れていないからだと思います」「発表を聞いていて，もっとどういう種類の本を読まなければならないかということもわかってきました」と，その原因や自身がこれからするべきことを見つけ出している。これらの記述からは，見つけ出した事実と自身との関係を考えることが行われていることが捉えられる。

（2） グループでの学習の場合
① 考察

　まず，どのような話し合いが為されるかということであるが，最初の発言は，「学習の手びき」の1にあるようなそれぞれの状況に応じた発見であろう。それぞれの状況に応じ，一つの発見についてのみ述べる者もいるであろうし，幾つかの発見を関連させずに述べる者，複数の事実を比較・関連させて気づいたことを述べる者もあるだろう。しかし複数の事実を比較関連させて気づいたことを述べる場合には，「ここ」「これ」という事実を指し示し，そこに至る思考過程を説明することが求められたはずである。その個々の発見の披瀝と説明の後は，「学習の手びき」に記されている2～8の順番にしたがい，それぞれに対して個々の発見の披瀝と説明，出されたもの相互の比

較・関連，比較・関連からわかったことの発言と説明，それらの共有を繰り返しながら話し合いを進めていったのではないかと推察する。

　そのように考えると，「学習の手びき」の1～8の文言は，図表等を読むために必要な思考過程の提示という機能と各自の発見を促す手がかりという機能だけでなく，個々の意見を出し合うグループでの学習を行う際の，〔個々の発見の披瀝と説明，出されたもの相互の比較・関連，比較・関連からわかったことの発言と説明，それらの共有〕といった手順としての機能も同時に担っているということになる。これは，1枚の「学習の手びき」が，個人での学習とグループでの学習という2つの学習活動を導くことができるという機能の多様性を示すものである。それとともに，文学的な内容のものとは異なり，図表等の客観的な事実に基づく内容について読む場合の基本的な思考過程を，個人での活動とグループでの活動で共通して用いることは，その思考過程を習得させることに寄与すると考えられる。

　次に，「学習の手びき」に記された「どうだろうか」「どうしてだろうな」という文言に注目したい。グループでの学習では，構築した自己の考えを提示しあい，検討・吟味を行う。集団で思考するその場において対象とする「学習の手びき」に示された「ここを見ると，―ということが考えられるが，どうだろうか。」「こことここを合わせて見ると，―ことが考えられるが，どうだろうか。」は，自分の気づきを提示するための述べ方を示す際にも用いることができるものとなっている。それと同時に，「どうだろうか」と他者に投げかける言葉があることは，単に自己の考えを伝えるということだけではなく，他者とともに提示した意見についての検討・吟味のきっかけを与えることにもなる。「どうだろうか」と他者から投げかけられると，投げかけられた意見に対し，何らの対応をしないでいることは，居心地の悪さを感じる。意見を述べた学習者の思考と根拠を辿り，それを検討・吟味するように学習者の思考を仕向けるのが「どうだろうか」という言葉である。その結果，提示された一つの意見に対して皆で検討・吟味し，その意見を用いて発展さ

第2節 「学習の手びき」の詳察　　213

せたり，矛盾があればそれを指摘することになる。つまりこの「学習の手びき」の文言は，話し合うという集団で思考を行う場合の協働の思考を促し，個々の考えを他者と共有するための言葉ともなっているのである。

　さらに，「学習の手びき」に異なる段階の思考が示されていることを取り上げたい。本実践の「学習の手びき」には，前述したように「ここ」という1点から気づいた事実，複数の事実を比較・関連させることによって気づいた事実，気づいた事実についての解釈，気づいた事実の背景の探索という異なる段階の思考が示される。これら異なる段階の思考は，図表を読む際に不可欠なものであるが，そのどれを用いることができるかということは，学習者の状況によって異なる。しかし，1点からの気づきに留まる場合も複数から気づく場合も，その背景まで考える場合も，それらのいずれも考えるべきものとして「学習の手びき」に示されていることである。そのため，そのどれであっても安心して自己の気づきや考えとして他者に述べることできる。そうした自己の意見を述べることについての安心感とともに，それぞれの状況に応じた気づきを述べることにより，学習者それぞれの状況に応じた学びが成立することも指摘したい。

　「学習の手びき」には，前述したように❶～❻の6段階の思考が示されている。複数の段階の思考が同一の紙面に提示されるということによって，❶の段階で留まった学習者にとっては❷や❸を知ることができるし，❸の段階の学習者であっては，❸を出すためには❶❷を確かめ，それを他者に提示しなければ他者の理解は得られないことを学ぶことができる。❶の段階の学習者の発言が契機となって❷❸へ進む場合も，複数の学習者が❶の段階の発言をすることで，❷❸や❺❻へ進む場合も考えられる。その場合，❶の段階の学習者の発言は，❷❸❹❺❻へ続く重要な一段階，新たな発見を促す足がかりとして位置するわけである。読み取り能力等状況の異なる学習者が共に学ぶことは，それぞれに異なる段階の学びを成立させることや，相互の学びを支えるものとなることが考えられる。

以上のことから，この「学習の手びき」は，個々の意見を出し合うグループでの学習を行う際の手順として，他者とともに提示した意見についての検討・吟味のきっかけを与えるものとして，話し手と聞き手双方に共通する思考の道筋を示すものとして，そして状況の異なる学習者それぞれが安心して自己の気づきや考えとして他者に述べることできるものとして，それぞれに異なる段階の学びを成立させることや，相互の学びを支えるものとしてという多くの機能を有しているとすることができる。

②　検証〈グループでの学習の場合〉
（A）　検証対象

　本実践の記録には，どのような話し合いが行われたのかということは記されていない。そのため，実際の学習者の話し合いを用いて直接的に検証することはできない。しかし，話し合いの結果が発表されていることから，何が話し合われたのかということについては推察することができる。そのため，【資料4-③】に示す記録に残された発表内容そのものと，記録に残された発表内容に至るまでの話し合いの様子を【資料4-④】に示すように考察者が推察して再現し，グループでの学習の際に，「学習の手びき」がどのように機能したのかということを捉えることとする。

【資料4-③】「記録に残された発表内容　抜粋」（便宜上発表内容にアイウの記号をつける）

> ア「私たちは，40人以上できている問題と，20人以下しかできていない問題を取り上げて，能力，環境，経験，文章の内容，素材との関係を考えてみようとしたのです。ところが，25番あたりから無答が多くなって，終わりの方は，もうできるもできないもない」
>
> イ「速読テストで，43人，全員ができた問題が一問ありました。9番です。42人できたのは三問で，15番・17番・18番です。これに，41人，40人できたのを加えて，十一問について，何か発見できることはないかと思って見てみました。みんなの

第2節 「学習の手びき」の詳察

できた9番から考えると，読めない字がなくて，自然に関係した環境のなかのこと，そして，同じような生活経験のあること，その上，文学的な内容であると，私たちは，こんなによくできるのだなと思います。42人できた問題も，どれも読めない字はありません。そして三問とも，そして前の9番もそうですが，思考力，推理力を働かせなくてもできる問題です。ですから，逆に考えると，読めない字があったり，思考力，推理力を働かせなければいけない文章であると，弱いということかもしれません。」

ウ 「速読テストの各表を，分布表と比べてみますと，私たちのクラスには，五段階評価の5に当たる「非常に高い」が一人もありません。「やや高い」が，やっと一人です。一番多いはずの「ふつう」が8人で，「やや低い」が12人，あとは「非常に低い」です。組の半分は「非常に低い」です。速さに対しては，私たちのクラスは，劣等の部です。これはやっぱり読書が足りないのだと思います。読むことに慣れていないからだと思います。

【資料4-④】「記録に残された発表内容のイに至るまでの話し合い　推測」（abcdの4名での話し合いを仮定した）

c　「速読テスト」を見ると，正答が多いものとそうでないものがある。全員正答のものもあるのに，3人しか正答していないものもある。どうしてかな。
a　本当だ，最初の方は正答が多いけれど，最後のあたりにいくと正答がものすごく少ないね。
b　私が気づいたことなのだけど，「速読テスト」は，無答が最後になると多い。見て，正答と無答の数，最初と最後では逆転みたいでしょう。
c　それは，私が見た「読字テスト」にも言えることなのだけど，「読字テスト」の場合は，最後になると正答が少なくなる。でもね，そうでもなくて，23とか29とか44とか，最後ではないのに，パラパラ正答が少ないものがある。どうしてかな。
d　数を見れば，そうだけど，「速読テスト」の（　）のアルファベット，問題の類型ね，それと比べてみたら，何かわかるのではないかな。「速読テスト」の問題がどういう内容なのかを見たらどうだろう？
a　でも，「速読テスト」の9，全員正答の問題ね，それと，「速読テスト」33，5人しか正答でないもの，問題の類型は両方とも同じ（ACEJ）だよ。
b　「速読テスト」って，読む速度を調べる問題で，最後になると無答が多くなっ

ているのは、そこまでたどり着けていないってことでしょう？　だから、読むのが遅い人が多いってことだと思う。違うかな。
a　それは、問題の類型を比べることは意味がないってこと？
b　比べるのだったら、最初から18番までぐらいの正答の多い問題の中で類型を比べたら、何ができてできないかがわかるかもしれないという意見です。
c　1〜18までの問題の類型を見て、いろいろな組み合わせがあるよ。
d　それなら、1〜18までで、40人以上できているのだけを絞って、問題の類型を比べてみたら？
c　それだと、1と345と、8　9　10 15 16 17 18の11問だね。
a　表にして整理してみようか。誰か問題の類型を読み上げて。
（読み上げ作業）
c　見て、全員ができている問題9と42人できた15番・17番・18番を見ると、Aだけ共通している。他はC、EとかF、Iが多い。全然ないのがBとGだ。
b　つまり、私たちは、読めない字がなくて、自然に関係した環境のなかのことで、自分と同じような生活経験のあること、文学的な内容であればよくできるということだね。
d　逆にできないのは、思考力、推理力を働かせるBと数理的内容のGということになるね。

（B）　検証

以上の【資料4-③】【資料4-④】から「学習の手びき」を活用しての学習状況を推察する。

まず、記録に残されている当時の学習者の発表内容【資料4-③】では、データに基づいた発表をしており、「学習の手びき」の中の根拠を図表から得させる「ここ」「これ」等の言葉による根拠を持ちながら考え、他者にも「ここ」をという根拠を示して説明することが行なわれる可能性のあることがわかる。また、ア「私たちは、40人以上できている問題と、20人以下しかできていない問題を取り上げて」など、イとウの冒頭の記述からは、「学習の手びき」に示された図表等を読むために必要な思考過程〔注目→比較・関

第2節 「学習の手びき」の詳察

連→背景の推理→判断（自己の考えの構築）→自身との関わり→確認〕を辿って考えることも充分に考えられる。個々の発見を関係づけてそこに「何か発見できること」を探ろうとしているということである。さらに，「学習の手びき」の7や8の言葉によって，イ「読めない字があったり，思考力，推理力を働かせなければいけない文章であると，弱いということかもしれません。」ウ「速さに対しては，私たちのクラスは，劣等の部です。これはやっぱり読書が足りないのだと思います。読むことに慣れていないからだと思います。」となることからは，自己の状態と対話し，自己の有り様について考えている様子が考えられる。

次に，話し合いを推測した【資料4-④】である。グループでの学習に登場させた abcd の4名には個々の能力の差や性質の差があることを考え，それぞれ次のキャラクターを配した。

a　　：出された意見を確認しながら考えていくキャラクター
b・d：比較・関連させて考えることを積極的に行うキャラクター
c　　：見つけ出すことはできるが，比較・関連させて考えることが十分
　　　ではないというキャラクター

状況の異なる個々がどのような気持ちでどのように発言していったのか，個々の発言がグループの中でどのように生かされたのかということについては，もちろん推測になる。しかし，展開2で用いられた「学習の手びき」の文言を活用すれば，資料の1点のみに着眼して発言することや複数の情報を関係づける発言ができたのではないだろうか。他者とともに提示した意見についての検討・吟味を行うこともできたであろうし，c のように比較・関連が得意ではない学習者も，b や d の発言に反応してその場で気づいたことを，「学習の手びき」に記してあることによって，安心して自己の気づきや考えとして他者に述べることできたのではあるまいか。

このように，「学習の手びき」を活用したグループでの学習を再現してみると，状況の異なる学習者それぞれが，それぞれ個別に持っている力に基づく思考や気づき，疑問を出し合い，それぞれに異なる段階の学びを成立させることや，相互の学びを支える姿を推測することができる。

4 「学習の手びき」に見出される工夫

(1) 見出される工夫

1点目として取り上げるのは，対象とした「学習の手びき」に使われている言葉である。それらは例えば，「まず1点を見なさい。そこからわかることを出しなさい」「次に2点を見て比較しなさい」という指示を露骨に表現したものではない。指示的表現ではなく，まるで学習する者の中から沸き出したような言葉が示してある。図表を読ませるのではなく，その言葉を用いていつの間にか図表を読んでしまっているという現象が，この「学習の手びき」を用いることによって成立している。「まず1点を見なさい。そこからわかることを出しなさい」では，どのようにそこで考えるのかという考える実際まではわからない。それが，「ここを見ると，―ということが考えられるが，どうだろうか。」「こことここを合わせて見ると，―ことが考えられるが，どうだろうか。」と考えるその具体が，自分たちの言葉になって示されることで，学習者はどのように考えるのかということを気にすることなく，いつの間にか示された考え方を用いて考えてしまっているのである。こうした「～しなさい」ではなく，学習者の言葉によってどのようにそれをするのかという具体を示すことは，この「学習の手びき」だけではなく，考え方や発言の仕方を導く際の大村の「学習の手びき」には，よく用いられている。そうした「学習の手びき」は，いずれも，学習者どのようにそれをするのかということを気にすることなく，させられているという感覚を持つのでもなく，いつの間にか示されたものを用いることにより，自身がそのことをしてしまっている状態にさせるための工夫であると考える。

第2節 「学習の手びき」の詳察

　2点目に挙げられるのは，「学習の手びき」が多機能であるということである。「学習の手びき」に記された思考の手順を見ると，1点に着目してそれらを比較して背景を推理して判断という〔注目・比較関連・背景の推察・意見構築・自己との関係・確認〕の流れが示してある。これは，図表や資料を読むときの着眼点であると同時に，読んで考えるときの1つの道筋であり，それとともに相互に考えたことを他者に説明するときに踏むべき段階でもある。読む際の着眼点を提示することが読み方と説明の仕方という2つの仕方を同時に1枚の「学習の手びき」で示すことになり，それが，個人思考とグループ内での話し合いという複数の活動を導くことになっている。1枚の「学習の手びき」であるが，そこに見出せる機能は一つではない。また，この「学習の手びき」を用いることにより，結果的に，〔注目・比較関連・背景の推察・意見構築・自己との関係・確認〕という図表や資料を読むときの読み方を，個人思考の場面と話し合い場面の2つの活動場面で使うことになり，繰り返し図表や資料を読むときの読み方を活用することで，学習者の読み方の習得をサポートしているのではないかと考えられる。

　3点目に取り上げたいのは，「ここ」等の事実を見つめるための言葉が，「学習の手びき」の中の1～8のいずれにも用いられていることである。「ここ」「こことここ」「このあらわれ」「ここに—ことが」という言葉により，学習者は常に提示された図表に立ち戻り，図表をじっくり眺めて，そこに表れている事実を取り上げて考える対象との対話が促される。「ここ」という言葉は，事実から浮遊した感想や感覚ではなく，常に事実と対面することを徹底して促す。「ここ」という言葉は，いわば図表に示された事実を見るための窓なのである。客観的な事実を見る場合にはどのように見ることが正しいのか，そのことを「ここ」という窓から見る体験を促しているとも言えよう。以上のことに付け加えれば，「ここ」という窓からで対面を求められる事実がテストを受けた学級の読書力であり，学級の読書力を通して見える自身の読書力であることである。しかし，示された学習者個々の読書力は，個

人名の個々の学習者のそれが示されるというのではない。示されるのはどこまでも傾向である。だから学習者は，個々の読書の力が様々なデータとして露わに示されても，特定の個人の差異が数値で示されるといった不安はない。こうした安心感と自分たちの問題という意識を持った状況の中で，「ここ」「こことここ」「このあらわれ」という言葉から，図表に示された客観的な事実を見つめ，自身の読書力との対面を促されていく。全体傾向のデータという教材化と「ここ」という窓を通して，学習者個々が自身の読書力との対話を行うという仕組みを，この「学習の手びき」に見出すことができる。

（2） 個性化につながる個別化を実現するための工夫

「学習の手びき」に示された言葉は，読む際の手がかりであると同時に発言や説明をするときの仕方としても用いることができる。そのため，どのように発言や説明をしてよいかわからないという学習者にとってはモデルとして，また資料をどのように見て考えたらよいのかわからないという学習者にとっては着眼点，考え方として用いることができる。「学習の手びき」に示された言葉が変わるわけではないが，その用いられ方は，個々の状況に応じて変わってくる。

先述したように，この「学習の手びき」には，学習者個々の読み取る能力に応じて異なる着眼点が6点（注目・比較関連・背景の推察・意見構築・自己との関係・確認）示してある。異なる思考を導く着眼点により，学習者は自分の読み取り能力等，状況に応じた思考と発見をすることができる。その思考と発見は，たとえ小さなものであっても「学習の手びき」に記してある言葉を用いることにより，「学習の手びき」に示してあることをしているという皆に認知されたものとして安心して堂々と検討の場に出すことができる。一方複数の情報を関係付けた学習者にとっては，「学習の手びき」に記してある言葉を用いることで，自己の考えを他者にどのように説明するのかという説明の仕方を学ぶことができる。つまり，「学習の手びき」は，このような

学習者個々の異なる状態に応じた学習を提供するテーラーリングを成立させている。

　また，異なる着眼点が示されるということは，読み取る能力に応じてもその学習者の関心や状況によっても，学習者個々が思考・発見することに異なりを生じさせるということである。学習者個々の思考・発見が異なるということは，異なる学びがその場に出されるということである。学習者個々が気づいた別々の事実を関係づけることによって新たな何かや見出した事実の背景の推察につながるという可能性である。学習者の発表内容にあるように「速読テストで，43人，全員ができた問題が一問ありました。9番です。42人できたのは三問で，15番・17番・18番です。これに，41人，40人できたのを加えて，十一問について，何か発見できることはないか」という思考が導かれ，学習者個々が気づいた別々の事実に価値や意味が見られるようになる。学習者個々の個別の気づきに対し，それぞれに価値や意味が与えられるというオーケストレーティングの成立である。

　このように学習者個々の読み取る能力や学習者の関心や状況によって，異なる思考・発見を促すような「学習の手びき」の言葉は，異なりのある学習者個々に即応した学びを成立させるとともに，学習者の状況の異なりを学びの深化・拡充に不可欠な存在として位置付けさせている。

第2項　「古典への入門－枕草子によって－」の場合

1　概略

　本授業は，1976年10月に，2年生を対象として実施されたものである。本実践は，『大村はま国語教室』（全15巻別巻1）に記載されている大村の古典に関する実践の中で最後に位置している。

　大村は，中学校における古典の学習指導のねらいについて「親しむ」ということを重視することを主張している。したがって，本授業においても，古

典に親しませることがねらいとなっていることは間違いないことである。しかし，古典に「親しませる」ことを大村がどのように考えていたのであろうか。これについては，大村の次のような記述を参考として捉えることができる。

> 目黒第八中学校にいたころ、昭和二十年代のこと、新しい制度のなかの中学生の古典教育は、何よりもまず古典に親しませることだ、古典の読解力をつけようとしてむりをすれば、かえって、古典から離れさせてしまうであろうと考え、資料の作り方、学習の方法に打ち込んでいた。ある日、たわむれに、「わたしのクラスのおとうふやさんの和良や八百屋さんの蒼が、今から三十年もたったとき、店を片づけて、夜のひととき源氏物語を徒然草を、枕草子を開いている―というようなことがあったら、どんなにすばらしいことだろう」と話したことがある3)。

また，大村がこの授業内容を発表した際に参観者に配布した資料「国語科実践研究発表会―あらましと提案―」には，次のような記述がある。

> 単元名は、よくある『古典に親しむ』のほうが直接的で、わかりやすかったかもしれません。しかし、古典への門、開かれていて、だれもがはいっていける門、どれほど奥深くはいっていく人であるにしても、はいるときは、この門から、というようなことを私は考えておりました。

これらからは，大村がめざした古典に親しませるということが，ただ単に，学校で与えられて読み，それを理解すること，すらすら音読できるようになることをさすのではなく，学習者の生活に密着した形として古典が存在し続けること，何かの慰め，智恵を求め，自ら求めて古典を読むようになるところまでを意識においたものであることがわかってくる。つまり「親しむ」とは，生涯の友として親しむことをめざしているわけである。

本授業においては，「学習の手びき」が4枚配布されている。そのため，「学習の手びき」については，実際に使われている一二三四の番号を付して

区別する。また，授業展開が全体と個別に分かれていること，そこで用いる資料が異なっている。その整理の都合上，【資料4-⑤】の学習活動について❶〜❾までの番号を付す。

【資料4-⑤】「古典への入門―枕草子によって―」の学習展開

	学習活動	言語活動	教材と「学習の手びき」
学習準備	❶学習の流れを理解する。	読む・聞く	教材と「学習の手びき一」
展開1	❷枕草子について基礎的な学習をする。	読む・聞く・書く	
展開2	❸全員で「春はあけぼの」を読み，これから行う学習のためのモデル学習を行う。 1）全員でよくよく読む。 2）個人で，読んでいるうちに，6観点（※）で心に浮かんだことを言葉で捉え，カードに整理する。	読む 書く	
展開3	❹グループの担当箇所を決める。 ❺グループごとに学習する。 1）全員でよくよく読む。 2）個人で，読んでいるうちに，6観点（※）で心に浮かんだことを言葉で捉え，カードに整理する。 3）グループの担当した箇所についての発表資料を作成して綴じて提出する。 ❻グループごとに発表準備と発表。 1）発表班は発表準備 2）発表班以外は他の部分の予習をする。	 読む 書く 書く 話す・聞く 読む・話す・聞く	教材と「学習の手びき二」
展開4	❼全員による朗読会。	読む・聞く	
展開5	❽言葉についての話し合いをする	話す・聞く	教材と「学習の手びき三」
まとめ	❾これまでの学習を振り返りながら学習のまとめを書き，印刷して	読む・書く	教材と「学習の手びき四」

| | 提出する。 | | |

※ 6観点とは,「学習の手びき一」に記された内容と言葉(表現)について,それぞれ共感するところ,意外に思うところ,疑問に思うところである。

　本授業においては,全体での一斉学習と個別学習とグループ学習が設定されている。学習❶❷❸❼❽❾は,同一教材を用いての学習であるが,学習の❹❺❻については,同一目標ではあるが用いる教材がグループごとに異なる。
　また,本授業では,展開1では「枕草子」について基礎的知識を収集し,展開2と3では「枕草子」を読み内容理解,展開4では「枕草子」を鑑賞,展開5では「枕草子」から学び,まとめにおいてこれまでの学びを整理するという流れとなっている。ここからは,鑑賞や学びに向けて,繰り返し読みながら内容についての理解を深めていく様子や,モデル学習を配置してグループでの学習となった場合に戸惑わないように配慮している様子が捉えられる。

2　本授業における「学習の手びき」について

(1)　「学習の手びき」の使われる場面

　「学習の手びき一」は,学習準備と展開2,さらに展開3の前半で使われている。展開2の学習活動は,学習者個々が「学習の手びき」に手を引かれながら教材として示された「枕草子」を読み取り,その後に展開3の前半で,個々に考えたことをグループで検討する段階で用いる。「学習の手びき二」は,展開3で展開5のための発表資料を作成する段階で用い,「学習の手びき三」は,展開5の話し合いの準備と話し合い場面で用いる。「学習の手びき四」は,学習を振り返りまとめる段階で用いる。したがって,これら4枚の「学習の手びき」は一枚目と三枚目,二枚目と四枚目の2類にわけることができる。「学習の手びき一」と「学習の手びき三」は「C：読むため考えるため等の着眼点」を持ち,学習者に自らの考えを持たせるために提示され,

第2節　「学習の手びき」の詳察

「学習の手びき二」と「学習の手びき四」は、「学習の手びき一」と「学習の手びき三」によって個々が感じたことや考えたことを整理するために提示されている。

先述したように、詳察においては、最も多く出現している「C：読むため考えるため等の着眼点」、あるいはCを含むものを対象とすることとすることから、本項での詳察対象は、「学習の手びき一」整理番号（73-1）と「学習の手びき三」（73-3）とする。

（2）「学習の手びき」の実際（整理番号（73-1）～（73-3））

「学習の手びき一」については、大村が『大村はま国語教室　第三巻』の読者に対し、解説を（注）として記している。そのため、「学習の手びき一」については、この（注）を同時に示すこととする。

「学習の手びき一」整理番号（73-1）（縦書きのものを横書きで示す）

「学習の手びき」	（注）の記述
「枕草子」を読む　学習の手びき一 枕草子（読み）（注1） 時代（注2） 作者 文学形態の種類（ジャンル） 一　よくよく読む。声に出しても読む。（注3） 二　読んでいるうちに気づいたこと、心に浮かんでいたことを次のようなとらえかたで整理してみる。（注4） A（注5） 　そうだ、ほんとに。 　まったくそのとおり。	（注1） 読み方を記入する。「まくらの」と「の」を入れて読むことを注意。すでに、何回も耳から入っているので、めいめいに書かせて、あとのついでに見て回る。何とよむかと尋ねたわけではない。 （注2） 時代・作者・文学の形態の種類、それぞれの下に記入。尋ねないで、念を押しながら板書。 （注3）

そう，そんなかんじ。
それは，だれだって，そういう気がするにちがいない。
それは，そうだったろう。
私もそう思ったことがある。
どんなにか（残念）だっただろう。
　　　　　　　　　　（　）の中は例
B
それは意外な。
それがそんなに（うれしい）かなあ。
そのとき，そんなに（感動する）かなあ。
ええ？　そんなに（早く？）
そんなことで（びっくりする）のか。
これほどのことが，なんともないとは。
C
どういうことかな，ピンとこない。
どうなっているのかな。

三　言葉について。次のような言葉を拾ってみる。
A　今も同じ意味で使われている言葉
この言葉，こんな昔から使われていたのか，今と同じに。
（注6）
B　形は同じでも，意味が今はちがっている言葉
ああ，知っている言葉だと思ったら，それは見たところだけで意味はたいへんちがっていた。でも，同じ意味で使われているときもあるようだ。ちょっと改まったときには，同じ意味かな。
C　現在使われなくなっている古語。

とくに朗読ということではなく，黙読が自然に破れて口を動かしだしたといったような形。
（注4）
Aは七種類。Bは六種類。Cは，二種類あるが，これはもちろんそれぞれ同じ意味である。したがって，一つ一つ，考えていくのではない。「読んでいるうちに気づいたこと，心に浮かんだことを書きなさい」では自分の心にあるものがとらえにくい。
「そうだ，ほんとに」と思ったことを考えてみると，心にあるものを拾い上げやすい。また，ほかの子どもは同じことでも「まったく，そのとおり」という言葉の方が親しめるというのか，自分の言葉のような気がして，よくとらえられたりする。共感していることは同じでも，「それは。そうだったろう」とか，「私もそう思ったことがある」などが，自分の共感のしかたにぴったりあったりする。

読みながら，気づいたこと，心に浮かんだことなどあったなあというような，ないことはないが，とらえにくい気持ちでいるとき，このいろいろな言い方は，発掘すること，とらえること，それぞれに整理すること，まとめることに役立つ。
（注5）
これについての話し合いは，一九八ページ以下参照。

こんな言葉があったのか。

四　それぞれ分担したところについて発表しあい、（注7）話し合う。
　○発表の中に朗読を必ず入れる。
　○二と三については資料をくわしくし、説明は、主なところだけをじゅうぶん話すようにする。
[注意]　書き並べた言葉などを、はしからずっと読んだりしない。どれを取り上げるかが大切なこと。その取り上げたものについて話しているあいだに、そのほかのものにも、自然に目が通されるように話せるとよい。

（注6）
これについての話し合いは、二〇二ページ以下参照。
（注7）
この発表・話し合いはどういうことかを調べ、研究できたかということよりも、こうした話し合いをしながら古典に親しんでいる時間を持ち、しばらくほんとうに古典と交わっている時間を持たせるのがねらいであって、雰囲気を大切にした。

「学習の手びき二」整理番号（73-2）（縦書きのものを横書きで示す）

「古典への門―枕草子を読む」　学習の手びき二
◇　てびきの一の四、変更。発表を二つか、三つか、あるいは、四つのグループの話し合いにします。話し合いの形をとった発表です。
◇　発表資料作成のてびき

1　第1ページは表紙
　○　上・下に帯カット。
　○　その間の上部に題、下部に氏名。

　言葉の例は、たくさんあると思うが、（ことにAは）、なるべく、感動のあったものをえらぶ。「ああこの言葉は平安の昔からあって、昭和五十一年にもやっぱり使われているのか」というように、とくに、心にしみた言葉、興味深いことに思われた言葉をえらぶ。
5　量は全部で、二枚か三枚程度。
6　ページは、グループごとにつける。第三グループならば、3-1、3-2というように。
7　前回、ページの数字を、わくの中に小さく書いた人があります。はっきりと、大きめに書きなさい。下に、例を書いておきます。第三グループの場合

1
｜
｜
｜
3　　　　　　（注1）
　下のわくの中には，横線を引く長さにして，わくの外に，数字を書きなさい。
8　プリントは，グループごとに，折って，綴じて出すこと，友達に配るほかに，お客様のが一五〇部いります。
9　プリント，いったん，提出すること。友達に直接配らないこと。全部揃ったところで，いっせいに配ることにします。
10　修正液を使うのが，おそくなるともと。しっかりした原稿でおちついて書く。
（注1）
　プリント原紙のいちばん下に，ページを書くためのちいさなわくが印刷してある。今，一と書くので，そのわくの中に，いっぱいに横線を引くと，一も長さもよく揃うのである。

○　面いっぱいにひろげないように。
○　周囲を広くとる。
2　てびきプリントの一の二のABC。つまり次の内容のABCを書く。
○　上下二段に。このてびきを書いている形。中央に横線を引かないで。あいているところは，20字目と21字目です。
内容A
（1）そうだ，ほんとに。
　　　どういうところ，と，要約して書く。
（2）まったくそのとおり。
　全部書かなくてよい。また，同じのがあってもよい。
3　内容Bも，内容Cも，書き方は同じ。
4　言葉
　言葉の例は，言葉だけ書き抜くのではなく，文脈のなかで。

「学習の手びき三」整理番号（73-3）（縦書きのものを横書きで示す）

7　笑い方に，いろいろあるんじゃありませんか。
8　…のところはどうもわかりません。いいえ，言葉の意味はわかって，筋もわかっているのですが，なんか，もや

発言のいろいろ　話し合いのてびき
　これは筋の通った一つの話し合いの例ではありません。今度の話し合いで，どんなことをどんなふうに言ったらよいか，見当をつけるためのものです。

第2節 「学習の手びき」の詳察　　229

題名どおり，「話し合いのための発表のてびき」です。いろいろの発言がただ並べてあります。羅列してあります。

1　私もそう思います。そこのところは，ほんとに誰でも，そうだ，そうだと思うと思います。
2　私たちの担当したところに，…というところがあるのですが，似ていると思います。…こういうところなんかとても通じていると思います。
3　…とすると，…などは，どう感じますか。
4　私たちのところに…こういうところがあるのですが，今，話に出ていることと，対照的だと思います。どうでしょうか。
5　ちょっと矛盾している気もしますが，両面，どっちもあるんじゃないでしょうか。
6　今出ている，…のこと，私はとても意外な気がしたのですが，こんな場合，私は笑わないと思います。

もやして，気持ちがはっきりつかめないのです。
9　「ほんとうにそうだ」と思ったところとして，私はまず，…のところをあげます。
10　この言葉が平安時代からあったんだ。つまり，そのもっと前からあったのだ，ずうっと使われてきたんだと思いますと，…
11　私も，同じような感じを持ちました。ところで，この言葉はどうですか。
12　私は○○という言葉がおもしろくてたまりません。どうしても…を思い出してしまいます。
13　…という言葉，意味はよくわかっているのですけれど，感じがついてこないで，困ります。
14　この…という言葉が好きです。
15　その言葉は，まだ古語になっていないように思いますが。今もある場面で使われているように思います。たとえば…

「学習の手びき四」整理番号（73-4）（縦書きのものを横書きで示す）

「古典への門」まとめのてびき
1　まえがき
　○この古典「枕草子」が内容の面からも，言葉のうえからも，じつは自分たちに近いこと，しかし，同時に，やはり時のへだたりを感じる面もあること。
2　一，として学習のてびきの一の二を書く。
　資料のプリントと同じ書き方。プリントを活用する。
　自分の担当したところに限らず

3 「学習の手びき」の考察と検証

(1) 個人での学習の場合（「学習の手びき一」）
① 「学習の手びき一」の考察

　この「学習の手びき」は，「枕草子」を理解し，古典の世界を自らのものとするための手がかりが示されたものである。手がかりについては，「学習の手びき」の中の「二」の部分に内容について，「三」の部分に言葉について示されている。

　内容については共感（A）や意外なこと（B），疑問（C）の3類，そして言葉については，現代と同じもの（A），意味が異なるが形が同じもの（B），現在は使われなくなった古語（C）の3類である。そのいずれにおいても，それぞれ学習者個々が，心に浮かんだものを「自分の言葉のような気がして」「自分の共感のしかたにぴったりあったりする」状態で拾い上げたり，発掘できるように，複数の表現が示されている。また，これら示された手がかりについてはいずれも，古典の世界は〜なのだ，という古典と現代を切り離したこととしてではなく，「それは，そんなに（うれしい）かなあ」「どういうことかな，どうもピンとこない。」というように，現代に生きる学習者の感覚から古典を見たときの言葉である。そのことによって，学習者に古典を古典として切り離したものとして見つめさせるのではなく，古典の世界と現代の自分のいる世界を結びつけながら考えることを誘うこととなっている。このことは，学習者に，「『そうだ，ほんとに』と思ったところは，」と探しながら教材を読むことを促したり，「「それがそんなにうれしいかなあ」，私は〜と思うから，ちっともうれしくないけれど，どうして清少納言はこんなことが嬉しかったのだろう」等と，その学習者の理解に応じて自身のアタマや心の中にある経験や価値観と対比させながら読むことを促す。「学習の手びき」に示された表現は「そんなことで（　　）するのか」等のように枠だけであるので，それを契機として個々の経験や価値観をその理解状況に応じ

第2節 「学習の手びき」の詳察　　　231

て関わらせながら読むことになり，出てくる共感や疑問等は，その学習者個々の経験と価値観を通った学習者独自のものとして存在することになる。理解状況が異なっていても，学習者個々の経験と価値観を通ったことで，単なる読みの正確さや深さを示すものではなくなる。自分がどのように読んだのかということが示されるのであり，そこに優劣が示されるものではない。

　こうした内容面との対面に続き，「学習の手びき一」の「三」には「Ａ　今も同じ意味で使われている」「Ｂ　形は同じでも，意味が今は違っている」「Ｃ　現在使われなくなっている」の3類が示されるが，いずれも学習者が出会った古文中に言葉と現代の言葉を比較することが求められる。比較することによって学習者は言葉の歴史や進化に着目せざるを得なくなる。これらのABCのうち，Bにおいては古語辞典を用いたり，語釈や口語訳を参照するという作業が必要になるが，AとCは，語釈や意味を考えずに古文だけを眺めるだけでも，古文中に言葉と現代の言葉を比較することが可能であり，言葉の歴史や進化について考えることができる。ABCのいずれにおいても，自身の知識や関心を通して感じたり気づいたりことであり，全員に同じことが求められるわけではない。言葉を捉えること，言葉の持つ力についての気づきや世界観の変容のいずれにしても，その個の持っているこれまでの価値観や生活経験が窓口となるのであり，気づくことは個々それぞれに異なる。そのため，知識の保有量によって違いは生じるであろうけれども，知識の保有量によって直接個々の学びが比較されるものではなく，それに対して優劣が付けられるような性質のものではない。

　内容と言葉のいずれにおいても，学習者個々の経験と価値観を通ったものが示されることは，異なる学習者相互の交流場面では，正解の確認ではなく学習者個々独自の背景を持った個性的な見方や考え方として示されるということである。それら自己と異なるものと関わることは，学習者個々の認識や見方，考え方も豊かにするであろうし，他者理解にもつながる。また，指導者にとっても，学習者個々の経験と価値観を通ったものは，その学習者がど

のような読み方をし，どのように考えるのか，それはどのような経験や価値観によるのかということを捉える貴重な資料にもなる。

② 検証
(A) 検証対象

この「学習の手びき一」を用いながら，学習者が実際にどのように考えたのかということについては，他の実践と同様に資料は残されていない。そこで大学院生（4名）に，「学習の手びき」を用いての学習を体験させながら，どのような思考が生じるかということについて「学習者としての思考」として記述させ，それがどのような古典の世界への関心や感覚，国語としての力につながると考えるかを「学習者としての思考の客観視」として記述させた。【資料4-⑥】に院生が記したものの中で代表的なものを挙げる。

【資料4-⑥】については，「学習の手びき一」に記されている「二　読んでいるうちに気づいたこと，心に浮かんでいたことを次のようなとらえかたで整理してみる。」を考えた部分は内容についてとし，「三　言葉について。次のような言葉を拾ってみる。」を考えた部分は，言葉についてとして整理している。

【資料4-⑥】「「学習の手びき一」による学習者の思考」

	学習者としての思考	学習者としての思考の客観視
内容について	① 自分にしか分からない特別な情景を発見した優越感をわざわざ書いてしまう清少納言ってやっぱり嫌味でおもしろいな。私もそう思ったことはあるな。	⇒それを書いた清少納言の感覚が身近に感じられる。
	② 雨の降りかかった蜘蛛の巣は私も好きだなあ。「まるで白い玉を糸で貫いたように見える」のは，まったくそのとおりだな。でも，	⇒自然に古文の文章や古典の世界の人を自分の生活に迎え入れている。清少納言の感覚に疑問をもつことで，「なぜそう思ったのか知りたい」という気

第2節 「学習の手びき」の詳察　　　233

	「しみじみとした感じがしておもしろい」のは，どういうことかピンとこない。	持ちが生まれて，古文の世界の人への興味に繋がっていく。清少納言の感覚と比較することで，自分自身の感覚・感性が浮き上がってくる。
③	虫がいっぱいでてきて気持ち悪い。鈴虫と蜩と松虫ときりぎりす（コオロギ）は綺麗な音を出すし，蛍は綺麗だからわかるのだが，その他の虫に関してはなぜそれを取り上げたのだろう。意外。糞虫を「鬼が生んだ子」と表現する清少納言は変な人だと感じる。蠅は気持ちが悪いと私も思ったことがあるので，清少納言に共感した	⇒清少納言の感性が少し変わっているということを感じ，彼女に興味がわくので彼女がどういう人物であったのか知的好奇心が刺激される。独特の感性に共感して，他の文章も読んでみたくなる。現代と通じるものを感じた。
④	蟻が水上を歩いているのを見たことがないので，清少納言はよくそんなこまかいところまで見ているのだなと感心した。また，周囲の人に見たことがあるかを尋ねたくなった。	⇒実際に見てみたくなる，蟻の構造がどうなっているのか調べたくなる。また，周囲の人たちと交流をすれば，コミュニケーション能力の向上につながる。
⑤	確かに噂話や内緒話をしているとその人が急にやってきてびっくりしたり，後でその人の耳に入ったりして気まずくなることがあるので，この部分にはとても共感できる。	⇒自分が生きている現代と，古典の世界とを結ぶきっかけになる。自分には無関係だと考えてしまうと学ぶ意欲や興味がもてないが，「ここは時代が違っても今と共通する感覚がある」「ここには共感できない」というところを見つけることで，今と昔とを比べて考えることにつながる。
⑥	確かに，台風が来た時は雨戸の外はどうなっているんだろうと思って，窓を開けたくなる気持ちは分かる。清少納言の言うように，締め切った無風の部屋に冷たくて勢いのある風が入ってくると，涼しく心地よく感じられるのかもしれないな。	⇒単に読むだけでなく，文章や筆者の考え方・物の見方に対する自分の意見や考えを持つことにつながる。

言葉について	⑦	「ばかり」って，今の言葉と意味が違う気がするな。「〜だけ」とは違うのだな。	⇒言葉に対する関心を持つことになり，その古語を自然に覚えることにもなる。それとともに，自分の生きている世界にも，こうした言葉の変化が生じていることに気づき，言葉の変化に関心を持つきっかけができる。
	⑧	「けざやかに」，こんな言葉があったのか。今使っている「あざやかに」と似ているな。いつの時代から「け」が「あ」になってしまったのだろう。	⇒古語と口語訳を照らし合わせて読み，自然に古語の意味を理解することができるようになる。言葉の持つニュアンスに敏感になる。いつごろから言葉が変わったのかに興味がわく。
	⑨	「コオロギ」と「キリギリス」はもともと「きりぎりす」と「はたおり」と言われていたことが意外だ。	⇒昔の人の生活，感性，物の見方と自分のそれとを比較することで，古典がより身近なものに感じられる。
	⑩	綿衣や生絹の単衣など，当時の衣服に関する単語があるな。どんな着物なのだろう。見てみたいな。	⇒古代の生活への興味関心をひくことができる。
	⑪	月の異名を勉強したけど，昔も今と同じように3月・10月のような言い方もしていたんだな。昔と変わってしまったことと変わらないものがあるのだな。	⇒古代から現代まで，変わっていったものと，変わらないものとがあることに気づかせることができる。
	⑫	「もどかしく」という言葉が「非難したく」と訳されているけど，今使われている「もどかしい」は，何か行動がしたかったり，それが思うようにいかなかったりして気持ちがうずうずすることではないのかな？　今の「もどかしい」と昔の「もどかしく」は違う意味なんだと思った。	⇒その言葉への理解。そして，言葉というものへの関心を高める。同じ言葉でも時代によって意味が違うことがあることを知り，それによって言葉の面白さや不思議に触れ，言葉について調べてみたい，もっと知りたいという興味がわいてくる。

第2節 「学習の手びき」の詳察　　235

(B) 検証

(a) 自己との対面段階

　国語科教育を専攻する大学院生であるので中学生とは異なる。しかし彼等が記述した「学習者としての思考」からは，「学習の手びき」に記された言葉を手がかりとして自分の知識や感覚，現代の生活と比べながら教材を読んでいる様子，あるいは，筆者や古典の中に現れるものに対して関心を持ったり知的好奇心を刺激されるという様子が見出される。

　内容についても言葉についても，大学院生は「学習の手びき一」に記された表現をそのままに用いているわけではないが，「学習の手びき一」に記された言葉によって，清少納言の感覚を見つけ出し，共感・意外・疑問という窓を通して自己の知識や感覚に対面する契機を得ている。着眼点や考えた内容については，当然中学生と大学院生という違いがある。しかし「学習者としての思考の客観視」の中の「清少納言の感覚と比較することで，自分自身の感覚・感性が浮き上がってくる」という記述にあるように，清少納言の感覚と比較することで，中学生も「自分自身の感覚・感性が浮き上がってくる」という体験をしたのではないだろうか。

　「枕草子」は，清少納言の主観によって様々な現象や事実が切り取られたものであり，それを読むということは，清少納言の感覚を捉えるということである。院生の記した「学習者としての思考の客観視」の中に，「『ここは時代が違っても今と共通する感覚がある』『ここには共感できない』というところを見つけることで，今と昔とを比べて考えることにつながる。」という記述がある。清少納言の感覚で切り取られた現象や事実と交錯させるのは，「学習の手びき一」にあるように，「読んでいるうちに気づいたこと，心に浮かんでいたこと」という読み手自身の感覚である。「学習の手びき」に記された言葉をきっかけに，そうした書き手の主観と読み手の主観を対面させることで，読み手は自身の感覚と対面し，非常に個人的な感覚に起因する「単に読むだけでなく，文章や筆者の考え方・物の見方に対する自分の意見や考

えを持つ」ことができ，その個独自の考えや意見の構築となっていくと推察される。

（b）「対象世界」との対面段階

こうした自身の中の感覚との対面という非常に個人的なものだけでない要素を持つものが，「三　言葉について。次のような言葉を拾ってみる。」である。千年近くにわたって受け継がれ，この後も永続的に存在するであろう言葉という文化と文化の変化というものとの対面である。そこでは，現代とは異なる古語の意味に出会い，現代の意味と比較をすることで驚きを感じ，その驚きが「その古語を自然に覚えること」を促す。そして言葉が「人の生活，感性，物の見方」を見せるという言葉の持つ力に気づかされたり，「自分の生きている世界にも，こうした言葉の変化が生じていること」「古代から現代まで，変わっていったものと，変わらないものとがある」という世界観の変容につながる気づきが促されたりという様子を捉えることができる。

（2）グループでの学習の場合（「学習の手びき三」）
①「学習の手びき」の考察

この「学習の手びき」は，グループでの話し合いに対して準備されたものである。話し合いの「学習の手びき」としては，台本風に示されたものも多いが，これは大村が「筋の通った一つの話し合いの例ではありません」と記しているように，それらとは異なっている。「学習の手びき一」によって，学習者が個々に持ち得たものをどのように話し合いの場に出し，そこからどのように発展させていくのかということや，考えてほしい着眼点が，「枕草子」の内容に関わるものと，言葉に関わるものに分けて提示してある。意見の内容は，「学習の手びき一」によって導かれたものである。ただし，自分の意見だけを述べるという単なる述べ合いや伝え合いになることを避けるために，次表に示す発展させるための発言例が記されている。

第2節 「学習の手びき」の詳察

【資料4-⑦】「学習の手びき三」に見られる発言例の一覧

発言の内容	「学習の手びき」の該当する番号
枕草子に書いてあること（清少納言の感覚等）に対する自分の考えや感想を述べるもの	1　2　5　6　7　9　10　11　12　14
枕草子に書いてあること（清少納言の感覚等）に対する現代の感覚との比較を述べるもの	2
枕草子に書いてあること（清少納言の感覚等）の理解に関するもの	8　13
他者の意見に対する自分の考えや感想を述べるもの	1　2　4　5　7
他者の意見に対して根拠を挙げて反論するもの	15
他者の意見を引き出すためのもの	3
「どうでしょうか」等他者に尋ねる表現が付け加えてあるもの	4　11

　最も多いものは，枕草子に記してある清少納言の感覚等や使われている古語について，自分の感覚や現代の感覚と比較して感想や考えを述べるというものである。ただ，それらの中には，1・2・7・11のように，他者の意見に対する自分の考えや感想を述べるときにも使えるものもある。また，4や11のように自分の感覚と比較して感想や考えを述べるというものであっても，自分の感覚と比較して感想や考えを一方的に述べる（他者に伝える）のではなく，他者の考えを引き出す表現が付け加えてあるものもある。

　述べる内容について見ると，14のように「この……という言葉が好きです」といった比較的単純な発言もあれば，10のように「この言葉が平安時代からあったんだ，つまり，そのもっと前からあったのだ，ずうっと使われてきたんだと思いますと，……」のように，言葉の歴史を踏まえながら述べようとするもの，あるいは8のように「……のところは，どうもわかりません。いいえ，言葉の意味はわかって，筋もわかっているのですが，なんか，もやもやして，気持ちがはっきりつかめないのです。」というように自己の複雑

な理解状況を細かく分析的に提示するものもあれば，11の「私も，同じような感じをもちました。ところで，この言葉はどうですか。」のように，自己の内面を大まかな表現で示すものまで幅広い。

こうした幅のある発言例は，難易度が明確にわかるように順に示されるわけではない。あたかも大村が思いついた順で書き記されたようであり，そのことは，学習者は優劣の感情を持つことなく，自己の状態に合わせて安心して発言をすることにつながっていく。

述べ方に着目すると，他者から意見を引き出すにおいても「私は〜と思うが」と自己の考えを述べることや，文末が「どう感じましたか」「どうでしょうか」「あるんじゃないでしょうか」「あるんじゃありませんか」といった他者の意見や考えを尋ねるような述べ方が示されている。こうした表現は，明らかに自己の意見のみを伝えるだけの表現とは異なっており，グループで意見を出し合い協議する際の発言の仕方についての指導的機能も果たしていると考えられる。こうした他者に尋ねる表現は，前項の「単元「私たちの読書力〈図表を読む〉」でも用いられていた。

こうした自己と異なる意見を持ったり，自己と異なる部分に着目している他者と関わることは，自分一人では思いつかなかったことに気づく機会も得ることができるであろう。また，他者の発言によって，「どうだったかな」と思わず教材を読み返し検討するということも生じると予測され，学習者個々の認識を豊かにすることに役立つはずである。

② 検証
(A) 検証対象

「学習の手びき三」を用いての話し合いの実際は，『大村はま国語教室　第三巻』に記載されている。しかし，話し合いのその瞬間に学習者は何を考えながら発言しているのかということについて捉えることができない。そのため，前項と同一の大学院生（4名）に，体験させながらどのような思考が発

生するのかについて書き出させた。それらについて,「話す前の準備」「自分が発言しながら」「人の発言を聞きながら」「人の発言を聞いた後」の4点によって整理したものが次の資料である。

　検証のための資料として,前者の話し合いの実際を【資料4-⑧】に,話し合い時の思考については,【資料4-⑨】として提示する。

【資料4-⑧】「記録されている話し合いの様子」(整理の都合上,Pと記されている学習者の発言については,番号を付す)

P1	清少納言が,雪がまだかなり残っているので,少し……半分勝った気になって,喜んでいるところ,ほんとにうれしかっただろうと思います。
T	半分勝ったような気になって……ごきげんね。
P2	105ページです。「くろうなりて,見るかひなきさまはしたれども,げに勝ちぬる心地し」みんなが,十五日までなんか雪は残らないと言っているけれども,残りそうなので,とてもうれしくなっています。
T	そうね。「まことの越のにやあらんと見えて,消えげもなし。」―消えそうもない。くろくなって―きたなくなっているけれど,消そうもないので,勝った,勝ったと思ってうれしくなる,子どものようでおもしろい。
P3	「そうだ,ほんとに」というのを出します。ここは,清少納言がつかいをやってまで雪のようすをきいて,十日のころに,雪はあと五日くらいはあるだろうというので,それを清少納言がたいそう喜んでいるところ……112ページです。「里にても,まづ明くるすなはち,これを大事にて見せにやる。十日の程に,「五日まつばかりはあり」といへばうれしくおぼゆ。」
P4	ぼくは,ここは「そうだ,ほんとに」という気もするんですが,「それはだれだってそういう気がするにちがいない」のほうがぴったりのような気がします。111ページのところから,「これがうしろめたければ,おほやけ人,すまし,長女などしてたえずいましめにやる。七日の節句のおろしなど」―,あ,そこはいいんですけど,もうそういうときから清少納言は,残ってるかな？残ってるかな？って,じりじり,じりじり,今にもどうかなりそうで,たえず人をやってないと心配で心配で,十日のときあと五日くらいあるでしょうって言われたので,ぼくだったらブッたおれるくらいによろこんじゃうと思います。

| T | そうね，わたしもおどりあがるくらいによろこぶ。 |

【資料4-⑨】「「学習の手びき三」を活用した話し合い時の学習者の思考」

場面	学習者としての思考	学習者としての思考の客観視
「話す前の準備」	① こういう風に話し合えばいいのか。そう言われれば自分もこういうことを考えたな，これって気づきに入れて良いのか。	⇒学習の仕方，発言の仕方，話し合いの仕方が分かる。何を発言するのかがわかる。
	② 自分が思っていることをあてはめられるものはあてはめ，自分の思っていることと似ていることがなかった場合は，発言例に近づけようとした。	⇒発言内容を吟味する
	③ ここは言えるかもしれない。	⇒発言内容の準備，自分の発言したい内容を吟味する
	④ 発言例と自分の書いているものとを比べたり重ねたりする中で，何をどう言おうか考える。	
「自分が発言しながら」	⑤ 説明の仕方が難しい。この言葉について発言するなら本文のここを読まなくては。訳の説明をしなければ。他の人は読んでいないのだから，きちんと伝わっているかな？　本文をもう一度よく読みたい。	⇒説明の順序を考える訓練になる。本文に戻って確かめようとする（読む）。相手に伝わるように話すにはどうすればよいのか考えることで他者の立場になって自己表現しようとする。
	⑥ 自分ばかり発言しないようにと思い，「どうですか。」などと言って話をつなげようとした。	⇒相手意識を大事にした主張の仕方を考えるようになる。
「人の発言を聞きながら」	⑦ 〇〇さんそんなこと考えたのか。おもしろいな〜。共通点はあるだろうか。もう	⇒人の話を聞きながら考える訓練になる。ただ聞くだけではなく「話し合い」なので，自分と

		一度探してみよう。自分の読んだ文章を思いだしながら，似たようなことがないか探したい。	の共通点や相違点を考えながら聞く。本文に戻って探そうとする（読む）。
	⑧	次に何を発言しよう？ 話のつながりを考えて自分の発言をしよう。	⇒自分の発言と他の人の思考の結びつきを考える。
	⑨	私もそう思う！ わかるわかる。	⇒他者との共感。
	⑩	○○さんの「あまつゆ」の話を聞いて，この人（○○さん）は言葉遊びに気づいたのだと思った。	⇒他者の学習の理解や他者の学習の価値の発見
「人の発言を聞いた後」	⑪	○○さんが読んだものをわたしも読んでみたい。自分がまだまだ言いたかったことを言えてないから言いたい。他の人が言いたいことも聴いてみたい。	⇒学習がさらに広がる。（教材・時代・他者への関心の関心の高まり）
	⑫	清少納言ってやっぱりヘンだな，おもしろい。	⇒認識の強化
	⑬	○○さんの気づきおもしろかったな～。さすが！	⇒他者の評価が変わったり深まったりする。個の特性を認め合う機会ができる。

（B） 検証

「記録されている話し合いの様子」からは，話し合いの進行は大村がしており，学習者は進行を気にすることなく，自身の感じたことや考えたことを発言している様子が見られる。自分はこんなふうに思ったのだが，どうであろうかと一人が発言すると，その発言に対して他の学習者が発言すること，似たようなことに気づいていればそれを取り出して提示することも為されている。そうした学習者の発言に対して大村が相づちを打ち，意見を強化したり解説したり，整理したり，新たな視点の提示や発言の促しを行っている。

【資料4-⑧】のP1の発言は、「学習の手びき」の9のパターンを用いて、清少納言の気持ちを推察するとともに、読み手である自身の共感を述べたものである。P2とP3も、清少納言の気持ちを推察した発言であるが、P2やP3ともに、P1と異なり具体的に表現を取り上げている。ただしP2は清少納言の気持ちを推察しているものの、それに対する共感は示されていない。P3の場合は「学習の手びき」の9を用いながら、清少納言の気持ちに共感した発言となっている。また、P4はP3の発言を踏まえ、清少納言の気持ちの推察について「学習の手びき」の1のパターンを用いてP3とは少し異なる見解を示している。P4の場合は清少納言の気持ちに強い共感を示し、その結果として「学習の手びき」には示されていない自身を重ねた発言につながっている。

　こうした発言の様子からは、それぞれが前の発言者とは少しずつ異なる内容を提示しつつ自己の意見を述べており、学習者が「学習の手びき」の文言を参考としながら自己の感覚と清少納言の感覚を比較して意見を述べている様子が捉えられる。参加した学習者は、同じ箇所をどのように読んだのかということを個々に出し合うことにより、他者の読みに触れ、自分の読みと比較してその部分に対する理解を深めたり、自分の考え方や感じ方を捉え直したり、読んだ他者（クラスメート）についての理解を深めることにつながる。今回は司会が大村であり、大村がそれらの発言を共有させる役割を担っている。大村の共有する発言を聞くことで、学習者個々は自己の読みが受け入れられた安心と自信を感じているであろう。そうした体験は、他者と話し合うことの意義の感得につながるとともに、自分の読みを大切に思うこと、他者の読みを大切にすることの基盤となる。

　では、この話し合いのときに学習者は何を考えながら発言しているのだろうか。それについては、【資料4-⑨】を用いて考察する。

　まず、「話す前の準備」において、「こういう風に話し合えばいいのか」「そう言われれば自分もこういうことを考えたな」「発言例と自分の書いてい

るものとを比べたり重ねたりする中で，何をどう言おうか考える」という記述が，【資料4-⑨】の「学習者としての思考」の中にある。これらからは，「学習の手びき」に示された発言の型が，学習のイメージを持たせること，自己の学習内容を検索するキーワード，索引語としての働きを担っていることが見出せる。また，自分の考えたありのままを述べるのではなく，型に合わせて修正する過程で，根拠や述べ方，順序を考えることが行われている。したがって，それによって自分の意見を検討することも生じてくる。

　さらに「自分が発言しながら」「人の発言を聞いた後」という状況においては，時に本文に戻りながら自己の発言内容を整備したり検討するという学習や，他者を意識して説明の仕方を考えたりという学習が行われている。そして，「人の発言を聞きながら」という状況では，自分の知らない「枕草子」や「清少納言」の姿が現れ，他者と交流することの面白さの実感や，新たな関心や興味がわき起こるという学習の広がりを生じさせることに機能している様子が捉えられる。それとともに，他者の発言内容が，再度自己の読んだものの振り返りや読み直し，あるいは，自己の考えや感じた内容を再検討する契機が与えられるという自己の学習内容にベクトルが向ける様子も見出すことができる。また，「清少納言ってやっぱりヘンだな，おもしろい。」のように，他者の意見が自己の認識の強化や変容につながったり，「○○さんの気づきおもしろかったな～。さすが！」といった他者の評価の変容，個の特性を認め合う機会となっていることが指摘できる。

4　「学習の手びき」に見出される工夫

（1）　見出される工夫

　まず，「学習の手びき」に記された表現である。「整理してみる」「拾ってみる」という表現は，「整理しなさい」という指示・命令ではないため，他者から指示されてする学習ではなく，自身の学習としてそれをしているという気持ちにさせやすい。それは指導者が考えさせたいと思っていることに学

習者の思考を導くことにもなっている。

　また，清少納言の感覚とは異なるところを挙げることについても，「それがそんなに（うれしい）かなあ。」「そのとき，そんなに（感動する）かなあ。」「ええ？　そんなに（早く？）」等のように，具体的な学習者自身の言葉によって示されている。これについては，指導者から与えられたものであるにしても，大村自身が「学習の手びき一」の注として記述しているように，「自分の心にあるものを拾い上げやすい」効果を期待したものである。さらに「そうだ，ほんとに」「まったくそのとおり」「そう，そんなかんじ」等，共感を示すという同じ内容を様々な表現で示すことにより，「自分の言葉のような気がして，よくとらえられたりする」という効果を意図している。こうした個人の学習場面に対する工夫だけではなく，グループでの学習場面に対しても表現の工夫は見られる。それは，「学習の手びき二」に示されたものである。「学習の手びき二」では，何を述べるのかという発言の内容を考えさせるために，発言の実際が具体として示してある。発言の実際が具体として示すということは，発言内容を導くだけではなく，グループで意見を出し合いにおいて，単なる意見の述べ合いではなく，協議を活性化させるための意見の述べ方の具体を示すという，同時に二つの機能を果たすように工夫されている。

　次に「学習の手びき」によって，考えさせる内容に関することである。「学習の手びき一」の「二」「三」の内容と言葉のいずれにおいても，現代に生きる学習者の感覚から古典を見たときの言葉である。そのことによって，学習者に古典を古典として切り離したものとして見つめさせるのではなく，古典の世界と現代の自分のいる世界を結びつけながら考えることを誘うこととなっている。特に「二」の内容に関することの場合，示されている「学習の手びき」の言葉が，読みの正確さや深さを求めるものではなく，現代に生きる学習者の感覚から古典を見るという学習者個々の経験と価値観を通ったことで，自分がどのように読んだのかということが示されることとなり，正

第2節 「学習の手びき」の詳察　245

確さや深さという理解についての優劣が問われるものではなくなっている。それとともに、「学習の手びき二」の発言例には、自己の複雑な理解状況を細かく分析的に提示するものもあれば、自己の内面を大まかな表現で示すものまで幅広く示され、「学習の手びき一」の「三」の言葉について考える部分に示されたABCには、求められる知的作業の量が異なるものが示される。しかしいずれの場合も知的作業の量や難易度の順に記されているわけではないということが、学習者に優劣の感情を持たせることなく、自己の状態に合わせて安心して発言することができる状況を整えていることになる。

（2）　個性化につながる個別化を実現するための工夫

　まず、先述したように「学習の手びき」に示されている言葉は、正答や到達が図られることになる読みの正確さや深さを求めるものではない。求められるのは、学習者個々が自分の知識や感覚、現代の生活と比べながら教材を読むということである。それは、現代に生きる学習者の感覚から古典を見るという学習者個々の経験と価値観を通ったものなのであり、そこには正答や共通の到達すべき読みではなく、学習者個々がどのように読んだのかという個別の読みが成立する。見つけ出した清少納言の感覚は学習者個別のものであり、見つけ出した清少納言の感覚と比較する、あるいは刺激されることで、自分自身の感覚・感性が浮き上がってくるのである。このように、「学習の手びき」に示された言葉は、個々の経験や価値観をその理解状況に応じて関わらせながら読む契機となるものであり、その結果として出てくる共感や疑問等は、その学習者個々の経験と価値観を通った学習者独自のものとして存在することになる。まさに「学習の手びき」は学習者個々の状態に応じた学習者独自のものを生み出すためのテーラーリングを提供するということになる。

　そうした学習者個々の経験と価値観を通った学習者独自のものが、グループでの話し合いの場に出されることは、自分の知らない「枕草子」や「清少

納言」の姿が現れることでもあり，他者と交流することの面白さの実感や，新たな関心や興味がわき起こるという学習の広がりを生じさせることに機能する。あるいは，他者の発言が自己の認識を変容させるものであった場合は，他者の存在意義や特性を認め合う機会ともなり得る。学習者独自のものが交錯する場面において初めて，個々の異なりが学習を豊かにするオーケストレーティングが成立するのである。

　また，「学習の手びき」には求められる知的作業の量が異なるものが，順不同で示されている。内容や清少納言の感覚に対して考えることについても，言葉を捉えて言葉の持つ力についての気づきや世界観の変容を導くにしても，その個の持っているこれまでの価値観や生活経験が窓口となることを考えれば，その個の状況に応じた手がかりが必要である。「学習の手びき」に示される知的作業の量が異なる手がかりについては，どの個の状況でも考えたり感じたり，気づくことができるように，あるいは，他者との意見交流でも発言の機会が得られるようにということが考えられたものとなっている。

第3項　「楽しくつくる『旅の絵本』」の場合

1　概略

　本実践は「創作する力」育成の視点から，1977年に1年生を対象として行われている。安野光雅の『旅の絵本』を用いたものであり，1975年に実施した「楽しくつくる『白銀の馬』」と同じように字のない絵本を題材としている。大村は，「『白銀の馬』の成功以来，私は字のない絵本を探し続けていた。」[4]と述べており，行きつけの本屋で『旅の絵本』に出会ったときの喜びを「そこには人間の生活があった。人々の会話が聞こえた。」「学習の世界が心いっぱいになってきた」「思わず本を抱きしめて帰った」「その夜，すみからすみまで，思う存分に見た。そして，一気にてびきを書いた。」[5]と述べている。

第2節 「学習の手びき」の詳察

「楽しくつくる『旅の絵本』」のねらいについて大村は特に記していない。しかし，本実践が1975年の「楽しくつくる『白銀の馬』」の実践を踏まえ，「『白銀の馬』の成功以来，私は字のない絵本を探し続けていた。」という記述があること，実践名も同じであること，類似の題材を用いていることから，「楽しくつくる『白銀の馬』」の「創作する力」育成を意図したことが推察できる。「創作する力」について「楽しくつくる『白銀の馬』」の中で大村は次のように記述している。

> 創作力―創作の力そのものをつける指導と考えて試みた創作指導である。これは創作指導に限らないが、作品中心でなく、制作の過程を大切にする、つまり、書くという作業の生み出した作品より、その作業をしているあいだに、その子どものなかに育つものを大切にするということである。そのようにして、その子どものなかに育った創作の力は、いわゆる作品を生み出さないことの方が多いであろう。どこに、どう生きてもよい、むしろ、どこにでも、どのようにでも生かせられる創作の力である[6]。

つまり，「その作業をしているあいだに，その子どものなかに育つもの」が「創作の力」であり，その内実としては，適切な表現や論理を構成するための模索，対象とするものやそれに関係する物事の追究，伝えたいものを持つ喜びや伝えたいと思う気持ち，他者（読み手）に対する意識等が挙げられる。

「楽しくつくる『旅の絵本』」は，こうした創作の力，つまり作業をしているあいだに，その子どものなかに育つもの力を育成しようとした実践であるが，その授業展開については，細かに記録されていない。そのため，本実践の授業展開は大村の記述によりながら，推察を加えたものを【資料4-⑩】として記載する。「一週間『国語』の時間を書くことにあてた。」という記述があることから，本実践の全時間は4〜5hであると考えられる。

【資料4-⑩】「楽しくつくる『旅の絵本』」の授業展開

		学習活動	言語活動	教材と「学習の手びき」
展開1	①	指導者から学習内容・予定・作品の出来上がりイメージ(「白い本」にすること)について,「学習の手びき」と『旅の絵本』を見ながら聞く。	聞く・読む	・『旅の絵本』 ・「学習の手びき」(『旅の絵本』によって書く―さあ どんな形で ヒント) ・「白い本」 ・指導者の話〔30分程度〕
	②	「学習の手びき」に記されているヒントについての解説を聞く。		
	③	『旅の絵本』に見入る。		
	④	「学習の手びき」と『旅の絵本』を読み比べながら,どのような作品にしようかと考える。		
展開2	⑤	「学習の手びき」と『旅の絵本』を読み比べながら,場面とテーマを探る。	読む・書く	・『旅の絵本』 ・「学習の手びき」(『旅の絵本』によって書く―さあ どんな形で ヒント) ・「白い本」
	⑤	下書きをする。		
	⑥	仕上げについて考える。		
展開3	⑦	「白い本」の仕上げをする。	読む・書く	・『旅の絵本』 ・「学習の手びき」(『旅の絵本』によって書くあとがきのてびき) ・「白い本」
	⑧	「学習の手びき」を読みながら,あとがきを書く。		

　本実践の展開を概観すると,展開1での学習についての説明部分を除いて,個人での学習である。大村は『旅の絵本』を80冊を注文し,それぞれ「ゼロ号の大きな角封筒に一冊ずつ入れ」て,学習者個々に渡している。学習者は「いよいよ,本を渡した時間、封筒から出して思わず歓声をあげた生徒もあった。やがて森の中のような静けさ」とあるように,学習者が意欲と集中をもって取り組んだ様子が伺える。

2 本授業における「学習の手びき」について

(1) 「学習の手びき」の使われる場面

　本実践で用いられた「学習の手びき」は2点である。「学習の手びき『旅の絵本』によって書く―さあ　どんな形で　ヒント」については，学習者が『旅の絵本』を読み進める手がかりとして，創作するための題材の取材を支援するためのものとして展開1と2で用いられる。この「学習の手びき」を配布したときに「このプリントを見ながら三十分あまり話をした。私自身が、どれもみんな書いてみたいので、話していても楽しかった」[7]とあるように，「日ごろ話は十五分を限度」考えているにも関わらず，その倍の時間をかけて「学習の手びき」を用いた学習イメージを説明している。

　「学習の手びき『旅の絵本』によって書く　あとがきのてびき」については，展開3の学習のまとめの段階で用いられる。この「学習の手びき」は，本実践を考案した当初には配布の予定はなかったが，「楽しく書きつづけた子どもたちは、書き疲れた感じで、そのような場合にはあとがきがそまつになりがち」という危惧を感じた大村が，「ほかの時のように制作日記を書かせていなかったことをやや悔い」「何かの手をうたなければいられなくなって」配布したものである。

(2) 「学習の手びき」（整理番号81-1，81-2）の実際

　「『旅の絵本』によって書く　―さあ　どんな形で　ヒント」（縦書きのものを横書きで示す）

「『旅の絵本』によって書く
　　　　　　　　―さあ　どんな形で　ヒント
　一　　旅日記　旅の記憶
　二　　旅だよりその日その日　日々の手紙
　三　　子ども（弟，妹，だれときめず，幼い子ども）に語る言葉（みせながら）

四	人生断片　ここにある人生
	訪問　労働　誕生　というふうにとらえて
五	ここにも人の生活が
	働く　笑う　走る　うたう　逃げる　というように動詞でとらえて
六	心から心へ　ひびきあう言葉
	吹き出しをつける
七	「ここに人間がいる」と始まる詩　各ページごとに。
	「ここに人間が生きている」と始まる詩　〃
八	「ぼくは馬に乗って，人生をさがしに行った。(出た)」創作
九	絵の中のどの人かになって書く。いろいろの人になる。
一〇	もし加えるなら　私はこの一ページを
	私の加えたい一ページ

「学習の手びき」(「『旅の絵本』によって書く　一さあ　どんな形で　ヒント」)の配布時に付け加えられた大村の補助的な話について　(縦書きのものを横書きで示す)

・「学習の手びき」の一と二の部分について
「たとえばこれを見て，『旅日記』と書いたらおもしろいと思うのです。ひとりの三角帽子のおじさんが，最後までどこかへ出てくるのです。」「ですから，それを『旅日記』にするとか。『旅便り・その日，その日』。これは手紙体ですね。だれか人を決めて，その人に便りを送るのです。この旅を一日と考えてもできますし，何日かかったとしてもできるわけです。」
・「学習の手びき」の三の部分について
「弟や妹，だれと決めず，幼い子どもに語る，見せながら語るというふうにやるというのも」
・「学習の手びき」の四の部分について
「これを見てゆきますと，ほんとに人生の縮図というふうに，さまざまの生活が出てくるのです。見れば見るほどおもしろいのです。そこで，『人生断片』とします。それをやるには，語彙をひろってからというてだてにしまして，訪問・労働・誕生というふうに，この絵を見ながらどんどんどんどん言葉をひろっていくのです。それから，「ここにある人生断片」というふうに綴ったらおもしろいと思ったのです。」

第2節 「学習の手びき」の詳察

・「学習の手びき」の五の部分について
「今度は，動詞をひろうのです。働く・笑う・走る・歌う・逃げるというように，動詞をひろいます。それをもとにして，『ここにも人の生活がある』という題で書く。」
・「学習の手びき」の六の部分について
「このなかの画面には，この場合，この人とこの人は黙っているはずがない，というところがいっぱいあるのです。」
・「学習の手びき」の七の部分について
「各章が，みんな『ここに人間がいる』とはじめて，いろいろ書いて，また，『ここに人間がいる』と結ぶ。どこにも人間が書いてありますから，その人のその人間を書いていくのがいいと思いました。」
・「学習の手びき」の八の部分について
「馬に乗って行くのです，途中で馬を雇って。それで人生を探しに行ったなんてすてきじゃないかと言いました」
・「学習の手びき」の九の部分について
「これはいろんな人になって，小さい文章の断片で書いていくのです。」
・「学習の手びき」の一〇の部分について
「これは『あとがき』のほうにつけなさいと言っていたのですけれど，『もし加えるなら，このページにこの人をとして，ここに出ていない人生を出しなさい』と言いました。このなかには，人生のすべてが出ているわけではありません。嵐とか，火災も出ていません。監獄はあります。脱獄している男もいて，それを見つけた男の子の告げ口とかそんなところまであります。」

※（実際の話の内容は不明である。『大村はま国語教室　第十一巻』収録の1977年12月に行われた講演記録（大下学園）での内容を記している。）

「学習の手びき『旅の絵本』によって書く　あとがきのてびき」（縦書きのものを横書きで示す）

「学習の手びき『旅の絵本』によって書く　あとがきのてびき」
番号をつけて書くのではない。一編の文章として書く。
一　『旅の絵本』を最初に手にしたときのこと。（注1）
二　どういう作品にするか，決めるまでのこと（過程）

（注2）×いろいろ迷ったけれど，
・○○にしようかと思った。
・○○か，○○，いや○○もいい。
・○○に，○○を加えようか，
・○○は，……こういうところが，
・説明を聞いたとき，これっ，と思った。
三　書く，書く，…（注3）そのあいだのこと（制作の過程）
　　　　　×うまくいかなくて，たいへんだった。（注4）
・○○を書くとき…であった。（注6）
・○○を書こうとして，この言葉が出てこなかった。
・○○あたりでつかえた。
・書くことはいくらでもあるけれど，

```
―― 言葉 ――
一編の（文章）
手にする
過程
制作
```

四　仕上げ，どういうくふうをしたか（試みたか）
　　　　具体的に
五　終わっての感想
（注5）×へたでも　一生けんめいやったのだから…
　　　　○自分でこう言うのではない。心にしまっておくべき言葉。
　　　　　　ほかの人が気軽に，気づいたことを言ってくれにくい。
　　　　○ほかの人に言ってあげる言葉。ほかの人が言ってくれる言葉。
　　　　○自分が自分に言う言葉。たびたびは，言うな。
　　　　○どこが，どういうところが，苦心したところ，くふうしたところか。
　　　　○どこが，どういうところが，気持ちよく書けたところか，よく書けたと思うところか。
　　　　　自分で，しらずしらず，くり返し読んでいるところは…。
　　　　○そのほか，ここは感想ですから自由に。
六　全体として，自分の作品を大切にする，かわいがるような気持ちで書きなさい。

※　「学習の手びき」（「学習の手びき『旅の絵本』によって書く　あとがきのてびき」）について，実践を読む読者を対象として付した注の記載がある。「学習の手びき」の後にそれについて『大村はま国語教室　第六巻』pp.118-119より添付する。「学習の手びき『旅の絵本』によって書く　あとがきのてびき」中には（注1）～（注6）と記述している。

（縦書きのものを横書きで示す）
（注1）一目見て目を輝かせ，一時間じゅう吸いつけられたように見入っていたので，

第2節　「学習の手びき」の詳察　　　253

このあとがきの書き出しにふさわしいと思った。
（注2）この×は，その下のように書かないようにということである。こういう書き方をたびたび使っているので，これで通じるわけである。「いろいろ迷ったけれど」のなかの「いろいろ」が漠然としているので，その次の行から五行並べて書いてあるようなことを書いたらどうかという意味である。この五行は，いろいろのところをゆたかにするためのてびき，ヒントである。「○○」は，「『旅の絵本』によって書く」というプリントに，十種のヒントがある，そのどれかを指しているので，「旅日記」にしようか「ぼくは馬に乗って，人をさがしに行った」と書き出して，創作にしようかとなどと迷った実際を書くようにというわけである。
（注3）制作中に，このような言い方にしたいような状態があったので。
（注4）×や傍線などの意味は，（注2）の場合と同じである。
（注5）×の意味は同じであるが，すぐ左の三つの○は，なぜ「へたでも…」が×であるか，その理由の箇条書きである。次の×と並んだ高さの三つの○は，「終わっての感想」にはどんなことを書いたらよいか，そのヒント。
（注6）この「あとがき」に直接関係はないが何かプリントをしたときは，そのプリントのなかのちょっと気をつけて見直したり確かめたりしておくべき言葉を，余白に「言葉」として書いておく習慣である。特に取り扱いはしない。しかし，この場合の「試みる」は，四，仕上げ　のところに，カッコして出してある言葉である。「どういうくふうをしたか」でよいが，「試みる」という言葉をこういうところに使うとおとならしい文章になる。もちろん，その言葉の前も少し直さないと使えないが，こういうところにうまく使える言葉であることに気をとめておくように，という意味である。学習記録を見ると，よくこういう場合の意図が受け取られて学習している跡が見られる。

3　「学習の手びき」の考察と検証

（1）　1枚目の「学習の手びき」について
①　「学習の手びき」の考察
　この「学習の手びき」は，書くための題材を取材させる段階で示されているが，取材のためにはまず，『旅の絵本』を繰り返し見るということが必要になる。次に，見えているものを捉え，そこから想像することが，複数の場面で行われ，その中の一つが「白い本」に書かれることになる。そうした書

くまでの過程を辿りながら，各段階での「学習の手びき」の役割を考察する。

まず，『旅の絵本』を繰り返し見るということであるが，この「学習の手びき」は，以下に示すように学習者に絵本を隅々まで何度も読ませるための視点を提示している。

・「学習の手びき」の一二　：旅をしている三角帽子の男を探すという視点
・「学習の手びき」の四五六：訪問や労働，笑いのある場面，会話が聞こえそうな場面を探すという視点
・「学習の手びき」の九　　：登場している人物を見るという視点

こうした視点が与えられることは，漠然と『旅の絵本』を眺めるのとは異なり，示されたものを探しながら，いつのまにか『旅の絵本』を丁寧に見ることにつながり，その結果として，いろいろな場面，人物や動きを確実に捉える取材が行われやすくなる。

次に見えているものを捉え，そこから想像することであるが，そのための手がかりとして，「学習の手びき」では，「人生」「人の生活」「ひびきあう言葉」が挙げられている。先述したように，大村は「学習の手びき」の四の部分について，「これを見てゆきますと，ほんとに人生の縮図というふうに，さまざまの生活が出てくる」と解説し，「それをやるには，語彙をひろってからというてだてにしまして，訪問・労働・誕生というふうに，この絵を見ながらどんどんどんどん言葉をひろっていくのです」と述べている。あるいは，「学習の手びき」の五では動詞，「学習の手びき」の六では「この人とこの人は黙っているはずがない，というところ」というように，学習者が人生や生活，言葉を捉え，想像しやすいように手がかりを示している。また，捉えたそれらをどのようなスタイルで表現するかということについても，「日記」「記録」「手紙」「誰かに語る」「詩」「創作」と様々に示される。これは

スタイルであると同時に，学習者自身が「旅の男」になって書くのか「読者」になって書くのかという自身の立場についての提示でもある。学習者はこれらの「学習の手びき」に記されたヒントをそのまま用いたり，自身の使いやすい形に組み合わせて想像していくこともできるため，創作する作品のパターンや内容は様々なものとなる。「人生」「人の生活」「ひびきあう言葉」のいずれにしても，スタイルや立場がいずれであっても，学習者はこの「学習の手びき」に挙げられたヒントを手がかりに『旅の絵本』の場面を通して人間の生活や人生，人の心と対面することになる。そして，本人が意識するかどうかは不明であるが，学習者自身の体験や知識，生活，人生観，価値観と対面したり，それらを反映させた作品をつくることになるのである。

また，「学習の手びき」に示された10のヒントは，学習者の状況によって異なる学習を引き出すことも指摘しておきたい。10のヒントの中には，一・二・三のように，想像しなくても見えているもの，描かれているものを描写するだけでも書けるものもあるが，六・九のようにその人の背景等，描かれたもの以外を想定して想像しなければ書けないものがあり，一〇のように，示された中から一枚の絵を選択するのではなく，絵本全てを見通し，「学習の手びき」の一〜九までのヒントを踏まえた上で，新たなものを創出するということが求められるものもある。このようにヒントそのものが難易を持っているものではあるが，六・九・一〇以外であれば，描かれたものを描写するだけでも，その人の背景等，描かれたもの以外を想定して想像していくことであっても，両方が可能である。そこに学習者自身の願いや思いという個人的な内容を重ねることもできる。

例えば五であれば，次のように二つのパターンが可能である。

・パターン１（絵の様子そのままを描写した作品）
「男たちが走る，おばあさんが応援する，子どもが笑う，お母さんが呼ぶ，川が流れる」

・パターン2（絵に想像を加えた作品）

「男たちが懸命に走って競争している。今日は村の一年に一度のお祭りだ。子どもの元気な笑い声とおばあさんの楽しそうな声。今年もみんな元気だ。ああ，子どもを呼びにお母さんが家から出てきた。きっと，ごちそうがたくさん準備してあるのだろう。お客さんは到着したのかな。家の中では挨拶を交わすにぎやかな声が聞こえているだろう。いろいろな音と色々なにおい，いろいろな声。いつもと違う村の一日だけど，川だけはいつもと同じ，静かに静かに流れていく。」

　こうした違いは，日記とするか手紙とするか，記録とするかという表現の形式によっても，あるいは学習者自身が「旅の男」になって書くのか「読者」になって書くのかという自身の立場によっても同じように生じる。「学習の手びき」の一・二・三には，想像しなくても見えているもの，描かれているものを描写するだけでも書けるものが示されているが，後半には，描かれたもの以外を想定して想像しなければ書けないものが示される。そのままを書き出すことと想像を加えることの難易は，人によって異なるであろうが，学習を導く過程で，単なる易から難へという流れだけではなく，描かれたものを捉えた上での想像という学習の深化を導いているようにも思われる。

　このように，難易のある「学習の手びき」のヒントを準備し，それらを順番を考えて提示することは，考えることに幅を持たせる。その結果，それらを活用する学習者個々の状況に寄り添うことができ，それぞれに異なった作品を生み出しやすい環境を整えているということになる。しかし，そのいずれを選択し，組み合わせるにしても，「学習の手びき」に「人生」「人の生活」「ひびきあう言葉」が挙げられていることにより，人間の生活や人生，人の心と対面すること，場合によっては，学習者本人のそれらとの対面を導くことになっていく。

② 検証
(A) 検証対象

検証として用いるのは、主として実践の記録に残されている学習過程、学習者の作品、学習者が学習過程を振り返っている「あとがき」の文章の３類である。それらとともに、作品をつくっている過程での思考を捉えるために、大学院生に学習者となっての学習を体験させ、「制作の過程」を記述させたものを用いて、学習過程を辿りながら「学習の手びき」が学習にどのように関わっているかを探る。

以上の４類の検証のための資料については、説明の都合上、検証の過程で随時示すこととする。

(B) 検証
(a) 学習準備段階

まず、「学習の手びき」を配布した際に、指導者からこの「学習の手びき」についての解説を聞いて学習への準備をする段階である。この段階については、大村の話を聞いた学習者の反応は記されていないので、大学院生が考察者の話を聞いてどのように感じたかということについて記す。それによれば、「書いてあるものを読むだけより、具体的なイメージが湧いた」「ああ、なるほど、これはそういうことをするのか、と書かれてあることの意味がわかった」と、学習の具体が見えたことが記されている。

(b) 選択までの段階

次に、絵本を開き、書く内容を決めるまでの段階である。この段階については、学習者の記した「あとがき」と大学院生に学習者となって学習を体験させて、創作過程を記述させたものを資料として用いる。

学習を体験した一人の大学院生の場合、絵本を渡されてから書く段階を決めるまでの思考は、次のような流れである。

❶手渡された絵本をわくわくしながら手に取り，表紙・裏表紙を見る。
❷絵本を開く
❸一度ざっと全てのページを見る。
❹再び最初から開いてみて，ただの絵ではなく，一人の旅人が旅をするという一連の流れがあることに気づく。
❺「学習の手びき」を見ながらどこの場面でなら物語が書けそうか選ぶ。
❻出てくる人・もの・動物の動きに注目し，その人がどんなことを話していそうか，そのものがどんな音を立てていそうか考え，書けそうな部分を絞っていく。

　上記からは，「わくわく」しながら手に取り，それを眺めながら，絵本の全体構成を捉えたり，各ページで描かれているものと「学習の手びき」のヒントを見比べながら，どのような内容が書けそうかということを考え，絵本のすみずみを読み直し，次第に絞っていく様子がわかる。
　場面や書き方を選択する過程では，「どこなら書けそうか」ということを規準にして考える場合と，「一番興味が引かれたこのページで物語をつくろう」という場合があるが，いずれにしても，場面を選択すると，「改めてそのページをよく見て，人々が何をしているのかもう一度見直す」こと，「色々な人に目を向け，その人の気持ちを考えてみる」こと，「出てくる人・もの・動物の動きに注目し，その人がどんなことを話していそうか，そのものがどんな音を立てていそうか考え，書けそうな部分を絞っていく」という，「人生」「人の生活」「ひびきあう言葉」を想像するということが行われている。特にこの段階で「学習の手びき」を見直すということはしていないが，「学習の手びき」に記された生活，聞こえてくる声，気持ちを探そうとしており，「学習の手びき」に記されたヒントが，絵本を見る場合の下敷きのような役割を果たしていると推察される。

（c） 選択の段階

　いよいよ，場面と書き方を選択する段階である。この選択の段階で「学習の手びき」と学習者はどのように関わったのかだろうか。学習を「学習の手びき」を用いて体験した大学院生の記述と記録に残されている当時の学習者である池田美和と小町谷昌宏の「あとがき」の記述，大村が特に取り上げた一人の学習者の様子から，その過程を捉える。

　まず，大学院生の様子である。

【資料4-⑪】　大学院生の記述

> 手引の「吹き出しをつける」や「ここにも人の生活が」などを見て，出てくる人・もの・動物の動きに注目し，その人がどんなことを話していそうか，そのものがどんな音を立てていそうか考え，書けそうな部分を絞っていった。

　この記述からは，自己の選択のために，想像するための手がかりを「学習の手びき」のヒントに見出し，絵の中の人間の生活を想像していることが捉えられる。その場面にある生活の様子をいろいろと取り上げて想像しながら，それらと自己のこれまでの経験との照合を行い，自分に「書けそうな」，つまり，自分にある程度馴染みのある場面を選択しているのである。こうした記述からは，「学習の手びき」が絵の中の何を想像したらよいのかということを示しているということであり，絵の場面に表れている人間の生活を見つけさせることや，学習者自身の生活とも対面させる契機を与えていると考えられる。

　次いで，当時の学習者の様子である。

【資料4-⑫】　池田美和の「あとがき」の記述　（縦書きのものを横書きで示す）

> てびきを見ながら「こどもに語りかける」にしようか，「詩」のかたちにしようか，それとも「旅の記録」にしようか，となやんだ。その結果は「旅の記録を第三者の目から見る」ということにした。

【資料4-⑬】 小町谷昌宏の「あとがき」の記述 （縦書きのものを横書きで示す）

> ところで，この作品をどのような内容にするか，まずそこから決めなければならない。そこでてびきのヒントの中から，自分にあったものを三つほどえらび出してみた。それぞれについての考えは一とおりまとめてはみたものの，その中から一つを選び出すことは容易なことではなかった。あれこれ考えて少なくともまる一時間は費やしてしまっただろう。しかし最終的には動詞でとらえるということにきめて毎日少しずつ文章にまとめていった。

　この二人に共通しているのは，幾つかの候補を選択していること，そこから決定まで「なやんだ」ことである。二人とも３つの選択肢を挙げていることから，大村から候補を絞る段階での何らかの指導が行われた可能性も考えられる。小町谷は「それぞれの考え」を「一とおりまとめ」てから「動詞でとらえる」に決め，作品の題目を「動きのフレーズ」としている。

　池田の場合は，同じように３つのパターンを迷った後，「旅の記録を第三者の目から見る」としている。池田の実際の作品の題目は「遠い旅の記録」となっているが，それを「第三者の目から見」たものとしている。先述したように，「学習の手びき」には，「日記」「記録」「手紙」「誰かに語る」「詩」「創作」と様々に示されるが，これらはスタイルであると同時に，学習者自身が「旅の男」になって書くのか「読者」になって書くのかという書き手の立場についての提示でもあり，池田は，そうした提示されている書き手の立場について考え，「第三者の目から見る」ことを選択している。さらに池田の実際の作品を見るとその中に「小鳥が愛を語らう山の中　ここに　人間がいる」「ここにも人間がいる」という言葉が記されており，「学習の手びき」の七，「ここに人間がいる」を参考としていることがわかる。こうした池田の様子からは，学習者が「学習の手びき」のヒントを参考にしながらも，そのままを使うのではなく，「学習の手びき」に示されたヒントを複合したり，アレンジを加えて使っていることがわかる。

第2節 「学習の手びき」の詳察　　　261

　ここで，もう一人，大村が特に記述している学習者について取り上げたい。大村が担当したクラスの「運動もなにをしてもだめで、できることというのは、なにもないようで、ただ字が少しじょうずで、きれいに書きます。」[8]という学習者である。大村はその学習者に「学習の手びき」の三をさせることとし，傍らに立って「『広い、広い海。小さい波がたっているのね。』こういうふうに話して、その次に子どもに話しかけるように、『さあ、開けてごらん』と言って、『二頭立ての馬』と、こういうふうに話すように書いていきなさい」と話しかけ、「広い広い海。ギーギーと船を漕ぐ音」「さざ波が立っている」「水平線がまっすぐで」と具体を次々に示す。そうするとその学習者は「ふと飲み込んだと見えて、その先を書き始め」たと大村は記述している。手がかりがつかめずにいる学習者や悩んでいる学習者に対しては，このように大村が傍らに寄り添い，具体を示して作品をつくることに導いている。

　ここで大村が示した言葉は，「ギーギーと船を漕ぐ音」以外は全て，絵本に描かれたものをそのまま描写したものである。絵本に描かれたものをそのまま言葉にしていくことだけであるが，対象者は「学習の手びき」に示されたヒントを用いた作品を仕上げることができている。大村が選択した「学習の手びき」の三の「子どもに語る言葉」は，確かに絵本に描かれたものをそのまま言葉にしていくことだけであり，想像することが求められる他に比して容易である。しかしだからといって，国語の力が不足している学習者にのみ向けられたものではない。そのことは大村が「『旅の絵本』の十のヒントも、みんな私が憧れていて、いとまあらば全部やってみたいということばかりなのです。」[9]と述べていること，そして，先述した池田美和のあとがきに，三の「子どもに語る言葉」について選択肢の一つとして迷ったことが記述されていること，さらに次の【資料4-⑭】に示すように，学習を「学習の手びき」を用いて体験した大学院生が選択したものであることからも推察できる。

第4章　大村はまの「学習の手びき」の実際と分析2―詳察―

【資料4-⑭】「大学院生が「子どもに語る言葉」によって制作したもの」

　旅人は街の外れにやってきました。「今日はよく晴れて洗濯日和だわ。」窓から洗濯物を干していた女の人が言いました。白いシーツのカーテンを抜けると，すぐそこに大きな運河が流れていました。
　「いらっしゃい！　いらっしゃい！　新鮮な魚が獲れたよ！」「その果物，一つ下さい。」「あ，ボールを川に落としちゃった！」運河の周りには小さな出店がいくつかあって，河で獲れた魚や，野菜・果物が並んでいます。店の周りには，多くの人が集まっています。ボール遊びや駒回し…子ども達も楽しそうに遊んでいます。
　アコーディオンの音色と，街の人たちのにぎやかな声が聞こえます。運河にかかる橋を馬で渡ると，漁師さんを乗せた船や木材を運ぶ船が通っています。橋の向こうには緑豊かな林や田園地帯が広がっているようです。街はここまでです。
　これからどんな人々に出会えるのでしょう。

　大学院生はこの作品を書くにあたり，「旅人を中心に小さな子に読んであげるようなイメージで書こうと決め」と「学習の手びき」の中の「子どもに語る言葉」を選択したと記述している。完成した作品は，絵本に描かれているものを次々と言葉にすることを基軸としながら，登場人物の語る言葉を想像し，そこに存在する生活を記したものであり，「学習の手びき」の五や六の内容も盛り込まれたものとなっている。
　こうした事実からは，「学習の手びき」に示されたヒントから導かれる学習内容には，それぞれに難易が設定されているけれども，それを用いる学習者の状況によってもいろいろに姿を変えるものであることがわかる。

（d）　作品の制作過程
　作品を制作する過程については，大学院生の記述と池田の「あとがき」に記されていることから，どのような学習が行われたのかということを捉える。（b）でも述べたように，この段階では多くの学習者は自分の選んだ場面を自分の選んだスタイルで形にすることに没入する。大学院生のこの段階の記

述は次の通りである。

【資料4-⑮】 「大学院生のこの段階の記述」

　そのページに何が描かれているかよく見ながら，頭の中ではそこに描かれているものの音や温度を聞いたり想像したりしている。ラッパの音，荒野に吹きすさぶ風，砂っぽさ，馬の気持ち犬の気持ち，人々の考えていること，亡くなった人はどんな人か，穴は誰が掘るのか。
　よし，ラッパの音から書こう。でもラッパはラッパ以外になんて書けるだろう，トランペット？　違うなあ。ファンファーレ，もっと違う。ラッパでいいかなあ。でもラッパじゃ言葉の響きが間抜けじゃないかしら。とりあえずラッパで書いて後から直そうかな。
　聞こえた，風に乗って届いた，どっちがいいかなあ。耳鳴りのように，突き抜けるように，微かに，どれだろう。一文目は短く簡潔に書く方が私は好きだ。ポンと平易に書き始める方がかっこいいと思う。
　でも誰にでも書ける表現は嫌だなあ。かっこいいというか，胸に響く一文にしたい。
　一文目からは埋葬の描写とは思わないような。「〜のように」は使いたくないな。
　直喩より隠喩がいいな。馬の視点で書こう。お尻を向けて草を食べている馬が気になる。

【資料4-⑯】 池田美和の「あとがき」の記述　（縦書きのものを横書きで示す）

　さて，いざ書きはじめると，さあたいへん。とくに苦労したのは，広場のところ。人々の動きを表す言葉，広場の広さを表すことがなかなかできなかったことだ。

　両者が共通して思い悩んでいることは，どのような言葉を用いて表現するのかということである。自分の知る語彙の中から言葉を選択し，それと自分が表現したいことを比較し，その相違から言葉や表現技法を模索している。こうした自身の表現を磨いたり深めることは，表現を通して表現したい対象についてよくよく観察し考えるという学習を導くことにもなっている。
　この段階において，大学院生も池田も「学習の手びき」を読み直すという

記述は見受けられない。「頭の中ではそこに描かれているものの音や温度を聞いたり想像したりしている。ラッパの音，荒野に吹きすさぶ風，砂っぽさ，馬の気持ち，犬の気持ち，人々の考えていること，亡くなった人はどんな人か，穴は誰が掘るのか。」という大学院生の記述は，場面の想像に集中している様子を示している。こうした学習者の状況は，この段階での「学習の手びき」が，積極的に学習者を手びきするものではなく，学習をするときの下敷きとして機能していることを想像させる。

(e) 完成した作品

こうした過程を経て作成された作品からは，どのようなものが見出せるであろうか。「遠い旅の記録」と題された池田美和の作品一部から捉える。

【資料4-⑰】「五枚目の絵につけた池田美和の作品（その一部）」（縦書きのものを横書きで示す）

> ふもとの村ではまだ刈り入れが終わっていない　黄色い穂が波打っている。カラスがものほしそうにねらっている。
> ここにも人間がいる　教会の墓地にはいつも数人の人がおとずれる　ホラ　今日も花束をかかえて門をくぐる人がいる　「おじいさん　今朝はとても寒いですね」そう十字架に語りかける　おばあさんの背中は淋しそう　若かったことの自分たちを　そっと　思い出しているようだった
> 墓地の前で　墓石をほる人が言った　「毎度のことながら　この仕事はやだね　いつも誰かの死と　誰かの悲しみと　むかいあわせだ」と……

この池田の作品には，秋という実りの季節の中で死が取り扱われている。おばあさんの背中の淋しさやおばあさんの訪れる墓石が夫であること，墓石を掘る人たちの会話は，全て池田の想像である。池田は描かれたものからそれらの背景を想像して書いている。そしてその想像の中で描いたのは，秋の朝の寒さと墓参をするおばあさんの淋しさ，墓石を掘る人たちの会話にある「誰かの死と誰かの悲しみ」，そうした死や悲しみと関わり続けなければなら

ない人の気持ちであり，この作品ではそれらが連動したものとなっている。こうした池田の作品は，避けられない死とそれと関わり続けなければならない人間の生活，愛しい者との死を受けとめる人の心を取り上げたものである。池田がどのような生活体験をした学習者なのか，その日常生活も不明であるが，池田がこの絵と作品の創作過程を通して，「学習の手びき」に記されていた人間の生活や人生，人の心と対面したことが捉えられる。

(2) 2枚目の「学習の手びき」について
① 「学習の手びき」の考察
　この「学習の手びき」は，学習者の様相を踏まえて作成されている。書き散らしたままで終わりそうな不安のもと，書くという学習の中で，自身に何が生じたのかということを確実に捉えさせようとしたものである。したがって，自身に何が生じたのかということを確実に捉えさせるための手だてが配されていなければならない。それらがどのように示されているかということから考えると次の3点が見出せる。
　まず，二・三では決めるまでの過程と制作過程を，四ではくふうしたことを，五では終わっての感想というように，制作過程を分節していることである。2つに分節してその場面で生じた自己の心の中の動き，考えたことを想起させることにより，その時々に生じた自己の心の中の動きに目を向けさせ，拾い上げさせやすくする。それとともに，そのことを確実にさせることができる。
　次に「学習の手びき」に記されている学習者の心の動きを捉えるための言葉であるが，いずれも学習者がそのまま使っても違和感のない話し言葉で，いわば書き出しとして提示されている。そのことは，学習者の心に入りやすく，学習者の中に生じたであろう一瞬の感情や迷い，吟味していく過程を拾い上げる釣り針のような役割を果たし，学習者に自己の内面を見つめさせる契機となると考えられる。

3点目として取り上げるのは，学習者に示されている「学習の手びき」の言葉の多様さである。例えば迷いを示す言葉にしても「○○にしようか」「○○か，いや○○も」「○○に○○を加えようか」「○○は，……こういうところが」という様々な迷いが示される。どこで「つかえた」のか，「言葉」が出てこなかったのか，書けなかった原因も分けて示されている。このことによって学習者は，自分のその時の状況と対面することが導かれ，自分の状況をより的確に把握できるようになっていると考えられる。

② 　検証
（A）　検証対象
　記録に残されている池田美和と小町谷昌宏のあとがき，学習を「学習の手びき」を用いて体験した院生のあとがきから検証する。

【資料4-⑱】「池田美和のあとがき」（縦書きのものを横書きで示す）

　はじめに，絵本を手にしたとき，どのようなかたちにするかなど，さっぱりわからなかった。
　てびきを見ながら「子どもに語りかける」にしようか「詩」のかたちにしようか，それとも「旅の記録」にしようかとなやんだ。その結果は「旅の記録を第三者の目から見る」ということにした。
　さて，いざ書き始めると，さあたいへん。とくに苦労したのは，広場のところ。人々の動きを表す言葉，広場の広さを表すことがなかなかできなかったことだ。
　いよいよ清書。
　場面によって，ペンの色をかえる。これが最大の試みである。山の中は緑，川の近くは青，カーニバルは赤というように，その場面に応じて色をかえていった。そこで文字では表せない，なにかを表したつもりだ。
　やっとでき上がった。知らず知らずのうちに読み返したのは前の方。
　もう一度，チャンスがあったら書いてみたい。

第2節 「学習の手びき」の詳察

【資料4-⑲】 「小町谷昌宏のあとがき」（縦書きのものを横書きで示す）

　「きれいな本だな。」初めて「旅の絵本」を手にしたとき，ぼくはただそれだけしか思わなかった。しかし一ページまた一ページとめくっていくうちに，次第にこの本のすばらしさがわかってきた。ページの中には，よろこびがあり，かなしみがある。動きのある生活がある。立体のからくりがある。しかも，みんな細かい線で，生き生きと描かれている。絵本というものは，幼稚なものだとばかり思っていたぼくは，この絵本のすばらしさにたいへんおどろかされた。

　最近，この絵本の作者の安野光雅とその作品についていろいろ解説した『安野光雅』（すばる書房）という本をたまたま手に入れることができたので，ぼくは，安野光雅の絵本に対する考えをより深く理解できた。

　ところで，この作品をどのような内容にするか，まずそこから決めなければならない。そこでてびきのヒントの中から，自分にあったものを三つほどえらび出してみた。それぞれについての考えは一とおりまとめてはみたものの，その中から一つを選び出すことは容易なことではなかった。あれこれ考えて少なくともまる一時間は費やしてしまっただろう。しかし最終的には動詞でとらえるということにきめて毎日少しずつ文章にまとめていった。

　書き始めると，下書きはおもいのほかはかどった。そして，仕上げの清書では，各ページの文章の下の空白部分の量がかたよらないよう気をつけて仕事を勧めた。

【資料4-⑳】 「院生のあとがき」

　「旅の絵本」を先生から渡されたとき，とてもわくわくしました。表紙いっぱいに描かれたニューヨークの街並み。ちょっぴり淡くて優しい色合いと，フリーハンドの温かな線がとても素敵で，しばらく表紙を眺めていました。

　いざページをめくってみると，あまりにも細かい描写に惹きつけられて，しばらくはこの絵本で文章を書くことなど忘れてしまっていました。にぎやかな街並みを書こうか，それとも森の中で楽しそうに話している恋人たちを書こうか，目移りしました。しかし，初めて見た時から荒野のページが気になって気になって，最後まで読んでしまっても，心に引っ掛かったのはやっぱりその荒野のページでした。埋葬するために喪服の人々が集まっていて，他にも楽しそうなページがたくさんあるのに，こんなに暗そうな場面を選んでいいのだろうかと迷いましたが，楽しそうなページが多いぶん，寂しげなところが心に響いたのです。

> 　文章を書くとき，真っ先にラッパの音を書こうと思いました。どの視点で書くかは迷いましたが，一頭だけこちらにお尻を向けて草を食べている馬が気になったのでその馬の視点で書くことにしました。工夫したところは，馬も人間も別の理由で頭を垂れているところを書いたら対比的で面白いのではないかと思い，その描写を入れたところです。
> 　書き終えてみると，文章を書くときの言葉選びや，リズムなどを自分が割と大切にしていることが分かりました。他の場面でももっとたくさん書いてみたいと思いました。他の人の文章も見たら，その人がどんなことを大切にしているか分かるような気がしますし，それを知ることはとてもわくわくすることだろうと思いました。

（B）　検証

　いずれのあとがきにも「学習の手びき」の手順に示された書くべきことが記されている。しかし，書かれた内容は個々それぞれに異なり，それぞれに自分がどこで何を迷ったのかということ，自身の苦心したことが記されている。こうした様子は，大村が意図した書くという学習の中で，自身に何が生じたのかということを確実に捉えさせることが実現されていることを示している。

　「学習の手びき」にしたがって学習を進め，あとがきを書いた大学院生は，「学習の手びき」の記述について，次のように記している。

- 「×　いろいろ迷ったけど」や「×　たいへんだった」，「〇〇を書くとき……だった」など良い書き方とよくない書き方の例を挙げることで，具体的に文章を書く力の伸長を図るようになっている。
- 「×へたでも，一生けんめいやったのだから……」という言葉が，無駄な謙遜を防ぎ，それによって必要以上に自己の能力を卑下することが無くなる。
- 迷ったり詰まってしまっても，具体的な手引があったために，進めやすかった。

　こうした記述からは，「学習の手びき」が何を書くのか，つまり何と対面するのかということだけではなく，書き方，書くときの学習者の気持ち，作

第2節 「学習の手びき」の詳察

品や学習に対する考え方として，自分の作品との向き合い，自分の学習を大切にするということを導くことになっていることが捉えられる。

また，あとがきを記述したことによって自身に何が生じたのか，自身の中にどのような気持ちを生み出したのかということについて，大学院生が次のように記している。

- てびきに沿ってあとがきを書くことで，自分がどんなこだわりをもって文章を書いたか振り返ることができた。
- 自己の個を大切にできる。
- 今までの学習をふりかえり，学んだことを価値づけることにつながる。
- 全体を振りかえり，なぜ自分がその場面を選んだのかを整理し，説明することができた。

これらの記述からは，「学習の手びき」にしたがってあとがきを書くということが，単に学習の展開を振り返るのだけではなく，その場面を選択した自分，学習をした自己と対面して，自身に生じたことを捉え，自己の学習や自己自身の価値を見出したり，自己の内面と対話しつつ，そこにあるものを大切に思う気持ちが引き出されていることが捉えられる。

さらに，【資料4-⑳】に記された「他の人の文章も見たら，その人がどんなことを大切にしているか分かるような気がしますし，それを知ることはとてもわくわくすることだろうと思いました。」という記述からは，他者の学習への関心であるとともに，他者の学習や他者への敬意を含んだ期待が感じられる。この学習によって「こだわりを持って文章を書いた」自分と対面したこと，「自己の個を大切に」思うこと，学んだことを価値づけることことを実感したことが，他者の学習への関心と敬意を含んだ期待を持つことにつながっていると考えられる。

4 「学習の手びき」に見出される工夫

（1） 見出される工夫

　本実践に用いられた「学習の手びき」に見出される工夫は，次の3点である。

　1点目は，「学習の手びき」に記された言葉により，指導者が求める学習を自然に誘われる形でいつのまにか確実にさせてしまっているということである。例えば，『旅の絵本』を読むという場合であれば，「学習の手びき」によって何を探しながらという手がかりが与えられるので，漠然と眺めるのではなく，絵本に描かれた人生や生活，人々の声を探すことになり，その結果としていつのまにか『旅の絵本』を丁寧に見ていろいろな場面，人物や動きを確実に捉える取材が行われやすくなる。あるいは，制作過程の自己の思考を拾い上げることであっても，分節して示すということと，「〇〇にしようか」「〇〇か，いや〇〇も」「〇〇に〇〇を加えようか」と学習者自身の言葉として示すことで，このことによって学習者は，自分のその時の状況と対面することが導かれ，自分の状況をより的確に把握しやすくなる。

　2点目は，「学習の手びき」が，「人生」「人の生活」との対面を学習者に促していることである。「学習の手びき」は，「人生」「人の生活」「ひびきあう言葉」を『旅の絵本』から，見つけるように促す。そのことは，そこに表れた人間の生活や人生，人の心と対面することになる。そして，書く場所の選択・決定の際に，自己の体験や生活と照合することも行われ，結果として学習者個々の体験や知識，生活，人生観，価値観と対面する契機を与え，それらを引き出すこととなる。しかし，学習者個々のそれらは，『旅の絵本』の場面や登場人物を通している。そのため，それらがいわば"ペルソナ"的な役割を果たし，自己のそのままが「晒される」という危険から守られ，安全である。

　3点目は，「学習の手びき」に示された内容に難易があり，それを用いる

学習者の状況によってもいろいろに姿を変えるものであること，ヒントの多様性と言葉の多様性があることである。「学習の手びき」に示されたヒントが多様であること，同じ内容であっても様々な表現で示されることは，学習者個々に対応しやすく，個に寄り添って，個の内面にアプローチしやすい。その結果，個々の関心や人生観やこれまでの体験，日頃の生活の有り様に基づいた個々に異なった作品が生まれることとなる。

(2)　個性化につながる個別化を実現するための工夫

　個性化につながる個別化の実現は，「学習の手びき」に示されたヒントや表現が多様であることによって生じている。多様なヒントと様々な表現を持つ「学習の手びき」の性質は，個々の状況に対応しやすくなり，個々それぞれがそれぞれの状況に応じ，「人生」「人の生活」「ひびきあう言葉」と対面する学習が成立する。

　また，こうした「学習の手びき」に示されたヒントの多様性と言葉の多様性は，学習者個々に寄り添い，学習者それぞれの「人生」「人の生活」「ひびきあう言葉」と対面させて記述させる。記述されたものは，その個々の視点から人間の人生や生活を描き出したものであるがゆえに，全てが異なる。学習者個々の異なる視点から描き出された人間の人生や生活が集まり重なり合うことで，多くの人間の人生と生活が提示される一大叙事詩と昇華され，個々の作品は，かけがえのない価値ある存在として位置づけられることとなる。まさにオーケストレーティングの成立である。

　「学習の手びき」に示されたヒントや表現が多様であることが，このような個別化と個性化を実現させているのであり，学習者個々が「自己の個を大切に」思うこと，学んだことを価値づけることを実感すること，あるいは，他者の学習への関心と敬意を含んだ期待を持つことにつながっている。

第4項 詳察から導出した「学習の手びき」の特性

1 「学習の手びき」の役割

　「学習の手びき」を活用した学習者の記録，大学院生や考察者の体験から，「学習の手びき」は，学習者にとって次のような役割を示していることが捉えられた。

　まず，学習の初期段階やどのようにしてよいかわからない五里霧中状態の学習者にとって，「学習の手びき」は教材を媒介として立ち現れる「対象世界」と対面し，考えるきっかけや考え方を具体的行動として示すということである。「学習の手びき」に示された順に思考していくことによって，「対象世界」と対話することができる。例えば図表等の客観的な事実という「対象世界」であれば，「ここ」という根拠を求めることや，〔注目→比較・関連→背景の推理→判断（自己の考えの構築）→自身との関わり→確認〕という考える順が示されているということである。ただし，「学習の手びき」はいつまでも学習者を縛り付けるのではなく，何か思考の手がかりを得ることができた場合には，次第に学習者は「学習の手びき」を離れて自分で思考することも可能となる。

　次に，「学習の手びき」は，示された言葉によって，自己の状態と対面して自己の有り様について考えることを導くということである。図表を読む学習の「学習の手びき」であれば，「これは，喜んでいいことだ」「しかし，喜んでばかりはいられない，ここに〜がある」といった最後に位置する言葉によって，自己を関わらせる。古典への入門（「枕草子」）であれば，「そうだ，ほんとに」「私もそう思ったことがある」等，現代の自己の世界から古典の世界を捉えることを示唆する言葉により，そして，『旅の絵本』の実践であれば，「人間」「生活」「人生」といった言葉によって，単なる1つの教材の理解にとどまることなく，その教材を透過した「対象世界」との対話を，そ

してそれだけではなく，自己を関わらせ自己の内面と対話させることを導いている。

このように「学習の手びき」は，確実に「対象世界」と出会わせ，自己を関わらせることにより，学習者個々の「真実のことば」を引き出し，学習を学習者に真に関わったものとして成立させる役割を担っているのである。

2　「学習の手びき」の特性

（1）　個別化への対応

大村の「学習の手びき」の特性として，学習者個々に寄り添い，個々の学習をサポートすることと，その個ならではのものを引き出し，全体の学習を豊かにするということがある。中でもその個々の学習のサポートのあり方は，特筆すべきものである。

大村の「学習の手びき」においては，学習者個々の諸能力やスキルに対するサポートや指導が，取り出されて直接的に対象の個に行われるのではなく，テーラーリングではあるものの，「相互作用」や「かかわり」の中で学ぶJ.LaveとE.Wengerが示した正統的周辺参加（(Legitimate Peripheral Participation: LPP)）に近い状況の中で行われている。それを可能にしているのは，「学習の手びき」に示された内容に難易があること，「学習の手びき」に記された言葉が，個人で考えるときとグループで話し合うときの両方に用いることができるように，学習者の発言スタイルで，様々な表現によって示されていることにある。それら難易があることと学習者の発言スタイルで，様々な表現が用いられていることにより，「学習の手びき」は，学習者個々の諸能力やスキルにより，その役割をいろいろに変えることができるのである。

例えば，詳察した単元「私たちの読書力〈図表を読む〉」の実践で用いられた1枚の「学習の手びき」の中には，資料を読む際の手順が6点記されていた。これら6点は，図表等の客観的な資料を読む場合には必要となる着眼点であるとともに，❶から❻へという思考の深化過程をも示していた。これ

ら異なる段階の思考が，図表を読む際の着眼点として同時に示されていることにより，能力の異なる学習者の学習の成立や話し合い場面での発言に同時に対応し得るものとなっている。❶の段階でとどまった学習者にとっては，他の学習者の発言により，❷や❸を知ることができるし，❸の段階の学習者であっては，❸を出すためには❶❷を確かめ，それを他者に提示しなければ他者の理解は得られないことを学ぶことができる。こうした読み取り能力等状況の異なる学習者が共に学ぶことは，それぞれに異なる段階の学びを成立させることや，相互の学びを支えるものとなっていく。

また，1枚の「学習の手びき」に記された言葉が，まるで自分の中から沸き出したような学習者の発言スタイルで，様々な表現であること，個人での学習とグループでの学習の両方で用いられることにより，資料をどのように見て考えたらよいのかわからないという学習者にとっては着眼点，考え方を示すものとして，自己の発見をいろいろな状況の他者に理解してもらいたい学習者には，他者の思考を踏まえた説明の仕方や，発言のモデルとしての機能を果たすことになる。

このように「学習の手びき」に示された言葉それ自体が変わるわけではないが，その中に難易があること，記された言葉が学習者の発言スタイルであり，様々な表現が用いられていることにより，個々の状況に応じてその機能は変幻していく。そうした「学習の手びき」の特質が，そこに関わっている相互が学習のモデルとなったり，次に何をすれば良いのかということを示す正統的周辺参加の中での学習者個々の諸能力やスキルに応じたサポートや指導を実現しているのである。

先日，ある小学校の授業を参観していた折，次のような場面に出会った。「これからやってみたいなと思うこと，調べてみたいなと思うことを書きなさい」という教師の指示に対して，学習者の一人が「えー，調べたいことなんてなーい」と発言した。その時，その教室の教師は「黙って書きなさい。ないことはない。あります。」と叱責するように言ってしまった。その学習

第 2 節　「学習の手びき」の詳察　　　　　　　275

者は黙って机に向かったが，緩みかけていた教室の雰囲気が一変した。その対応は指導であるとその教師は後から述べたそうであるが，「そう？　なーい？　先生の名前には上があって，それはさっき，指事文字ということがわかったけど，でも，先生の名前には信っていう文字もあるのよね。これ，教科書には載ってなかったから，後で調べようかなと思っています。」等と例示することができれば，「ない」と思った学習者は，教師の示したこの枠を用いながら，学習対象を広げることができたかもしれない。

　確かに，大村の「学習の手びき」は手順や考え方という枠を示す。しかし，手本としたり，ヒントとするそれらがなければ，学習者はどのようにすればよいのかわからない。学習者が必要としていたり，学習者に習得させるべきものは何か，それを大村は大切にし，学習者と世の中を見ながら，探求し続けているように思われる。

（2）　個性化への対応

　「C：読むため考えるため等の着眼点」が複数示されることは，その学習者の体験や保有する力や関心等の個別の状況に応じながら，それぞれに確実に自身を透過して気づいた個々に固有のものを，持たせることに機能している。

　まず，事実を見出すという客観的な場合である。「私たちの読書力〈図表を読む〉」の実践で用いられた1枚の「学習の手びき」の中には，学習者個々の読み取る能力に応じて異なる着眼点が6点示してある。異なる思考を導く着眼点により，学習者は自分の読み取り能力等，状況に応じた思考と発見をすることができる。その思考と発見は，たとえ小さなもの，一つの事実の発見であっても「学習の手びき」に記してある言葉を用いれば，安心して堂々と検討の場に出すことができるものである。検討の場に出された一つの発見は，複数の情報を関係付けることのできる学習者によって別の発見と重ねられ，図表の新たな事実に気づく基礎的な発見と位置づけられる。

次に，自己の内面と対面し，それらを出し合う場合である。「古典への入門―枕草子によって―」では，内容と言葉について，「学習の手びき」に示された言葉を手がかりとして，学習者個々が自己の経験と価値観と対面する。自己の内面との対面で得たことは，異なる学習者相互の交流場面において示される。同じ場面についての読みではあっても，そこには学習者個々独自の背景を持った個性的な見方や考え方として示されるわけである。そこで出され協議されるのは自己の経験と価値観と対面して見出した読みである。正しさが確認されるものではない。個々の読みが出される中で，学習者はあらためて自己の読みを思い返したり，原文を読み直したり，自分では思いつかない意見が出される中で，他者の思考に刺激を受けたり，新たな発見が為されたり他者と共感したりを繰り返す。その過程で，次第に内容や言葉に対する認識や他者に対する認識を深めることになる。

　どのような発見もスタートは小さな発見であり，その集積や関係づけによって成り立つものである。学習者はそれぞれの状況に応じてそこに参画し，その過程を共有するのである。「学習の手びき」は，学習者個々の状態に応じた学習を提供し，それによって導かれた学習者個々の個別の気づきが，それぞれに価値や意味が与えられるというオーケストレーティングを成立させている。

　学習者個々の状況や諸能力に応じて捉え方が異なる着眼点が複数，様々な表現によって示してあることは，学習者は自分の読み取り能力等，状況に応じた思考と発見をすることであり，学習者個々の思考・発見が異なるということは，異なる学びがその場に出されることである。異なる学びが出される話し合いの場において他者の発言を聞くことは，自己の学習内容に対する吟味・検討，知りたいという自然と学習の意欲を引き出すこと，他者の発見に対する共感や価値づけを導くことに機能している。

注

1) 『教えるということ』（p.50）
2) 主として大村はまの『大村はま国語教室』の該当巻に収録されているものということ
3) 大村はま（1981）「クラス会の話し合い，手紙から」（「総合教育技術」1981年6月　p.87）
4) 『大村はま国語教室　第六巻』（筑摩書房，p.113）
5) 『大村はま国語教室　第六巻』（pp.113-114）
6) 『大村はま国語教室　第六巻』（p.73）
7) 『大村はま国語教室　第六巻』（p.115）
8) 大村はま（1983）『大村はま国語教室　第十一巻』（筑摩書房，p.341）
9) 『大村はま国語教室　第十一巻』（p.344）

第5章　授業における個性化と個別化の実現に向けて

　本章では，授業における個性化と個別化を実現するための道筋について述べる。まず，学級において「異質な人々」となる様々な考えを意図的に生成し，「学習者の個人差に対してできる限り個別に対応すると同時に，個性の開花を支援する」（鹿毛）ための「学習の手びき」のあり方を整理する（第1節）。次いで，大村の「学習の手びき」という「『典型』性の備わった実践」から，教師が自己の内部で増殖可能な「典型」を得るための道筋について述べる（第2節）。

第1節　授業における個性化と個別化を実現するための「学習の手びき」

第1項　個性化と個別化について

1　実現すべき個性化と個別化の状態

　個性化（オーケストレーティング）とは，グループ等の集団での学習において，個々の学習がかけがえのないものとして位置づけられており，個々の学習成果が個々の学習をより豊かにするものとして，あるいは，全体の学習の価値を高めていくものとして存在するということである。それは，偶然性によって成立するものではなく，授業の構想の段階から意識され，個々の学習がかけがえのないものとして位置づけられるように設計されたものでなければならない。

　学習者の学習内容をその個ならではのもの，かけがえのないものとするた

めには，グループ等の集団での学習の前段階に，学習者個々が「対象世界」や自己の内面と対話できるような学習を設定し，その学習をサポート・指導していく個別化（テーラーリング）が設定されていなければならない。大村は「子どもたちは，自分の話が，ああ，あの話かと言われない話ができるのでなければ積極的に口をあけることはむずかしいのです」[1]と学習者の心理を捉えているが，学習者個々に対し，その個独自の発言すべき値打ちのあるものを持たせるための学習が必要である。そのためには，他者と交流することによって学びが深化・拡充するように，個性化を意識した異なる視点やその個の内面を引き出すような契機となる言葉を配置することが求められる。

　学習者個々に，その個独自の発言すべき値打ちのあるものを持ち，グループ等の集団での学習場面で自己の学習成果が他者の学びに寄与することを体験したり，他者と交流することによって自己の学びが深化・拡充する学習（「深い学習」「DAL」）を体験したときに，学習者個々が自身の学習内容や自身の内面を大切に思うとともに，他者の学習への関心と敬意を含んだ期待を持つことにつながる。その上でこそ，自己の学習を相対化することができ，個人での学習の限界と他者とともに学ぶことの意味を認識することができる。そうした個人での学習の限界と他者とともに学ぶことの意味の認識は，決して，誰かが誰かに教える，教え合うという依存性の強い学習では感得し得ない。学習者個々に深浅の差はあったとしても，個々が独立して自己の学習を成立させ，その上で交流することによって生じる促進的な相互作用による学習の進化が，学習者個々に実感されるような性質の学習を成立させるべきである。そのためには，他者と交流する前の個別の学習段階において，是非とも学習者の学習内容をその個ならではのもの，かけがえのないものとする必要があり，それを実現するために教師の指導が重要になる。

2 個性化のために重要な個別化

(1) 個々の諸能力への対応

　個々が独立して自己の学習を成立させ，その上での交流によって生じる促進的な相互作用による学習の進化が実感されるような学習を成立させるためには，事前の個別化において，次の2つの方向が考えられなければならない。一つは，個々の諸能力への対応であり，もう一つは，個々の内面との対話を図ることである。前者を本項で，後者を次項で述べる。

　学習を遂行するには，その学習に必要な知識，情報処理や理解，思考，表現等の能力，あるいはスキルがある。しかし，学習者個々にそれら学習遂行に必要な諸能力の習得状況や得意不得意は異なる。個別化，テーラーリングとは，その学習を遂行するにあたって必要なそれら諸能力やスキルを踏まえた上で，学習者個々がその学習を遂行するとともに，学習者個々がそれぞれの諸能力を伸長させていくために必要なサポートや指導を考案し実施していくことである。

　ただしサポートや指導にあたって留意すべき点がある。それは，学習者の自己肯定感や意欲，優劣の感覚である。個々を全体の中から取り出し，個別に必要なサポートや指導を行うこと，時として別課題を与えることは，学習者の自己肯定感や意欲に影響を与え，学習者相互の間に優劣の感覚を持たせることになりかねない。相互に優劣の感覚を持たせることは，その個の学習だけでなく，グループで行う学習においても相互の存在に意義を見出せずに学習の深化に影響を与えてしまう危険性がある。

　たしかに，学習を遂行してその学習を経て諸能力を伸長させるためには，授業の中で学習者個々がそれら諸能力やスキルに対する自身の過不足を認識する必要があり，過不足を何らかの形で補ったり伸長させる必要がある。しかし，その個を取り出すこと，別教材や別学習を設定するといった，違いを個々の優劣として印象づけるようなスタイルの学習は，学習者個々のために

も学習者相互のためにも決して選択するべきではない。学習者個々の諸能力やスキルに対するサポートや指導は，"相互作用"や"かかわり"の中で学ぶという正統的周辺参加の中で，しかも個々それぞれに必要な指導が行われるように方法を考えなければならない。できれば学習者個々の諸能力やスキルに対するサポートや指導は，その本人がそうとは気づかない中で受けており，いつの間にか諸能力やスキルが習得されたり伸長されているといった状況が整備されることが望ましい。そのためには，習得・伸長するべき諸能力やスキルに違いの有る状況（違いのある人間相互の組み合わせや，モデル的な提示等）の準備と，そこに用いる諸能力の具体を示した教材が必要になる。

(2) 学習者個々の「対象世界」や自己の内面との対面

　個別に対応するべきものは，こうしたその学習を遂行するにあたって必要とされる，あるいは，その学習を経ることによって伸長される学習者個々の諸能力やスキルだけではない。学習者は個々に異なっているが，それはその学習の場にいたるまでの生活や人生が異なり，生活や人生から得た体験や知識，体験や知識に基づくものごとに対する価値観や考え方が異なるということでもある。学習の成立はスキーマの変容と説明されるが，そうした個々に異なる内面を持つ学習者のスキーマを変容させるとするならば，学習過程において学習者個々が「対象世界」や自己の内面と対面するための学習が設定されなければならない。あるいは，人として生きる上で気づかせたい価値へと導くことも求められよう。

　こうした，学習者個々が「対象世界」や自己の内面と対面し，自己の何かを変容させるような学習（「深い学習」）は，学習者に対して教材についての一般的な解釈や知識や意味を解説し，理解させるといういわゆる一斉授業の授業スタイルでは決して得られないものである。自己を透過しないもの，自己と対面することのない一般的な解釈や知識や意味であれば，専有（appropriation）とはなり得ず，学習者のスキーマの変容に結びつくものとはなりに

くい。

　学習者個々が，教材等を通して「対象世界」や自己の内面と対面する学習を可能にすることが，真に学びとなることである。そのためには，生活や人生，体験や知識，ものごとに対する価値観や考え方が学習者個々に異なるということを踏まえた上で，学習者個々の生活や人生等の内面を探らなければならない。そして学習者把握に基づき，学習者個々が確実に自己の内面と対面し，それが個性化として位置づけられるように，学習者に教材等の「対象世界」を読む視点や手がかりを示したり，自己の内面に生じていることを捉え，引き出したりできるように，複数の手がかりを示すことが不可欠である。

　個性化と個別化を実現させるためには，個別化が大変に重要であり，とりわけ学習者個々を確実に自己の内面と対面させるべく，異なる個々に対応する指導を行うことは欠かすことができない。このことが為されるか否かにより，学習の価値は変わってくる[2]。

第2項　個性化と個別化を実現する「学習の手びき」に必要なこと

1　大村はまの「学習の手びき」に示されたこと

（1）　個々の諸能力への対応

　先述したように，大村の「学習の手びき」においては，学習者個々の諸能力やスキルに対するサポートや指導が，「相互作用」や「かかわり」の中で行われている。それを可能にしているのは，「学習の手びき」に示された内容に難易があること，「学習の手びき」に記されたことばが，個人で考えるときとグループで話し合うときの両方に用いることができるように，学習者の発言スタイルや様々な表現によって示されていることにある。それら難易があることと学習者の発言スタイルで，様々な表現が用いられていることにより，「学習の手びき」は，学習者個々の諸能力やスキルにより，その役割をいろいろに変えることができるのである。個人での学習とグループでの学

習の両方で用いられる「学習の手びき」の場合であれば，資料をどのように見て考えたらよいのかわからないという学習者にとっては着眼点や考え方を示すものとして，自己の発見をいろいろな状況の他者に理解してもらいたい学習者には，他者の思考を踏まえた説明の仕方や，発言のモデルとしての機能を果たすことになる。

　例えば，前章で詳察した単元「私たちの読書力〈図表を読む〉」の実践で用いられた1枚の「学習の手びき」の中には，資料を読む際の手順が6点記されていた。これら6点は，図表等の客観的な資料を読む場合には必要となる着眼点であるとともに，❶から❻へという思考の深化過程をも示していた。これら異なる段階の思考が，図表を読む際の着眼点として同時に示されていることにより，能力の異なる学習者の学習の成立や話し合い場面での発言に同時に対応し得るものとなっている。❶の段階で留まった学習者にとっては❷や❸を知ることができるし，❸の段階の学習者であっては，❸を出すためには❶❷を確かめ，それを他者に提示しなければ他者の理解は得られないことを学ぶことができる。

　こうした読み取り能力等状況の異なる学習者が共に学ぶことは，それぞれに異なる段階の学びを成立させることや，相互の学びを支えるものとなっていく。

　また，大村の「学習の手びき」においては，1枚の「学習の手びき」に記されたことばが，まるで自分の中から沸き出したような学習者の発言スタイルで，様々な表現されることが多い。こうした表現は，他者から指示されたものよりも，自己の思考に取り入れやすくするという機能がある。

　このように「学習の手びき」に示されたことばそれ自体が変わるわけではないが，その中に難易があること，記されたことばが学習者の発言スタイルであり，様々な表現が用いられていることにより，個々の状況に応じてその機能が変幻していく性質を持っている。そうした「学習の手びき」の特質が，個々の優劣を露わにすることなく，正統的周辺参加の中での学習者個々の諸

第1節　授業における個性化と個別化を実現するための「学習の手びき」　　285

能力やスキルに応じたサポートや指導を実現していると言えよう。

（2）　個々の内面との対面

　大村の「学習の手びき」においては，学習者個々が，教材等を通して自己の内面と対面するための読む視点や手がかりが示されている。大村の「学習の手びき」には，教材等を読む視点や手がかりや考える契機となるものが，「それがそんなに～かなあ」等のように自分たちの言葉になって，複数示されている。そのことにより学習者は示された言葉のいずれか自分に合うものを用い，いつの間にか考えてしまっている状況が生み出される。

　例えば，前章で詳察した「古典への入門―枕草子によって―」であれば，示された手がかりが現代に生きる学習者の感覚から古典を見たときの「私もそう思ったことがある」や「どんなにか～だっただろう」であり，古典の世界と現代の自分のいる世界を結びつけるように導かれる。「学習の手びき」に記された言葉によって，学習者は枕草子や清少納言の「対象世界」との対話を促され，そうした「対象世界」との対話は，学習者に自己の感覚を捉えさせる。学習者は，「学習の手びき」に示された着眼点にしたがって個々の経験や価値観と対面して読み進め，それによって出てくる共感や疑問等は，その学習者個々の経験や価値観というフィルターを通した学習者独自のものとして存在することになる。「学習の手びき」は，学習者個々の経験と価値観と比較して自分がどのように読んだのかということを求めるのであり，理解状況が異なっていても，単なる読みの正確さや深さを示すものではない。

　このように「学習の手びき」に示されている読む視点や手がかりは，「対象世界」についてどのくらい正確に，あるいは深く理解したかというものを追究するものではない。自分がどのように読んだのか，自分はそこに何を見つけたのかということを追究されるものである。そのことは，学習者にとっては，教材等の「対象世界」を通して自己の内面と対面し，自分の中に何が生じたのか，それはなぜ生じたのかということを考えさせることになる。そ

れは，個々に違う学習結果を見出すこと，個々に異なることである。それらを交流することによって，より豊かな学習結果を生み出すことができる。

　他方指導者にとっては，第3章第2節第2項で述べたように，学習者個々の学習過程や学習結果を観察することによって，学習者理解，学習者把握のための重要な手がかりとなり，次の学習のための貴重なアセスメントの機会となっている。

2　個性化と個別化を実現する「学習の手びき」のあり方

　大村の「学習の手びき」が，諸能力やそれまでの経験の異なる学習者個々に対して，なぜ対応できるものとなっているのか。それはこれまでにも記述してきたように，「学習の手びき」に記される内容の多様性にある。

　大村は，教材等によって示される一つの「対象世界」をいろいろな角度から見つめることができるように，着眼点を複数示している。それら着眼点は，学習者の内面にあるものを引き出したり整理させる機能を持ち，「心に何もないことはありませんが，ちょっとつかめない」心にぼんやりと浮かぶが，言葉にしきれないという状態の学習者にとって，考えるための手がかり，ヒントとなる。「手びきを読んだために、ここには全然出ていないことを思いついて、これを踏み台にして外に出て書いたり考えたりする」[3]ことにも機能する。それらは，例えば「『旅の絵本』によって書く　―さあ　どんな形で　ヒント」の「学習の手びき」であれば，10の着眼点であり，それらに対して「日記」「記録」「手紙」「誰かに語る」「詩」「創作」という様々なスタイル，書き手の立場についての提示がある。つまりこの「学習の手びき」によって示されるヒントは，10のヒント×6のスタイル（書き手の立場）という60通りとなって，学習者の前に示されていることになる。

　こうした「学習の手びき」に記される多角的な視点，複数の立場が内容の多様性につながり，諸能力やそれまでの経験の異なる学習者個々に対応して，その個ならではの学習を導くものとなっている。

第1節　授業における個性化と個別化を実現するための「学習の手びき」　287

　上記の内容面に対するものとは別に,「学習の手びき」には表現の工夫がある。大村は,「いろいろの言い方をしませんと、いろいろな子どもの気持ちをとらえきれませんので、同じことをいろいろな言い方にして」[4] 示すという方法を用い，なるべく学習者の心に寄り添うように，述べ方に対する工夫をしている。書かれたことが学習者の思考の活性化につながることが目的であるが，そのきっかけとなるものや言葉は，学習者の状況によって個々に異なる。「いろいろの言い方」は，その点に対する大村の工夫であり，それらがさらに学習者自身の内言のような表現で示されることで，学習者はいつの間にか考えてしまっている状況に導かれている。

（3）　個性化と個別化を実現する「学習の手びき」

　個性化と個別化を実現する「学習の手びき」は，こうした「対象世界」と自己の内面をいろいろな角度から見つめることができるように，着眼点を複数挙げること，学習者の心に寄り添うような複数の述べ方の提示している。それにより，諸能力やそれまでの経験の異なる学習者個々に対して対応可能なものとなり，個別化（テーラリング）と個性化（オーケストレーティング）を可能にしている。

　以上のことが，大村の「学習の手びき」という「『典型』性の備わった実践」から導出した，自己の内部に位置付け「他の経験との関連を広げていく」こと，様々な事象を見取る目として働くことになるべき「典型」の一部である。「異質な人々」となる様々な考えを意図的に生成し，「個別に対応すると同時に，個性の開花を支援」することを教室において実現するためには，この「典型」を認識して「学習の手びき」を作成しなければならない。

　では，こうした「学習の手びき」は，いったいどのようにして作成されるのであろうか。次節では，「学習の手びき」が作成される経緯を明らかにし，大村の「学習の手びき」という「『典型』性の備わった実践」に存在する「典型」を，さらに捉えていきたい。

第 2 節　個性化と個別化を実現する「学習の手びき」に至るまでの道筋

第 1 項　大村はまの辿った道筋

1　基盤となる教育観の醸成と学習者としての体験

　大村が作成する「学習の手びき」が，個別化（テーラリング）と個性化（オーケストレーティング）を可能にしている最も大きな理由は，大村の「子どもは，常に一人一人を見るべきであって，それ以外は見るべきではない，束にして見るべきではないと思います。」という教育観，学習者に何かを教え込み理解させることではなく，発掘すること，引き出すことが「教える」ということだとする教育観にある。それが，個を捉えることを指導の第一歩として大変重要視することや，その個が何を持っているのかという点から個を見つめ，発掘し指導するための「学習の手びき」の開発につながっている。

　そうした発掘すること，引き出すことが「教える」ことであるという大村の教育観を醸成したものの底流は，第 2 章に記述したように川島の作文指導，芦田の指導，第二次世界大戦終了直後の教室における衝撃的な体験によるものである。これらにより大村は，学習者個々に異なるものを持っていることを認識し，「教える」とは，それらを発掘すること，引き出すことであり，個々に異なるものを重ね合わせることによってハーモニーを生み出すことが教師の仕事であるという教育観は構築されたのである。そうした教育観に，母親と川島の指導によるさせたいことをいつの間にかさせてしまうという方法論は具体を与え，「学習の手びき」という結晶が生まれた。

第2節　個性化と個別化を実現する「学習の手びき」に至るまでの道筋　　289

2　「学習の手びき」作成までの実際のプロセス

　では大村は，学習者に「対象世界」との対話を深めさせ，学習者の持つものの発掘し，引き出す「学習の手びき」を作成するために，実際に何をしているのだろうか。大村の「学習の手びき」作成の過程を大村が「学習の手びき」の作成について述べている部分を抜粋しながら導出する。

　【資料5-①】に示すのは，大村が「学習の手びき」の作成について述べている部分を取り出し，過程にそって整理したものである。

【資料5-①】「学習の手びき」の作成段階

過程	大村の記述からの抜粋
1	・まず、あまりこだわらないで、その文章そのものをよく読むことです。自分がいい読書家になって、それをようく読んでみると、いろいろのとらえ方が浮かんでくるのです。(『大村はまの国語教室―ことばを豊かに』p.143) ・とにかく、最初は自分が文章をこなすことではないかと思います。問題がうまくできないときは、だいたい自分の読み方が足りなくて、作ることで夢中になってしまって、早く思いつかなければと焦るわけです。肝心要のいちばんもとの文章は、そんなに覚えていないということになりやすいのです。早く問題を作らなければ、という気持ちにあまりならないで、焦らないで、文章そのものをよく自分で読むということではないか、なるべく、はやる心を押さえて、虚心坦懐、よき読者であるという、自分がいい読者になるということが、いろんなことを思いつかせるだろうと思うのです。(『大村はまの国語教室―ことばを豊かに』p.144)
2	・例えば、読み場合でしたら、まず、教材、文章なら文章を十分に読みます。じっくり読みながら、その読んでいる自分の心のなかを観察します。読んでいる自分の心のなかに浮かんでくるもの、感じていること、どんな細かいことばでも、読んでいる自分の動きをとらえます。(『教えながら　教えられながら』p.156)
3	・それ（引用者注　上段の読んでいる自分の動き）をもとにして、あるときは、子ども自身のことばのような形にしたり、呼びかけることばにしたり、いろいろの形にしています。(『教えながら　教えられながら』p.156)

4	・ものによりましては、自分だけではやや狭いということも考えられます。そういう時には、子どもの身になって、あの子が読むとどうかというふうに考えますと、性質がみな違いますので、かなりいろいろな面がとらえられます。それで自分のクラス、これから一緒にこれを読みますクラスの子どもの誰さんならどうかなというふうに考えていきますと、たいへん考えやすいのです。いくつでも考えられます。子どもは一人ひとり違いますから、同じ着眼点は持たないでしょう。ですから、偏らない見方をいろいろと示すことができます。 ・できるだけおおぜいの子どもを思い浮かべて、その子の身になって考えることは当然ですけれども、最小限、クラスに五人ぐらいの子をモデルとしました。そしてその子の身になって考えますと、かなり視野が広くなりまして可能でありました。(『教室をいきいきと2』pp.123-124)

　上記の大村の記述は，読むことについての「学習の手びき」を作成する過程が述べられているが，「『私の学習経験により』と言ったらいいかと思います。これは読書でない場合も同じです」[5)]と述べていることから，上記の大村の「学習の手びき」の作成過程における記述は，「学習の手びき」の作成過程として一般化することができる。

　大村が読むことを例に示した「学習の手びき」作成過程を捉えると，次の4過程からなっていることがわかる。

① 自らが学習者の一人となること
② その活動をしている自分の内面自分の動きを捉える(観察する)こと
③ いろいろの表現にすること
④ モデルとするいろいろな子どもの身になって考えること

　こうした大村の「学習の手びき」の作成過程は，二つの段階に分けることができる。それは大村自身からの出発と学習者からの出発である。
　まず，大村自身からの出発である。大村は，「学習のてびきは，ほとんど全部がそうですけれども，教師である私自身の学習の時といいますか，研究している時といいますが，自分の読書生活，自分がこの紹介を聞くときの姿，

第2節　個性化と個別化を実現する「学習の手びき」に至るまでの道筋　291

頭の中、そういうものを考えて、私は作っていました」と述べ、その理由については、「何もなしで子どもの心をとらえようとしても網の目が粗すぎてむずかしい」[6]ことを挙げている。そのため、「自分のほうが幅広く読んでいて、そこへ子どもを浮かべてみる」という方法をとり、子どもの読み、つまり子どもの理解や発想、思考などの学習状況を捉えるための「網の目」を構築するべく、「教師である私自身の学習の時」の自身の「頭の中」「自分の心の中」を観察し、そこに生じたことを土台としている。

　次に、学習者からの出発である。大村は「教師である私自身の学習の時」の自身の「頭の中」「自分の心の中」の観察には限界があることを認識し、「子どもの身になって、あの子が読むとどいうふうに考え」るかという学習者の思考過程からの出発を考えている。大村の学習者把握は、井上敏夫が「心理学者も及ばないほどの洞察力」[7]と評し、波多野完治が大村の学習者に対する心理把握を「中学生の心理」と「教授学習過程に関するもの、すなわち教室心理に関するもの」の2つにわけて整理してみせた[8]ように、大変に見事である。この大村の学習者の心理把握が「学習の手びき」に反映され、学習者を導くものとなっている。

　このように大村は、「一つ二つしか思いついていないものを持っていくものですから、その乏しさが、生徒を引っ張っていくというような自然でない感じになるのだと思うのです」[9]と指摘し、「自分が与えることのできるものを豊かにもつこと」[10]が重要であることを述べる。学習者が引っ張られたと感じることなく学習に夢中になって取り組む状況を整えるために大村は、自身の「頭の中」「自分の心の中」を観察するとともに、「子どもの身になって、あの子が読むとどういうふうに考え」るかという学習者の思考過程の推測から、豊かな手がかりを「学習の手びき」に示しているのである。

　さらに「学習の手びき」に対する大村の工夫に、「それがそんなに〜かなあ」等のように学習者のつぶやき（内言）での表現がある。それについて大村は、次のような理由があることを述べている。

子どもは、尋ねられたことへの答という形では、ほんとうのことは話せないものだと思います。（引用者中略）やわらかな雰囲気のなかで自分から口を開いたことば、私は子どものほんとうの心、本音は、そういう中でこそ聞けるものだと思います11)。

　学習者に「対象世界」との対話を深めさせ、学習者の持つもの発掘し、引き出し、「真実のことば」を語らせるために、大村は実に様々な工夫をしている12)。その一つが、大村が気づかせたいこと、考えさせたいことを「学習の手びき」の学習者の発言やつぶやき（内言）で示すという形態の活用である。
　こうした大村の身を以てする教材研究と教材開発、学習者に対する洞察によって、学習者の扉が一枚開かれ「真実のことば」を語らせる「学習の手びき」は作成されていくのである。

第2項　教師が大村はまの「学習の手びき」から「典型」を得るための道筋

1　大村はまの「学習の手びき」を体験すること

（1）　体験するという方法について

　大村の「学習の手びき」から自己の内部に位置付き、様々な事象を見取る目として、あるは、授業や教育を考えるフレームとなるべき「典型」を得るためには、「学習の手びき」の特性や機能を理解することが必要である。本研究では、「学習の手びき」の特性や機能を理解するための方法の一つとして、学習者として「学習の手びき」を体験するということを挙げたい。
　稿者自身も、「学習の手びき」の機能を捉えるために、前章で取り上げた図表を読むことについて、「学習の手びき」を用いて中学生の学習を追体験した。そのことにより、「学習の手びき」がそれを用いた学習者をどのように導くのかという機能を理解することができ、その学習過程を考察すること

で,「学習の手びき」の持つ意味に迫ることができた。そうした考察者の「学習の手びき」考察についての体験は,「学習の手びき」について,外側からではなく,学習を体験するということにより,内側からの理解がなければ,その意味は捉えることができないものではないかという考えを導いた。その経験を踏まえ,「学習の手びき」の特性や機能を理解するための方法の一つとして,「学習の手びき」を用いて中学生の学習を追体験するという方法,そしてその追体験をメタ的に眺めるという方法を提案する。

こうした考えに基づき,小中の学校の教員になることを希望している大学院生に,対し,「学習の手びき」を理解するための方法として,「学習の手びき」を用いて中学生の学習を追体験させ,それをメタ的に眺める体験をさせることとした。

なお,ここで取り上げるこの院生4名による体験については,第4章第2節第2項でも取り上げて記述している。第4章の場合は,授業展開を捉えることと,「学習の手びき」と授業で用いられた教材を用いて「学習の手びき」にしたがって学習をするという,まさに学習者となっての追体験の段階である。本章で取り上げるのは,その追体験の後の段階であり,自身の追体験をメタ的に見つめさせ,その過程でどのような行動や思考が生まれるか,それら生じた行動や思考は,どのような学習や力を伸ばすことになっているかということについて考えさせ記述させた。

(2) 体験の実際
① 対象とした大学院生と体験の概要

対象とした大学院生は4名(院生A・B・C・Dと記述)で,ストレートマスターである。学部での所属学部は,文学部と教育学部と異なるが,いずれも学部教育の段階で国語科教育を選択している。そして全員が大村はまや国語科単元学習については「講義」という形態によって学び,それぞれに知識として持っている。しかし,大村はまに関係するものや単元学習についての

卒業論文等による研究は，これまでに行っていない。

　体験は，大学院における授業の一環として2014年4〜7月の「教材研究力の開発」の中で行った。まず，国語科単元学習についての理解を図り，その実際例として大村の「古典への入門—枕草子によって—」（1976年10月・2学年）と「楽しくつくる『旅の絵本』」（1977年11月・1学年）について，それぞれ『大村はま国語教室』の記載内容を参考として，授業展開を捉えさせた。その後，「学習の手びき」と授業で用いられた教材を用い，「学習の手びき」にしたがって学習をさせながら，その過程でどのような行動や思考が生まれるか，学習者になって何をし，何を考えているかということを記述させ，さらにそれら生じた行動や思考は，どのような学習や力を伸ばすことになっているかということについて記述させた。その際には，授業展開にあるように「あとがき」も記述させている。

　それらを踏まえ，気づいたことや自身の実践で活用したいと思うことを記述させた後，それぞれの気づいたことや自身の実践で活用したいと思うことについて交流させた。

② 体験の実際

　体験の実際として，【資料5-②】に，「楽しくつくる『旅の絵本』」（1977年11月・1学年）において，学習を体験した際の大学院生Bの記述の一部を示す。

【資料5-②】「楽しくつくる『旅の絵本』」の学習体験（院生Bの場合）

学習者になって何をし，何を考えているか	どのような学習や力の伸長と関わるか
①表紙をよく見る（裏表紙も）。 　絵に興味　街　草原　値段	⇒興味関心を喚起する。（絵本という形態は，表紙が中身を暗示しているため，ワクワク感がある）
②ページをめくっていく。 　中表紙の色　この絵すきだなー	⇒教員が一人一冊用意したことを思い，大切にしようと思う意識が生まれる。美的感

第2節　個性化と個別化を実現する「学習の手びき」に至るまでの道筋　　295

波の描写凝視　ウクレレの音 寂しそう旅立ち	覚　想像力
③めくる。前のページとの繋がり考える。 　　人より動物に目が行く　画材を考える	⇒分析力　関連性を見出す力　観察力 少しずつ何か自分の目につくものが見え始め好奇心がくすぐられる ⇒話の流れを想像したり，見たものをつなぎ合わせて流れを考えたりすることで，想像力・思考力
④埋葬のページを見て泣きそうになるが，前のページに戻ってバスケを行っている若者との落差を見なおす。こどもに目が行く	⇒他者に共感する力・比較する力
⑤私との生活と比較し始める。 　　時代　くらし　国	⇒自分の生活と教材内容を結び付けて考える力　知的好奇心をくすぐる
⑥有名な人物が描き込まれていることにびっくりして他の人に見て見て！　と言いたくなる。 　　他の人の絵本にも居るのかしら　他にも何か　キャラクターが居るのかも	⇒他者と発見を共有しようとする　コミュニケーションをとるきっかけを得る ⇒発見したことを土台として，さらに発展させる意欲の向上
⑦あまりに絵に見入りすぎて，どの場面か決めなくちゃいけないことを思い出して困り始める。 　　どの場面を書こうかワクワクする反面，ただ普通に眺めていたい気持ち　時間がもっとほしい	⇒時間配分（計画性）
⑧にぎやかな場面が続くが，序盤の埋葬のページが頭から離れない。また海に戻ってきた。	⇒絵本（教材）の構成について考える
⑨最初のページを見返して，ボートの人が一周したのではないかと見比べる。	⇒全体の様子（概要）を把握する力
⑩あとがきを読む。 　　作者が日本人だったことを思い出し，読み始める前に「なんで外国の昔の暮らしがこんなに細かく描けたのだろう」と驚く 　　作者のあとがきの年数を見て，自分の生まれ年と比べて，幼少期の記憶・体験を	⇒読解力，推察する力 ⇒自分と作品の関連性を見出しながら比較する力　自分の記憶や体験との比較（自分との対話？）

思い出す	
⑪もう一度表紙を見る。	
⑫パラパラっとページを見直す。	⇒自分の創る話の構成を考える（構成力）
どこにしようかな，と考えながらも，やっぱり埋葬のページが気になる	
こんなに悲しい場面を選んだら他の人にどう思われてしまうか気になる	⇒他者のことを考える（相手意識）　自己開示？
⑬旅人がどんな気持ちでそこに居るのか想像しながら何度も見直す。やっぱり埋葬のページが気になって仕方がない，書こうと決める。	⇒構成について考える力 ⇒時間配分を決定して計画を立てる力 ⇒多くの情報を整理し，「一番興味のあったページ」というように，情報を取捨選択
⑭そのページに何が描かれているかよく見ながら，頭の中ではそこに描かれているものの音や温度を聞いたり想像したりしている。ラッパの音，荒野に吹きすさぶ風，砂っぽさ，馬の気持ち，犬の気持ち，人々の考えていること，亡くなった人はどんな人か，穴は誰が掘るのか	⇒観察力　想像力　今まで気づかなかった部分に目を向け，まだまだ発見があるのだと子どもに飽きを感じさせず，想像力を働かせる ⇒他人の気持ちについて想像する（想像力？　共感力？）
⑮ラッパの音から書こう	⇒自分の中の語彙を探索する力　語彙力や絵本に出てくる事象に関する知識
ラッパはラッパ以外になんて書けるだろう，トランペット？　違うなあ。ファンファーレ，もっと違う。ラッパでいいかなあ。でもラッパじゃ言葉の響きが間抜けじゃないかしら。とりあえずラッパで書いて後から直そうかな。	
「聞こえた」「風に乗って届いた」どっちがいいかなあ。「耳鳴りのように」「突き抜けるように」「微かに」どれだろう。一文目は短く簡潔に書く方が私は好きだ。ポンと平易に書き始める方がかっこいいと思う。	⇒言語感覚。自分の知る語彙の中から言葉を選択し，自身の表現を磨いたり深めたりする力。自己表現の探究心の向上。
でも誰にでも書ける表現は嫌だなあ。かっこいいというか，胸に響く一文にしたい。一文目からは埋葬の描写とは思わないような。	⇒構成力
「〜のように」は使いたくないな。	
直喩より隠喩がいいな。馬の視点で書こ	⇒表現技法の知識を活用する力

第2節　個性化と個別化を実現する「学習の手びき」に至るまでの道筋

う。お尻を向けて草を食べている馬が気になる。	
～作成した作品文章～	
ラッパの音が岩山を突き抜ける。なんていい音。私は草を食んでいた。こうべをたれて食んでいた。草を食むのは私だけ。よしゃあいいのに，私の仲間たちは，人間たちの湿っぽい顔をジッと見ている。 　人間がひとり死んだ。今しがたここに埋めた。このときばかりは気の毒に思ったが，私には関係のないことだった。黒い服に身を包んだ人間たちがさめざめと泣いている。私の仲間が死んだとき，彼らは私に黙ってどこかへ連れて行ってしまった。あいつのときもこんな風に泣いてやったんだろうか。どうせならもっとそばで泣いてやればいいものを。草を食むわけでもなし，人間たちはこうべをたれて，地面を見つめるばかり。 　ラッパの音が岩山を突き抜ける。なんていい音。私は草を食んでいた。こうべをたれて食んでいた。帰路の軽さと重さを思いながら，私はこうべをたれていた。	
～あとがき～	～あとがき作成から分かること～
「旅の絵本」を先生から渡されたとき，とてもわくわくしました。表紙いっぱいに描かれたニューヨークの街並み。ちょっぴり淡くて優しい色合いと，フリーハンドの温かな線がとても素敵で，しばらく表紙を眺めていました。 　いざページをめくってみると，あまりにも細かい描写に惹きつけられて，しばらくはこの絵本で文章を書くことなど忘れてしまっていました。にぎやかな街並みを書こうか，それとも森の中で楽しそうに話している恋人たちを書こうか，目移りしました。しかし，初めて見た時から荒野のページが気になって気になって，最後まで読んでしまっても，心に引っ掛かったのはやっぱりその荒野のページでした。埋葬するために喪服の人々が集まっていて，他にも楽しそうなページがたくさんあるのに，こんなに暗そうな場面を選んでいいのだろうかと迷いましたが，楽しそうなページが多いぶん，寂しげなところが心に響いたのです。 　文章を書くとき，真っ先にラッパの音を	てびきに沿ってあとがきを書くことで，自分がどんなこだわりをもって文章を書いたか振り返ることができる。また，「学習の手びき」の（注5）の「×へたでも，一生けんめいやったのだから……」という言葉が，無駄な謙遜を防ぎ，それによって必要以上に自己の能力を卑下することが無くなる。 　箇条書きにしないことで前後の内容の繋がりを理解し，思考の流れを構造化して文章に起こす方法を知らず知らずのうちに習得する（習得を促す）ことができる。 　個を大事にする授業は，教員が生徒一人ひとりを大事にするだけでなく，生徒自身が自己の個を大切にできる授業であることがわかる。

書こうと思いました。どの視点で書くかは迷いましたが，一頭だけこちらにお尻を向けて草を食べている馬が気になったのでその馬の視点で書くことにしました。工夫したところは，馬も人間も別の理由で頭を垂れているところを書いたら対比的で面白いのではないかと思い，その描写を入れたところです。

　書き終えてみると，文章を書くときの言葉選びや，リズムなどを自分が割と大切にしていることが分かりました。他の場面でももっとたくさん書いてみたいと思いました。他の人の文章も見たら，その人がどんなことを大切にしているか分かるような気がしますし，それを知ることはとてもわくわくすることだろうと思いました。

　4名の大学院生は，それぞれに取り上げた場面や書き方が全て異なり，学習者個々が自己の内面と対話しつつ，書けそうなところ，書きたいところを見つけながら絵本を読み進めていた。「どのような学習や力の伸長と関わるか」という点においては，想像力，観察力，情報を関連させたり推察するといった思考力や構成力，表現力，語彙力の伸長が共通して挙げられた。また，いずれ大学院生においても学習を楽しみ，達成感を感じている様子が捉えられた。

　こうした4名の大学院生の学習過程と作品は，指導者にとって院生それぞれの物事の捉え方や思考の様子を探るきっかけともなった。4人の院生の作品は，不幸の中にもちょっとした幸福を取り上げたもの（院生A），人の埋葬場面を取り上げながら生死についてシニカルに描いたもの（院生B），遊びや生活の楽しい部分のみを選んで書いたもの（院生C），日常の生活場面とそこから聞こえる会話を描いたもの（院生D）である。彼等の作品やあとがきを読むことによって，その個々の関心や思考を推察することができ，まさしく指導者の学習者理解（アセスメント）につながるものとなっていくことを実

感することができた。

(3) 大村の「学習の手びき」の体験から得られること
　個々の学習の後に，大学院生4名で上記の「学習の手びき」を用いた学習を行ったことについての意見交換をさせた。そこでの発言を「　」で示しながら，整理する。
　まず大学院生が挙げたのは，「こうしましょう，こう書きましょうと教え込まれているというのではなく，思わずしてしまう（読ませてしまう，考えさせてしまう，覚えてしまう）」ということに対する驚きである。「学習の手びき」によって「思わずしてしまう」ことは，「学習に集中させることができるようにモデルなどを用いて不安を持たせない」という効果もあるが，それだけではなく，「義務感で学ぶという感じを持たせない」こと，「教師の陰からのサポートによって子ども達に自分で出来たという達成感とこれからこのように文章を書けば良いのかという自信にも繋がる」という効果が挙げられた。
　次に挙げられたのは，学習の広がりと深まりに関する内容である。「指示されたわけではないのに，そこにあるものについて調べようとしたり，知りたいと思ったり」「思わず必死で隅々を見たり」という知的好奇心の刺激，「表現技法など，前の学習内容とのつながりや，歴史的な知識等他教科とのつながり」「人はどう考えたのだろう」という学習内容相互の関係や他者の学習内容への関心という学習の広がりが期待できるという効果が挙げられた。さらに，「自己とのつながりがある」という点から，「自分は？　と自分の気持ちや自分の考え方を探る」ということから，学習の深まりに対する効果が挙げられた。
　以上のことから，学習者が義務的ではなくそのことを思わず「してしまう」ように導き，学習を広げて「対象世界」や自己との対話を導くという「学習の手びき」の持つ学習効果を，院生が実感していることが捉えられる。

2　自己の教育観と対面すること

　【資料5-②】の中に，「個を大事にする授業は，教員が生徒一人ひとりを大事にするだけでなく，生徒自身が自己の個を大切にできる授業であることがわかる」という大学院生の言葉がある。これを記した院生Bは，大学院入学直後に行った学校における実習の中で実施した授業に対し，「どうやって，意味を教えるか，どうやってわかってもらうか」という言葉を常に発していた。同時に，「多くの生徒に発言してもらいたい」ということばも聞かれていたが，その発言の内容は，教師が期待する"答え"であり，それらをどのようにして引き出したらよいのかということに対することが，院生Bの中心的な悩みであった。そうした，院生Bの発言は"正しい何かを教えること，理解させることが教育である"という教育観を示しており，院生Bにとって，「個を大事にする授業」とは，"学習者個々が教材等の「対象世界」の内容を正しく理解するために個々に対する配慮を行うこと"であった。

　院生Bがこの「教材研究力の開発」という科目を受講していた同時期に開設され，本人が受講した科目に，教師観を追究する科目もある。それゆえに院生Bの教育観の変容は，決してこの「教材研究力の開発」という科目の受講によって大村の「学習の手びき」を体験的に学んだことだけに因るものではない。しかしながら，「個を大事にする授業は，教員が生徒一人ひとりを大事にするだけでなく，生徒自身が自己の個を大切にできる授業であることがわかる」という記述からは，院生Bの「個を大事にする授業」のイメージが変わっている様子が捉えられる。それは，「生徒自身が自己の個を大切にできる授業」ということばが示すように，「対象世界」の内容を正しく理解するために個々に対する配慮だけではなく，"個々の中にあるものを発掘すること"が「個を大事にする」ことだという授業や教師の仕事に対する認識への変容である。

　こうした教育観の変容や教育のあり方への考え方の変化は，院生Bだけに

生じていることではない。他の3名の大学院生も、「教える」「教え込む」のではなく、「させてしまうこと」や、学習内容の理解だけではなく、個々の内面との対話を成立させなければ学習が成立したことにはならないこと、「個を大事にする」ことの意味等、大村の「学習の手びき」を体験する学習体験によって、自己の教育観を次第に変容させている。次々項の4において詳述するが、この「個を大事にする授業は、教員が生徒一人ひとりを大事にするだけでなく、生徒自身が自己の個を大切にできる授業であることがわかる」と記した院生Bは、その後「学校における実習」で、学習者個々の体験と向き合いながら教材を選択・構成した授業を行い、その中で生徒自身が自己の個を見出す「学習の手びき」を開発した。

3　教師が大村はまの「学習の手びき」から「典型」を得るための道筋

（1）　道筋1―学習者として体験すること―

　対象とした院生4名は、前述したように全員が学部教育の段階で国語科教育を選択し、大村はまや国語科単元学習については「講義」という形態によって学び、それぞれに知識として持っている。しかし、今回のように大村の「学習の手びき」を用いた体験的な学習は行っていない。対象とした院生は、今回の学習が終了した際に、「大村はまの実践については、学部でも学んできたし、大学院入学前の課題として『教えるということ』を読むように指示されていたと思いますが、今回の学習で何か収穫がありましたか？」という授業内での授業者（稿者）の質問に対し、次のように発言した。

・『教えるということ』を読んだだけでは、わからない。自分の中に入って来ない。
・大村はすごい先生だということはわかっていたが、何がすごいのかわからない。具体がわからない。疑心暗鬼（ここまでできるの？）。すごいことを言われていると思ったが、授業の具体が見えない。
・体験したら、学習者のことを考えて、丁寧にしていることがわかった。大村が

意図することがわかったら，大村の価値が分かった。
・生徒個々を見ていないとできないことだと実感した。ここまで子どものことを考えているとは思わなかった。授業中の配慮が実感できた。
・どんな授業をしたのかわかったし，気づきを書き出す中で，大村はこういうこと（実感を伴った理解，自分の生活とのつながりを考えさせるような授業等）がやりたかったのかということがわかった。
・学部時代，よくわからないなりに，すがるように大村の全集の古典の一冊だけは読んだ。それで，方法だけもらってできたと思う。でも意味や意図がわからなかった。

　こうした発言からは，解説的な内容の授業を受けただけでは，大村実践について「すごい」というイメージが教えられたものの，その具体はわからないままであり，とても自分に迎え入れてみようというものではない状態にあることがわかる。しかし，体験によって具体を理解すると，その意図や価値を実感している。
　こうした大学院生の反応と前述した「1　大村はまの「学習の手びき」を体験すること」「2　自己の教育観と対面すること」における大学院生の状況からは，教師が大村の「学習の手びき」から「典型」を得るための道筋として，学習者としての体験により，「学習の手びき」を内側から眺め，そこに存在する機能の実感的理解の過程が重要であることが示唆される。できれば，体験することに合わせて，「学習の手びき」に存在する機能がどのような学習を成立させているのか，そうした「学習の手びき」を用いることにより，学習者を育成することになるのかということについて考えさせたり，言語化させたりすることが，「学習の手びき」から「典型」を得て，自己の教育観の変容を導くことになる。

（2） 道筋2―授業構築に参画すること―
① 道筋の背景となるもの
　本項では，先述した体験によって具体を理解するという方法に加え，この後，自己の内部に位置付き，様々な事象を見取る目，あるいは授業や教育を考えるフレームとして働くことになるべき「典型」を，大村の「学習の手びき」から得るための道筋として，前項の対象院生の一人である院生Bを対象として試みたことを挙げておきたい。
　第1章第1節第3項の3において，教師は授業や様々な学校での場面で子どもに対するとき，無数の選択・思考・判断をしていること，そして，その選択・思考・判断は，教師の内面に存在するものに左右されることを記述した。ユトレヒトの教育学者Korthagenは，教師の内面に存在するものについて「ゲシュタルト」を挙げ，教師が成長する過程には，具体的事例の経験，包括的な「ゲシュタルト」形成に対する省察，それによって生まれたスキーマに対する省察と見出した理論（主としてフロネーシス　実践知「小文字の理論」）の省察が求められるという考えを提示している。それを図解したものが，次の【資料5-③】である。
　先に，第1章第2節第3項の3の授業改善への道筋について記述する中で，村井万里子の理論と実践の本来の関係についての論述を取り上げた。それは「典型」となる実践に出会い，それを解釈することによって自己の内部に位

【資料5-③】「The three level model of learning about teaching」[13] (Korthagen 2002)

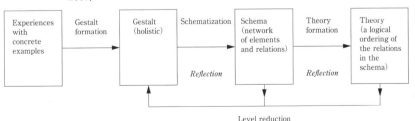

置づかせることが必要であることであった。「典型」となる実践に出会うことは，【資料5-③】で言うところの「具体的事例の経験段階」で行われることである。

　「具体的事例の経験」は，その個が生まれてからこれまでの経験全てが反映されることもあり，非常に複雑であり混沌としたものである。さらに教師は教師となってからも「具体的事例の経験」を集積するのであり，その教師の勤務先，同僚や上司の存在，学校を取り巻く時代や環境の「具体的事例の経験」に対する存在は大きい。もし，教師の内面に存在する「ゲシュタルト」を形成する教育に関する「具体的事例の経験」を，意図的選択的に行うことができるとすれば，それは大学や大学院での授業や実習である。具体的には，大学や大学院の授業や実習において教師教育者によって選択された「『典型』性の備わった実践」を考察したり，その実践から導出したことを用いて自身で授業を構築し授業を実施することである。もちろん，教育に関する「具体的事例の経験」を意図的，選択的に集積したとしても，個が持っている「具体的事例の経験」を塗り替えることはできないであろうし，その個の中でどのような経験のエレメントが選択されてスキーマとなっていくのかについては誰もコントロールすることはできない。しかし，望ましい教育に関する「具体的事例の経験」と考えられるものを教師教育者側が選択して配置し，「『典型』性の備わった実践」についての解釈や，授業実践と省察を支援することは可能である。

　こうした考えに基づき，院生Bに対しては，教育に関する「具体的事例の経験」を意図的，選択的に集積させることとした。4名の院生のうち院生Bを選択したのは，大村の「学習の手びき」を体験させた際に，「生徒自身が自己の個を大切にできる授業」について具体的に知りたいと考えていたこと，そして，M1前期の授業内容についての反応から，院生Bは授業の中でも時に応じて自己の内面とのアクセスする姿が見られ，同学年の中では「内的志向」[14]が顕著であったことによる。

教育に関する「具体的事例の経験」を意図的，選択的に集積させることは，教育に関する具体的事例を単に集積させることではない。教育に関する具体的事例を経験に昇華させるためには，具体事例について分析・考察を行うことや，自己の内面とアクセスし，存在する「ゲシュタルト」の形成・修正に繋げなければならない。自己の内面とアクセスし，存在する「ゲシュタルト」の形成・修正に繋ぐための方法として，辿らせる道筋には，Korthagenらが開発した「事前構造化・経験・構造化・焦点化・小文字の理論の形成」の5段階という省察のプロセスを用い，院生Bが在籍していた大学院での「学校における実習」で特に授業力育成の領域に関する科目と2つの実習を5段階という省察のプロセスに配置した。

　なお，「事前構造化・経験・構造化・焦点化・小文字の理論の形成」の5段階という省察のプロセスについては，Korthagenの『The Pedagogy of Realisthic Teacher Education』の邦訳『教師教育学―理論と実践をつなぐリアリスティック・アプローチ―』(2010) の記述を用いて整理し，【資料5-④】に示す。

【資料5-④】「5段階の省察プロセスについて」

段　階	内　容
事前構造化	実習生がこれから経験することについて事前の構造化を図る。この事前の構造化を図る段階を通して，物事を捉えるための「メガネ」を手に入れることとともに，学びのニーズを感じる。
経験	実習生は学校に出むき，経験を積む。ここで経験されたことが，その実習生に特有の関心を生み出し，「ゲシュタルト」を引き出すことにつながる。
構造化	実習生は経験したことを報告し，教師教育者は実習生とともにその経験を構造化し，明確化や分類，一般化を通して，実習生の「ゲシュタルト」を焙り出す。実習生の積んだ様々な経験の「無秩序さ」の中に秩序をもたらすことになる。
焦点化	実習生が口にした関心や「ゲシュタルト」に沿うものを選択し，経験や引き起こされた「ゲシュタルト」に焦点を当てて，より詳しく検討する。

小文字の理論の形成	これまでの過程で出されたことを抽象的なレベルで分類したり，理論的な解釈を加えたり，理論的な概念や原理（フロネーシスであり，実習生の経験や将来設計と直接つながるものであるべき）を紹介したり，実習生に理解させたりする。

※　ただし，これらは，サイクルであり，多くの場合，焦点化と小文字の理論は，ほぼ自動的に事前の構造化につながるとされる。

②　院生Bの辿った道筋

院生Bが集積した6つの教育に関する「具体的事例の経験」と5段階の省察プロセスとの関係を【資料5-⑤】に示す。

【資料5-⑤】「教育に関する具体的事例と5段階の省察プロセスの関係」

5段階	事前構造化	経験	構造化	焦点化	小文字の理論の形成
教育に関する具体的事例の経験（授業科目や実習等）	❶科目名「教材研究力の開発」の授業 ❷科目名「教科内容研究と教材開発」の授業	❷「教科内容研究と教材開発」の授業 ❸実習「TA実践インターンシップⅠ」による授業実践 ❺実習「TA実践インターンシップⅡ」による授業実践	❹授業構想過程の比較整理 ❻経験❸と❺で実施した授業の省察	❹授業構想過程の比較整理 ❻経験❸と❺で実施した授業の省察	❻経験❸と❺で実施した授業の省察

6つの経験については，実施時期の順に❶～❻を付している。これらの実施時期については2014年度～2015年度である。

なお，【資料5-⑤】に示した❷❸❺については位置付けが多少異なるので，説明を加える。❷については他者[15]の授業構築に参画したものであり，院

第2節　個性化と個別化を実現する「学習の手びき」に至るまでの道筋　307

生B自身が授業を構築して実践したものではない。❷に参画し授業を参観したことは，授業構築についての「メガネ」を手に入れることとともに学びのニーズを感じるものでもあり，経験とともに事前構造化にも位置づけることができる。また，❸と❺の関係であるが，❺は❸で行った授業実践から課題となったことに対して工夫を加えて実施した授業であり，❸と❺は扱った教材は異なるものの，連続性を持っている。

　院生Bは経験❶において，「『典型』性の備わった実践」である大村はまの国語科単元学習のうちの2実践[16]について，生徒の身になって追体験し，気づいたことを言語化（話し合い・記述）した。そのことにより，大村の優劣を超えるという発想，生徒個々の内面を引き出したり，生徒個々の能力を育成するための授業展開や工夫に気付くとともに，具体的方法を知りたいという「ニーズ」も持った。そしてその「メガネ」と「ニーズ」を手にして，経験❷に向かい，現職派遣院生（20年程度の教員経験）の国語科授業（教材：文学教材「わらぐつの中の神様」）の授業構築に参画[17]した。その結果として"児童の課題意識を刺激して課題意識を持たせ，個々の関心に従って学習課題を選択させてコース別の学習を行う"という授業展開について理解を深めたり，表現を味わうコースの学習者が「オノマトペを使うよさ」を考える際の「学習の手びき」を開発した。院生Bが作成した「学習の手びき」の中では，「並べてみると……」「どんな感じかというのが伝わるのは……」「こうして比べてみるとオノマトぺって……」「だからオノマトぺの良さは……」といった大村の「学習の手びき」に用いられていた学習者の心の中に浮かんだものと引き出したり，考えるきっかけになる表現を用いている。

　さらに経験❹と❺では，自身で生徒に学習課題を選択させるコース別授業を構築し，それぞれ，「学習の手びき」を開発している。教材についても❹では教科書教材の「握手」（井上ひさし）を用いたが，❺では学習者の生活経験や状況を勘案した上で，教材とする和歌を万葉集，古今和歌集，新古今和歌集の中から選択し，恋の歌と防人の歌各4種を教材化した。院生Bは和歌

を理解することについて，生徒個々の内側にある「自己の個」を見い出すという視点から，生徒自身が生活に和歌を迎え入れて実感を伴って理解することと考え，学習場面で俗に"お客様"と称される状況になりがちであった数名の学習者を特に意識して授業を構築し，最終的に"彼ら独自の発見"を導くことに成功した。当然，その授業を構築し展開する過程では様々な葛藤[18]があったが，経験❹と❺での授業構築と授業実践その過程で院生Bが常に意識していたことは，現職派遣院生の授業構築のプロセスに参画していた経験❷での学修内容である。院生Bは「授業構築時の「経験❶❷」経験前後の思考を比較させた際に，「わらぐつ（注：経験❷のことを指す）」のように生徒が夢中になって活動する方法をとりたい。せっかく貴重な体験をしたのだから，今度は自分でもやってみたい。「わらぐつ」で感じた手応えを信頼して，自分のものにしたい，挑戦したい」と記述した。さらに自身の授業構築の過程を構築する際に経験❷を繰り返し想起したことも，「授業構築時の「経験❶❷」経験前後の思考の比較について報告する際に発言している。こうした記述や発言からは，これから教師となる院生Bの中で経験❷について精緻化が図られたこと，経験❷がモデルとして機能し始めていることが見出せる。

　院生Bが，教え込むのではなく生徒にさせてしまうという学習の在り方に出会い，生徒個々の内側にある「自己の個」を見い出さねばならないという教師の役割に気づいたのは経験❶の事前構造化での学修である。しかし，それをどのように具体化するのかということを学ぶことができたのは，単なる参観ではなく，授業構築に参画するという経験❷の学修経験である。参画という形で徐々に関わりや理解を深める経験❷は，事前構造化と経験，あるいは，これまでの自己の「ゲシュタルト」と新たな「ゲシュタルト」形成の架橋となるものであり，院生Bの辿った道筋において，有意なものとなっている。第1章第2節第2項3で述べたように，「『典型』性の備わった実践」に出会い，それを解釈し「典型」を導出しても，そこに実感が伴わなければ，

教師の内部に位置づき,「『頭の中』に入って増殖をつづけ一般性をおびるような具体」とはなり得ない。ここでの院生Bの学修過程は,実感を持ってその「典型」を理解することになり得たと考えられ,これによって新たな「ゲシュタルト」の形成が図られたと推察される。

　大村はまや国語科単元学習について「講義」という形態によって学び,それぞれに知識として持っていても,それをすぐに実際の教室で実現することは困難であろう。「大村はすごい先生だということはわかっていたが,何がすごいのかわからない。具体がわからない」だから,できないという事態を生むだけである。そうならないためには,「講義」という形態によって学び,それぞれに知識として持つという道筋ではなく,次の2つのプロセスを取り入れる必要がある。一つは,大村実践を体験することで内側から眺め,そこに存在する機能を実感的に理解する過程を経ることであり,もう一つは,院生Bのように,熟達者の授業構築に参画するという学修経験を経ることである。

　院生Bは,大村実践の追体験（経験❶）や熟達者の授業構築への参画（経験❷）,経験❹の省察を挟んだ実践（経験❸と❺）も含む意図的・選択的な経験から,経験❻において,33の小文字の理論（フロネーシス　実践知）を記述した。こうした過程から導出した小文字の理論は,自らの経験を踏まえたものであることから,熟達者から若手教師に対する「知識・技能の伝承」[19]とは,その質が大きく異なる。最近の教育現場での状況は,早急な「知識・技能の伝承」を求める。そうしなければ現場が動かないという事情もある。しかし,表層的に,あるいは性急に若手教師への「知識・技能の伝承」を求めるということは極めて危うい。時間や手数がかかることではあろうが,村井が指摘するように「『典型』性の備わった実践」に出会い,それを解釈することによって自己の内部に位置づかせること,あるいは,自己の内面とアクセスし,Korthagenの述べるところの教師の内面に存在する「ゲシュタルト」の形成や修正に繋ぐことこそが重要であり,そのためには,大学や大学

第3項　授業における個性化と個別化の実現に向けて

1　学習者からの出発の必要性

　第1章第2節第2項「授業改善への道筋」の中で，現代の学校が抱える問題として，「原理万能主義に依拠した知識伝達型教育」から多様な視点や「多様な視点から考え続ける思考過程」そのものを重視するという"協働的な学習"への転換を図る必要があることを挙げ，それに対応できる「『典型』性の備わった実践」を見出すことが授業改善に必要であることを述べた。そして対応可能な「『典型』性の備わった実践」条件として4点を挙げた。

　本研究では，その4点の条件にマッチするものとして大村はまの実践を取り上げ，その中核を為す「学習の手びき」についての考察を続けてきた。この大村の「学習の手びき」は，4条件の中の「個別的指導が「相互作用」や「かかわり」の中で行われ，個々に必要な能力を「個人が対象世界や道具，他者と出会う」過程で身につけていく個性化に基づいた個別化」の実現に不可欠なものである。そして，「学習の手びき」作成までの実際のプロセス（本章第2節第1項）において，大村の「学習の手びき」の作成過程には，大村自身からの出発と学習者からの出発学習者からの出発の2つがあること，そして大村は「教師である私自身の学習の時」の自身の「頭の中」「自分の心の中」の観察には限界があることを認識し，「子どもの身になって，あの子が読むとどいうふうに考え」るかという学習者の思考過程からの出発を行っていることを述べた。

　「原理万能主義に依拠した知識伝達型教育」から「多様な視点から考え続ける思考過程」そのものを重視するという"協働的な学習"への転換を図る必要があり，その"協働的な学習"の成否を握るのは，個々の学習を交流さ

せる前段階の個別での学習の充実にある。大村の「学習の手びき」は，その個別での学習を充実させることに対し，大変有効な手だてとなるものであり，今後求められる資質・能力を育成するための学習には不可欠にして強力なアイテムとなる。その手だてに対して重要になるのが，学習者理解と把握という学習者からの出発なのである。

2　授業研究の場の活用による学習者理解

（1）現状にある課題

　学習者の思考過程からの出発のためには，学習者理解と把握ということが課題であり，そのために現場の教師は様々な方法を用いてきた。アセスメントのための単元を設定することもその一つであろうし，レディネステストのようなものやアンケート，日常の会話，学習者の記述したものや学習者の内面を引き出すような問いかけや仕掛け等，活用すべきものは多く有る。それらと変更して本項で特に取り上げたいのは，学校で行われている授業研究という場の活用である。学校で行われている授業研究の場こそ，多くの教師の目が集まるところであり，学習者把握のために教師個々が自己の学習者に対する意識と捉え方を見直し，学習者理解を深める絶好の機会である。ところが以下に示すように，学校で行われている授業研究という場において，学習者理解が行われにくいという現状がある。

　学校で行われている授業研究という場は，授業整理会，校内研修，授業研究会等の名前で呼ばれる授業を参観して，授業のあり方について検討する協議会であり，毎月あるいは，毎学期に1～数回，学年や学校を単位として行われている。研究公開として年に1度行う場合もあるが，実は，授業を巡る協議会での教師の実際の発言を対象として分析し，分類整理した結果，授業を巡る協議会に参加する教師の発言は，他者の指導法に対する意見や自己の考えの主張が主であり，自己の省察や学習者についての発言が少ない実態があることが明らかとなっている[21]。こうした傾向は，授業中の教師の思考

や他者の授業参観中にも現れている。「初心者」「熟達者」双方の思考が共通しているのは，自身が授業者である場合には，教師の都合の良い学習者の反応だけを取り上げ，予想外のものは取り上げようとしない。また，参観者となっている場合には，その授業を点検したり評価したりする意識で参観することが多く，参観した授業にある事実を自己に向けて自己の思考を省察したり，学習者の思考を学習者の視点から追究して，知を共有しようとする意識は少ない。「初心者」の場合は予想外の反応を示す学習者に対するものや他者の授業展開等について，追究的思考を開始する場合が多いが，「熟達者」の場合は，自身の判断や考えを優先させた価値判断を行い，「なぜ〜なのか？」という学習者について追究的思考を開始することが少ないのである[22]。その理由であるが，「初心者」と「熟達者」共通の課題としては，自己に都合のよいことを取り上げて授業を展開させる傾向や他者の授業を自己の規準で評価する傾向があり，特に「熟達者」の場合はその傾向が強いためである。そして「熟達者」の場合は，その背景にこれまでの研修等によって構築された授業や授業研究に対する考え方がある。

　こうした公開される授業を参観する場や授業を巡る協議会の場こそは，実は，多くの教師の目があり，学習者のつぶやきや表情，理解の状態を捉える絶好の機会である。設定している仮説に基づき，対象児童の状況を捉えるということは行われている様子ではあるが，それはある意味では，教師の都合の良い反応を示すかどうかという教師サイドからの観察である。「子どもの身になって，あの子が読むとどういうふうに考え」るかという学習者の思考過程からの出発ではない。

　第2章にも挙げたが，ルソーはその著書『エミール』の中で，次のように述べている。

　　人は子どもというものを知らない。子どもについてまちがった観念をもっているので，議論を進めれば進めるほど迷路にはいりこむ。このうえなく懸命な人々

でさえ，大人が知らなければならないことに熱中して，子どもには何が学べるかを考えない。かれらは子どものうちに大人をもとめ，大人になるまえに子どもがどういうものであるかを考えない23)。

　これは，子どもの思考を大人が推理・推察することに対する困難性とその理由に対する指摘でもある。ある熟達者は授業を参観し，小学生が間違った理解をしていることに気づき，その間違いの過程について4通りを考え，授業後に間違えていた小学生に尋ねた。しかし，その小学生は，熟達者が考え出した間違いの過程以外のものを提示したのである。このように，できるようになってしまった「大人」の視点から，できる前の「子ども」の思考を推察するというのは，大変に困難なことである。学習者と指導者の間にはズレがある。そのズレを認識し，学習者の思考がどのように動くのかということを意識的に収集しなければ，大村の「子どもの身になって，あの子が読むとどいうふうに考え」るかという学習者の思考過程からの出発はできない。

(2) 学習者の思考過程からの出発のために

　学習者の思考過程からの出発を可能にするためには，学習者がどのように考えるのかということを推理しなければならないが，先述したように困難性を伴う。そのための具体的な方法として提案できることの一つとしては，Korthagen が示す「8つの問い」からの考察が挙げられる。

　Korthagen は，「何をしたかったのか」「何をしたのか」「何を考えたのか」「どう感じたのか」という4つの問を，指導者と学習者それぞれに設定し，指導者がそれを考えるという方法（「8つの問い」）を提案している24)。この方法は，指導者にこれまであまり考えることのなかった学習者の思考や感覚を考えさせる。学習者と教師である自己という異なる人間が，同じ場面でそれぞれ何を欲し (want)，何を行い (do)，何を考え (think)，どう感じ (feel) たのかということを立ち止まって考える体験は，学習者と指導者の間に存在

するズレを指導者に認識させる。教師は学習者の（want）（think）（feel）を，自己のそれらによって塗りつぶしていることにとを認識したとき，教師は相互に存在するズレに対して意識を向け，ズレを少しでも縮めようとする努力を始める。努力とは，まずは，相手の（want）（think）（feel）を推察することである。

　こうした学習者と指導者の間に存在するズレを話題としたり，学習者側の（do）に目をとめ，（want）（think）（feel）を考えることが，学習者の事実を知るために必要である。それらを知らなければ，個別学習を充実させるための「学習の手びき」は作成できない。学習者を大切にするための授業改善，学習者と指導者の間に存在するズレを話題としたり，学習者側の（do）に目をとめ，それを詳細に記述・記録し，そこに存在する（want）（think）（feel）を考える授業を巡る協議会が開かれるようになれば，学習者の思考過程からの出発を可能にする。他者（同僚）とともに，「8つの問い」を用いた省察（リフレクション）を行うことが，学習者を理解する有効な手だてとなり，学習者の思考過程からの出発した「学習の手びき」の開発につながるであろう。

　教師は自己一人だけの限界を知らなければならない。ある熟達者は，「担任であると，学級の子どもたちのことは，自分が一番よく知っていると思ってしまう」と述べたが，そうした感覚は彼女一人ではないであろう。もしかしたら，「担任は，一番よく知っている」（知らねばならない）ことを求められてしまうのかもしれない。しかし，それはとても危険なことである。一人の目に捉えられるものには限界がある。同僚等と協力して子どもの理解や発想，思考などの学習状況を捉えるための「網の目」を構築することが，個性化につながる個別化，「学習者の個人差に対してできる限り個別に対応すると同時に，個性の開花を支援する」を実現するための方法である。

　「一つ二つしか思いついていないものを持っていくものですから，その乏しさが，生徒を引っ張っていくというような自然でない感じになるのだと思うのです。」という大村指摘を胸に刻み，「自分が与えることのできるものを

第2節　個性化と個別化を実現する「学習の手びき」に至るまでの道筋　　315

豊かにもつこと」ができるように，教師のコンディションを整えることが重要である。

　Lous Aragon の「教えるとは希望を語ること　学ぶとは誠実を胸に刻むこと」と（「ストラスブール大学の歌」（大島博光訳））のことばはあまりにも有名である。では「希望」の具体は，何であろうか。それについては，様々な解釈が成立するであろうが，本研究においては「希望」を，個性化につながる個別的な指導の充実であり，「学習者の個人差に対してできる限り個別に対応すると同時に，個性の開花を支援」することである，そしてその具体を学習者に示すことと捉える。

　大村は，教えるということを，学習者に対象や自分の内面を見つめさせ，気づいていても意識下にあったり，形にならなかったりしているものを，引き出し自覚させる，あるいは，学習者だけでは気づかなかったことに考えを至らせることだと捉える。まさに学習者に対象や自分の内面を見つめさせ，気づいていても意識下にあったり，形にならなかったりしているものを，引き出し自覚させる，あるいは，学習者だけでは気づかなかったことに考えを至らせることこそが，「希望」への道筋であり，その先に個々が自己の存在価値を見出すことが，個々にとって「希望」となる。そのために，教師は，学習者の事実を見取り，そこにある学習者の思考を探らなければならない。そうした意味においては，学習者の真実，学習者の実態をできる限りにおいて捉えること，そしてそれに対する指導者である自身の内面と向き合い自身について気づくことが「誠実」ということになるのではないだろうか。

　学習者にとっての「希望」は，学習者の思考過程からの出発において見出されるものである。教師は，それを追究し続けなければならない。

注
1) 『大村はまの国語教室―ことばを豊かに』(p.40)
2) 大村の場合，第3章第2節第2項に記したように，グループ別に力や状況を分

析して「学習の手びき」を作成したり、学習者個々の感想そのものを育てるために、「指導者としてその文章を読んで、一人ひとりに手びきをつける」という実践がある。
3) 『教室をいきいきと2』(p.127)
4) 『教室をいきいきと2』(p.116)
5) 大村はま（『教室をいきいきと2』p.122)
6) 『教室をいきいきと2』(pp.121-122)
7) 井上敏夫（1985）「大村方式の理解から実践へ」（『大村はま国語教室　別巻』月報16　筑摩書房，p.3）
8) 波多野完治（1992）「巻末によせて」（大村はま『国土社の教育選書11授業を創る』国土社，p.181）
9) 『教えながら　教えられながら』(p.19)
10) 『教えながら　教えられながら』(p.19)
11) 『新編　教室をいきいきと1』（筑摩書房，p.22）
12) その一つとして複数の教材の編成がある。学習者に「対象世界」との対話を深めさせ、学習者の持つもの発掘し、引き出すための準備として、大村は「学習の手びき」の作成とは別に、多様な教材の準備がある。例えば、「古典への入門－枕草子によって－」であれば、清少納言の捉えた世界という「対象世界」を追究するために枕草子の3つの分野（「類聚的な段」「日記的な段」「随想的な段」（※）にわたる15編を萩原廣道考案のテキストにして教材として準備している。（※）分類は、永井和子の『日本古典文学全集十一　枕草子』の解説による。
13) 本図については、Korthagenが2002年にリスボン大学で発表した「Reframing teacher education: the realistic model Paper presented at the European Conference on Educational Research」から引用した。Korthagenは、Korthagen, F.A.J., & Lagerwerf, B. (1996). Reframing the relationship between teacher thinking and teacher behaviour: levels in learning about teaching. Teachers and Teaching: theory and practice 2 (2), 161-190. をはじめとして、著書においてもこの図を用い、教師の学びについて説明している。
14) KorthagenらがIVLOSにおいて分類した学生のタイプ。自身で問題を構造化したり経験したりすることを好む省察的な性質を持つ場合（内的志向）と、他者からガイドラインや枠組みを与えられることを好む場合（外的志向）を挙げている。IVLOSにおいては、こうした学生のタイプについての研究の結果、IEOテストを考案し、実施している。(2001　邦訳『教師教育学－理論と実践をつなぐリ

アリスティック・アプローチ―』2010　監訳　武田信子　学文社，pp. 102-105）
15)　大学院で現職派遣で学んでいる20年以上の経験を持つ熟達者で，授業力伸長のための実習で授業を行った。
16)　第4章や本章でも記述した「古典への入門―枕草子によって―」と「楽しくつくる『旅の絵本』」
17)　現職派遣院生が「学校における実習」で行う授業展開について協議し，活用する「学習の手びき」を分担して作成した。
18)　最も大きなものは，正しく理解させることが重要であり，教師はそのために指導すべきという考え方との葛藤であった。
19)　中教審答申（2015/12/21）「これからの学校教育を担う教員の資質能力の向上について～学び合い，高め合う教員育成コミュニティの構築に向けて～（答申）」p. 3
20)　若木常佳（2016）「実践的思考様式」の形成過程―Y氏に着目して―」（全国大学国語教育学会第130回新潟大会　発表要旨集　pp. 309-312）によれば，Y氏の授業観や学習観は，大村はまの実践や国語科単元学習の理念に出会った際に「腑に落ちた感覚」として残り，指導技術や授業構築のプロセスの重要性を認識する体験はその後であると述べ，さらに「技術や方法だけを使っている場合，なぜそれをするのか答えることができない。先に技術論だったら，それに飛びついてそれ以上を求めなかった。」というY氏の言葉を挙げている。こうした事実も，院生Bのような学修内容の必要性を示唆している。
21)　若木常佳（2013）「授業リフレクションの実践と課題」（教育学研究紀要，中国四国教育学会，第58巻，pp. 112-117）
22)　若木常佳（2015）授業場面における教師の「実践的思考様式」についての一考察（福岡教育大学紀要64号第4分冊　pp. 200-214）
23)　ルソー（1976）『エミール』（岩波書店，p. 18）
24)　Korthagen（2001）『Linking Practice and Theory』（p. 121）で「Concretizing questions for phase 2 of the ALACT model」として示している。邦訳は，『教師教育学　理論と実践をつなぐリアリスティックアプローチ』（学文社，p. 293）

結　章　研究のまとめ

　本研究の目的は，大村はまの「学習の手びき」の特性を明らかにすることにより，教室での国語科の指導において，個性化と個別化を実現するための具体的方法を示すことである。大村の「学習の手びき」の特性を明らかにすることが，教室での個性化につながる個別化を実現する具体的方法を示すことができ，学習者個々を大切にする（院生Ｂの表現を借りれば「自己の個」を学習者自身が大切にする）授業改善への道をより開くものと考えたためである。
　本章では，本研究において明らかとなったことを整理するとともに，今後の課題を挙げる。

第１節　研究の総括

第１項　学校における授業が抱える課題と改善の道筋（第１章の内容）

　第１章では，今後において求められる能力をDeSeCo（The Definition and Selection of Key Competencies）の示す３類のコンピテンス概念と措定し，それに対する現在の学校における授業にどのような解決すべき課題があるのかということと課題に対する改善の道筋を整理した。

１　授業に存在する解決すべき課題

　現在の学校における授業に存在する解決すべき課題とは，現在の日本の学校における授業の基本的スタイルの多くが，依然として「個体能力主義」「原理万能主義に依拠した知識伝達型教育」であり，実は他者との関わりに対する断絶が存在しているということである。また，教室が「全国のすべて

の子どもたちが同一の年齢の同一の時間に，同一の内容を同一の教室で同一の活動をとおして学ぶ」場所であるために，「『自己の証明』を拒否する」という学校の姿となり，その結果「学校から押し出された子ども」や求められる水準に学習者を到達させることに疲弊する教師を生み出したことである。世界の距離が縮まり，個が孤立して生きることはできず，全てが相互の関わりの中で進められていくことを考えた場合，学習が個に留まる「個体能力主義」に基づいた学習には課題が大きい。

　たしかに，学校は全ての子どもの可能性を引き出すところであり，個々の差に応じなければならないこともまた事実である。したがって，個別的指導という個々に応じる指導は必要である。ただし，その個別的指導をどのように発展させていくのかということが課題となる。つまり，個別的指導が単に個々が切り離された中で行われるのではなく，「相互作用」や「かかわり」の中で行われ，個々に必要な能力を「個人が対象世界や道具，他者と出会う」過程で身につけていくことが求められている。それは，言い換えれば，個別化を個性化に昇華させること，個性化につながる個別化が求められるということである。

　しかしながら学習が個に留まる「個体能力主義」に基づいた教育の中で育った多くの教師にとって，個別的指導が単に個々が切り離された中で行われるのではなく，「相互作用」や「かかわり」の中で行われ，個々に必要な能力を「個人が対象世界や道具，他者と出会う」過程で身につけていくという学習のイメージは未体験のものであり，どのようにしてそれを為すのかということが掴めない。

2　課題に対する改善の道筋

　では，そうした学習に対する考え方はこれまでになかったかと問われれば，日本の教育の歴史の中に，社会構成主義学習観や状況論的学習論という学習に対する考え方，単元学習的展開の授業が存在している。それらは「同一の

内容」をいかに多くの子どもたちに"できる"ように"わかる"ようにするのかという授業とは異なる。「多様な視点から考え続ける思考過程」から考え続けることや，教師も含め自分と異なる人と対話を重ねること，そして「テーラーリング」と「オーケストレーティング」の双方が同時に成立する学習の仕方が示されている。

　教科教育学における理論と実践の関係について考えた場合，「次の実践のありようと教えるのは前の実践」「『典型』性の備わった実践」である。つまり，現代の学校が抱える問題を解決するためには，問題に対応できる「『典型』性の備わった実践」を社会構成主義学習観や状況論的学習論という学習に対する考え方，単元学習的展開の授業から見出せばよいということになる。そしてその実践を教師が分析・考察して解釈を行い，そこから「典型」を教師自ら導出すること，実感を持ってその「典型」を理解するという過程が必要である。

　「『典型』性の備わった実践」の条件は次の4点である。
① 「原理万能主義に依拠した知識伝達型教育」や，学習が個に留まる「個体能力主義」に基づいた学習ではなく，多様な視点や「多様な視点から考え続ける思考過程」そのものを重視している実践
② DeSeCoのコンピテンス概念との一致し，「道具を介して対象世界と対話し，異質な他者とかかわりあい，自分をより大きな時空間の中に定位しながら人生の物語を編む能力」が高められている実践
③ 個別的指導が「相互作用」や「かかわり」の中で行われ，個々に必要な能力を「個人が対象世界や道具，他者と出会う」過程で身につけていく個性化に基づいた個別化が図られている実践
④ 実践の裏面にある教師の教育観が捉えられ，その教育観を理解することで，教師の教育観の変革や変革への促しが期待できるもの

　本研究で分析・考察の対象とする大村はまの国語科単元学習，その中核に位置づく大村が開発し活用した「学習の手びき」は，設定した上記の4条件

を備えたものである。また、「典型」の追体験といってもよい作業、体験しつつ解釈と重ねるという作業が可能なものである。こうした条件下にある大村の実践と中核である「学習の手びき」を分析・考察することにより、個別的指導が単に個々が切り離された中で行われるのではなく、「相互作用」や「かかわり」の中で行われ、個々に必要な能力を「個人が対象世界や道具、他者と出会う」過程で身につけていくという学習のイメージを示す。

第2項　大村はまの国語科単元学習（第2章の内容）

第2章では、第1章で述べた学校における授業が抱える課題に対応しうるものとして、大村はまの国語科単元学習を取り上げた。大村の教育観と教師としての歩み方が、現代の教育課題とどのように関わっているのかということを明らかにし、中核となる「学習の手びき」についての整理を通し、大村の国語科単元学習の内実を明らかにした。

1　大村はまの教育観と現代の教育課題との関わり

大村の教育観は、その資質ともに周囲の人々や自らの体験により構築されており、学習者個々を、他から示されたある規準・基準に照らし、そこにある凸凹を見つけ、凹を埋めるべく指導をするというものとは全く異なっている。大村は、学習者は個々に異なる存在であり、だからこそ個々に異なった考えを持つものであるとする。そして、その個々にある優れた資質や能力を見出すことに教育の意味を見出し、教えるということは学習者に対象や自分の内面を見つめさせ、気づいていても意識下にあったり、形にならなかったりしているものを、引き出し自覚させるべく、学習者が対象や自己と対話を深めるためのきっかけを示すことであるとしている。

そうした大村の教育観を他から示されたある規準・基準に照らしてそこにある凸凹を見つけ、凹を埋めるべく指導することを〈到達させるための教育〉とするならば、大村のように個々にある優れた資質や能力を見出そうと

して個々を見つめ，それをさらに伸長させるべく指導を行うことは，資質や能力の〈発掘のための教育〉であると表現できる。

　こうした教育観に基づいて設計される学習は，OECD-DeSeCo のキー・コンピテンシーが示した〈カテゴリー１〉の「道具を相互作用的に用いる」と〈カテゴリー２〉の「異質な人々からなる集団で相互にかかわりあう」と重なっている。大村が個々に異なる学習者に対し，個々に存在する優れた資質や能力を見出すことを意図し，対象や自己と対話を深めるためのきっかけを様々に示すことは，授業において次の２つの意味を持つことになる。

・自己を含む対象世界との対話を行うための「道具」を持たせることであり，それを活用して自己を含む対象世界と対話する学習場面，その対象世界について熟考する学習場面，自己内対話を積み重ねる学習場面を授業の中に設定していること
・異質な人々の集団を意図的につくるために，多様な意見を持たせる仕掛けや準備となっていること

　このことは，無意味な言語活動を避けるための方法でもある。大村が，学習者の内面にあるものを引き出し自覚させるべく，学習者が対象や自己と対話を深めるためのきっかけを示したことは，異質な人々の集団を意図的につくることであり，他者とは異なるその個独自の考えを発掘し持たせるためである。そうした準備が，異質な人々との交流は自身の認識の深化・拡充に重要であることを学習者に体感させる学習の成立につながっているのである。

　さらに〈カテゴリー３〉の「自律的に行動する」ことは，自分の能力や学びの状態の把握し今後の学習を選択・計画することであり，自己の学びを自覚し，学んだことを自らの自信や課題として自らの人生を歩もうとすることである。大村がめざした授業は，教室において〈教室の中の個々それぞれが力いっぱいに学習に取り組む瞬間を持てること〉〈自分が伸びているという実感が持てること〉〈個々の差異が全体の中のかけがえのない個性として位置づけられ価値づけられていること〉という３つが成立するということであ

る。それら3つの成立，つまり，学習者個々の内部にこれら3つが学習体験として集積されることにより，学習者個々の中に自身の成長と自身の学習の価値と他者の存在意義が感得される。これは，〈カテゴリー3〉「自律的に行動する」において求められるものとの多少の重なりが見出せる。学習者が〈自分が伸びているという実感〉を持ち，自分の身についた力に支えられて「自信に満ちて」歩んでいくことは，自律的に行動することのうちの「B 人生計画や個人的プロジェクトを設計し，実行する」ための原動力や推進力となっていく性質のものである。

2　大村はまの国語科単元学習の内実

このように大村の実践は，「対象世界」「自己」「他者」と対話することにより，他者性と自己の独自性を認識し，自己肯定と他者尊敬の中で，自己と他者の相互が力を発揮し伸ばし合うことを可能にする。そして学習者が自己の学びを自覚し，学んだことを自らの自信や課題として自らの人生を歩もうとすることを支援するものである。

こうした大村が実践した学習のその中核にあり，上記の学習を可能にしているのが，「学習の手びき」である。「学習の手びき」は，そこに記された複数の着眼点により，個々への必要な対応を可能にする。それは学習の個別化を図るだけではなく，この「学習の手びき」によって学習者個々が行う学習の成果をその個独自のものとする独自性の確保も可能にしている。「学習の手びき」は，学習者個々への必要な対応を可能にして個別の学習を成立させる（テーラーリング）とともに，学習者個々が行う学習の成果をその個独自のものとして，個々の響き合いが成立する（オーケストレーティング）ことも可能にする重要なアイテムなのである。

第3項　大村はまの「学習の手びき」の実際と分析1―通覧―（第3章の内容）

第3章では，大村実践の中核である「学習の手びき」について，『大村は

第1節 研究の総括

ま国語教室』（全15巻別巻1）に収録されている203点を対象とし，それぞれに「学習の手びき」と学習活動との関わり，記されている内容，学習者に対する機能，形式，さらには「学習の手びき」の使われ方の点から整理し，個性化と個別化を可能にする「学習の手びき」の特性を明らかにした。

1 「学習の手びき」の整理

　大村の「学習の手びき」は，その時々の学習内容，学習者の学習履歴や状態に応じてその都度作成するものである。したがって，従来から「学習の手びき」には型はないと言われてきた。しかしながら，203点を対象としてその結果，従来から型がないと言われ，内容もその時々に異なっている「学習の手びき」には，2点を除き，5つの内容が示されていることが明らかとなった。それらは，次のものである。

　A：単元全体等の学習の進め方
　「単元全体等の学習の進め方」等，学習の進め方を示したものであり，端から読んで用いるものである。

　B：学習活動や作業の指示
　学習活動や指示を具体的に示したものであり，学習者はこれらを読み取って，活動や作業を行い学習を進める。大村は，「ほとんど解説せず，ひとりで読んで，考えてひとりで進めるというようにした。ちょっと，わからないからといって，すぐ人にきくということでなく，おちついて読み直し，考え直し，自分で判断し行動することができるように」とその作成意図を述べている。

　C：読むため考えるため等の着眼点
　着眼点だけを項目で列挙するもの，学習者の内容や発言例に内包するスタイルで示すものがある。「着眼点」は，その対象と対話を深めるための手がかりとなるもの，他者と自己の考えや複数の考えの共通点と相違点に向かわせるもの，意外な他者の視点に向かわせるもの，疑問形により他者の考えを

引き出すことに向かわせるもの等である。

　D：話し合いや書き方等の仕方

　示される「仕方」は，発表の進め方，話し方，話し合い方，発表内容の構成の仕方，資料の使い方等，発表や実際場面における具体的な表出する行為に対する「仕方」だけに留まらない。考え方や認識の仕方というアタマの中で行う内的な行為に対しても「仕方」を示しているものがある。

　E：言語的知識を含む主として国語に関係する知識

　言葉の意味や解説，段落や句読点等の文章の記述に関する知識のように，その学習で必要になる知識が中心である。表れてきたその場面で必要な言葉について解説するという，国語に関係する知識と言語的知識の混合スタイルになっている。

　これら5つの内容は，単独で示されることもあれば，重複して示される場合もあり，その内容の分布を調査した結果，C：読むため考えるため等の着眼点が最も多いことがわかった。

2　通覧から見出せる「学習の手びき」の機能と特性

　「学習の手びき」の機能を使われ方によって取り出したところ，「学習の手びき」は，端から丁寧に読んで使うタイプ（ABD），眺めながらヒントとして使うタイプ（C），繰り返し読んで使うタイプ（D）の3類に分類されることがわかった。

　また，「学習の手びき」は，学習者に対する機能とともに，指導者に対する機能も持っている。学習者に対する機能については，【資料1】に示す通りである。

第1節　研究の総括

【資料1】

	導出した機能	該当する「学習の手びき」
a	指示内容を徹底すること	「A：単元全体等の学習の進め方」 「B：学習活動や作業の指示」 「D：話し合いや書き方等の仕方」
b	個々それぞれが抱える学習の障壁を取り去り学習に集中できる状況を整備すること	
c	読み取る力を伸長させること	
d	課題解決のための道筋を提示すること	
e	対象に対して複数の視点から検討を行わせること	「C：読むため考えるため等の着眼点」
f	個の心の中にあるものを発掘し，引き出すこと	
g	独自性を持たせること	
h	他者の存在を意識させ，他者の存在を意識したり他者が自己の学びのために必要な存在であることを認識する契機となる可能性を持たせること	
i	対象を再吟味する機会を設定すること	
j	読み取ることや考え方の手がかりを示すこと	
k	その仕方やルールを学ばせること	「D：話し合いや書き方等の仕方」

　指導者に対する機能は，その「学習の手びき」の性質が学習者の個々の内面や個々の状況に応じることから生じるものであり，指導者が学習者の実態を捉えやすくなり，アセスメントの機能も持っていることがわかった。

　大村の「学習の手びき」は，上述したようにA～Dの5つの内容を持ち，それらを単独に，あるいは同時に学習者の状況によって少しずつ変えながら記しているものである。A～Dの内容のうち，学習者個々の内面との対話を導いて個別的学習を成立させ，それを個性的学習として優劣に関わりなく位置づけさせることに対しては，「C：読むため考えるため等の着眼点」に依ることが大きい。Cに示される着眼点は，「対象世界」との対話と自己との対話を成立させており，難易を巧みに含みつつ，個々の内面に寄り添いなが

ら引き出し，刺激を与えて学習者個々の中にあるものを発掘し，「真実のことば」に近いものを語らせる。その結果，その個に対応しながら考えや意見を持たせるという個別的学習を成立させ，個別的学習で成立した考えや意見は，相互に関わる場面となった際には，複数の着眼点であるがゆえに，その個のならではの考えや意見として個性的位置を占める貴重なものとなっていく。個性化へつながる個別化の成立である。

第4項　大村はまの「学習の手びき」の実際と分析2―詳察―（第4章の内容）

　第4章では，3つの実践における「学習の手びき」について，「学習の手びき」の特性を探るとともに，個性化につながる個別化を実現する「学習の手びき」のあり方を捉えた。その際には，実際の学習過程の中で「学習の手びき」がどのように位置付き，学習者にとってどのような意味があるのかということについて，学習過程を再現しながら考察・検証するという方法を用いた。

1　学習過程を再現して考察・検証するという方法

　詳察においては，次の3つの実践を選択し，実際の学習過程により「学習の手びき」を用いての学習を追体験することで，「学習の手びき」を内側から見ようとした。

・単元「私たちの読書力〈図表を読む〉」（1970年7月・2学年）
・「古典への入門―枕草子によって―」（1976年10月・2学年）
・「楽しくつくる『旅の絵本』」（1977年11月・1学年）

　前章で示した「学習の手びき」の内容のA～Dのうち，学習者個々の内面との対話を導いて個別的学習を成立させ，それを個性的学習として優劣に関わりなく位置づけさせることは，「C：読むため考えるため等の着眼点」に

第1節　研究の総括

依ることが大きいことが明らかとなっている。そのため，3つの実践においても「C：読むため考えるため等の着眼点」，あるいは，Cを含む「学習の手びき」のみを対象として詳察した。

詳察においては，実践の展開を捉え，「学習の手びき」の位置と役割を明らかにした後，その「学習の手びき」を用いた場合の学習者のアタマの中にどのようなことが生じているのかということを捉える。そのために，大村の全集に収録されている学習者の言葉も参考とするが，それと同時に考察者や第3者（大学院生）が学習活動を追体験した。

2　詳察から見出せる「学習の手びき」の機能と特性

3つの実践について「学習の手びき」を活用した当時の学習者の記録，大学院生や考察者の追体験した結果から，「学習の手びき」の役割と特性を次のように整理できる。

まず，役割である。「学習の手びき」は，確実に「対象世界」と出会わせ，自己を関わらせることにより，学習者個々の「真実のことば」を引き出し，学習を学習者に真に関わったものとして成立させる役割を担っていることがわかった。学習の初期段階では，「学習の手びき」は「対象世界」や自己と対面し，考えるきっかけや考え方を具体的行動として示している。「学習の手びき」に示された順に思考していくことによって，「対象世界」と対話することができるようにそのことばによって導く。ただし，「学習の手びき」はいつまでも学習者を縛り付けるのではなく，何か思考の手がかりを得ることができた場合には，次第に学習者は「学習の手びき」を離れて自分で思考することも可能である。

次に，「学習の手びき」の特性である。大村の「学習の手びき」においては，学習者個々の諸能力やスキルに対するサポートや指導が，「相互作用」や「かかわり」の中で学ぶ正統的周辺参加の中で行われている。それを可能にしているのは，「学習の手びき」に示された内容に難易があること，「学習

の手びき」に記されたことばが，個人で考えるときとグループで話し合うときの両方に用いることができるように，学習者の発言スタイルで，様々な表現によって示されていることにある。それら難易があることと学習者の発言スタイルで，様々な表現が用いられていることにより，「学習の手びき」は，学習者個々の諸能力やスキルに即応し，その役割をいろいろに変えることができるのである。例えば読むことであれば，読み取り能力等状況の異なる学習者が共に学ぶことで，それぞれに異なる段階の学びを成立させることや，相互の学びを支えるものとなっていく。また，1枚の「学習の手びき」に記されたことばが，まるで自分の中から沸き出したような学習者の発言スタイルで，様々な表現であること，個人での学習とグループでの学習の両方で用いられる。そうした工夫は，資料をどのように見て考えたらよいのかわからないという学習者にとっては着眼点，考え方を示すものとして，自己の発見をいろいろな状況の他者に理解してもらいたい学習者には，他者の思考を踏まえた説明の仕方や，発言のモデルとしての機能を果たすことになる。

　このように「学習の手びき」に示されたことばそれ自体が変わるわけではないが，その中に難易があること，記されたことばが学習者の発言スタイルであり，様々な表現が用いられていることにより，個々の状況に応じてその機能は変幻していく。そうした「学習の手びき」の特質が，正統的周辺参加の中での学習者個々の諸能力やスキルに応じたサポートや指導を実現しているのである。

　さらに「C：読むため考えるため等の着眼点」が複数示されることは，その学習者の体験や保有する力や関心等の個別の状況に応じながら，それぞれに確実に自身を透過して気づいた個々に固有のものを，持たせることに機能している。それは，事実を見出すという客観的な場合であっても，自己の内面と対面し，それらを出し合う場合であっても同じである。学習者個々の状況に応じて異なる着眼点が示されることにより，学習者は自分の読み取り能力等，状況に応じた思考と発見をすることができる。その思考と発見は，た

とえ小さなもの，一つの事実の発見であっても「学習の手びき」に記してあることばを用いれば，安心して堂々と検討の場に出すことができるものである。検討の場に出された一つの発見は，複数の情報を関係付けることのできる学習者によって別の発見と重ねられ，「対象世界」や自己，あるいは他者についての新たな発見と位置づけられる。

　こうした「学習の手びき」によって，学習者は個々の状態に応じた学習を提供（テーラーリング）され，学習者個々の個別の気づきに対しては，それぞれに価値や意味が与えられる（オーケストレーティング）という学習体験は，自己の学習内容に対する吟味・検討，知りたいという自然と学習の意欲を引き出すこと，他者の発見に対する共感や価値づけを導くものとなっている。そのことは，「楽しくつくる『旅の絵本』」の実践を追体験した大学院生の次のことばに表れている。「他の人の文章も見たら，その人がどんなことを大切にしているか分かるような気がしますし，それを知ることはとてもわくわくすることだろうと思いました。」

第5項　授業における個性化と個別化の実現（第5章の内容）

　第5章では，授業における個性化と個別化を実現するための道筋について，「学習の手びき」のあり方の整理と，大村の「学習の手びき」という「『典型』性の備わった実践」から教師が自己の内部で増殖できる「典型」を得るための道筋について明らかにした。

1　個性化と個別化を実現する「学習の手びき」のあり方の整理

　個性化（オーケストレーティング）とは，グループ等の集団での学習において，個々の学習がかけがえのないものとして位置づけられており，個々の学習成果が個々の学習をより豊かにするものとして，あるいは，全体の学習の価値を高めていくものとして存在するということである。それは，事前の個別化（テーラーリング）の段階において，個々の諸能力への対応をすることと，

個々の内面との対話を図ることを行うということである。それを「学習の手びき」によってどのようにどのように実現していくのか。そのことについては、次のように整理できる。

　まず、大村の「学習の手びき」においては、学習者個々の諸能力やスキルに対するサポートや指導が、「相互作用」や「かかわり」の中で学ぶ正統的周辺参加の中で行われている。それを可能にしているのは、「学習の手びき」に示された内容に難易があること、「学習の手びき」に記されたことばが、個人で考えるときとグループで話し合うときの両方に用いることができるように、学習者の発言スタイルや様々な表現によって示されていることにある。それら難易があることと学習者の発言スタイルで、様々な表現が用いられていることにより、「学習の手びき」は、学習者個々の諸能力やスキルにより、その役割をいろいろに変えることができるのである。そうした「学習の手びき」の特質が、個々の優劣を露わにすることなく、正統的周辺参加の中での学習者個々の諸能力やスキルに応じたサポートや指導を実現している。

　次に、大村の「学習の手びき」においては、学習者個々が、教材等を通して自己の内面と対面するための読む視点や手がかりが示されている。大村の「学習の手びき」には、教材等を読む視点や手がかり、考える契機となるものが、「それがそんなに〜かなあ」等のように自分たちのことばになって、複数示されている。そのことにより学習者は示されたことばのいずれか自分に合うものを用い、いつの間にか考えてしまっている状況が生み出される。「学習の手びき」に示されている読む視点や手がかりは、「対象世界」についてどのくらい正確に、あるいは深く理解したかというものを追究するものではなく、自分がどのように読んだのか、自分はそこに何を見つけたのかということを追究されるものである。そのことは学習者に、教材等の「対象世界」を通して自己の内面と対面し、自分の中に何が生じたのか、それはなぜ生じたのかということを考えさせること、個々に違う学習結果を見出すことを促す。そうした学習段階により導出された個々に異なることは、交流によ

って，より豊かな学習結果を生み出すことになる。また，「学習の手びき」によって生み出される個々に違う学習結果は，学習者理解，学習者把握のための重要な手がかりとなり，次の学習のための貴重なアセスメントの機会となり，次の学習へのスタートともなっている。

　こうした学習者に寄り添いながら導き，学習者の内面を発掘する「学習の手びき」の作成過程は，大村の記述から次の二つの段階に分けることができる。それは大村自身の身を以てする教材研究という自身からの出発と学習者のアタマの中を学習者になっていろいろと考えるという学習者からの出発である。大村は「自分が与えることのできるものを豊かにもつこと」と述べているが，そのためには，指導者となる教師の自己への省察と学習者への鋭い洞察が不可欠なのである。

2　教師が大村はまの「学習の手びき」から「典型」を得るための道筋

　個性化につながる個別化を実現するという思考は，個別的指導が単に個々が切り離された中で行われるのではなく，「相互作用」や「かかわり」の中で行われ，個々に必要な能力を「個人が対象世界や道具，他者と出会う」過程で身につけていくということである。教師がその発想で授業を考えていくようになるためには，そうした発想に立脚した「『典型』性の備わった実践」について教師が分析・考察して解釈を行い，そこから「典型」を教師自ら導出すること，実感を持ってその「典型」を理解するという過程を経ることが必要である。

　個性化につながる個別化を実現する大村の「学習の手びき」から「典型」を得るということは，「学習の手びき」を外側からではなく，「学習の手びき」を用いて学習を体験するということにより，内側から理解する必要がある。それによって「学習の手びき」の特性や機能を理解し，実感を持って「学習の手びき」に内包された「典型」を理解することができるのである。

　実際に大学院生に体験させ，意見交換をさせた。そこでの発言を「　」で

示しながら，整理する。

　まず大学院生が挙げたのは，「こうしましょう，こう書きましょうと教え込まれているというのではなく，思わずしてしまう（読ませてしまう，考えさせてしまう，覚えてしまう）」ということに対する驚きである。

　次に挙げられたのは，学習の広がりと深まりに関する内容である。知的好奇心の刺激，内容相互の関係や他者の学習内容への関心という学習の広がりが期待できるという効果が挙げられた。さらに，「自己とのつながりがある」という点から，「自分は？と自分の気持ちや自分の考え方を探る」ということから，学習の深まりに対する効果が挙げられた。

　以上のことから，「してしまう」こと「対象世界」や自己との対話を導くということ「学習の手びき」の特性について，体験を通して実感的に理解していることがわかる。

　また，体験した大学院生は，「個を大事にする授業は，教員が生徒一人ひとりを大事にするだけでなく，生徒自身が自己の個を大切にできる授業であることがわかる。」と記述した。この記述から，「学習の手びき」を用いて大村の意図した学習を体験した大学院生が，発掘することや引き出すことが「教える」ことであるという大村の教育観を認識したことが捉えられる。大学院生に対し，学部時代に受けた講義スタイルの大村についての授業と今回の体験スタイルの授業を比較させ，それにより，学部段階の授業を受けただけでは，大村実践について「すごい」というイメージが教えられたものの，その具体はわからないままであり，とても自分に迎え入れてみようというものではない状態にあることが明らかとなった。この事実は「学習の手びき」という「『典型』性の備わった実践」から教師が自己の内部で増殖できる「典型」を得るための道筋として，体験的な学習を通し，実感を持ってその「典型」を理解するという過程を経ることの重要性を示唆している。たしかに，現代の学校教育の教職員の現状は，早急な「知識・技能の伝承」が求められる。しかし，そのことは大変に危うい。「『典型』性の備わった実践」か

ら教師が自己の内部で増殖できる「典型」を得るための道筋について明らかにした院生Bを対象とした研究の結果は，大学や大学院での授業や実習の意図的計画的実施に是非とも生かしていかねばならない。

「多様な視点から考え続ける思考過程」そのものを重視するという「協働的な学習」への転換を図る必要があり，その「協働的な学習」の成否を握るのは，個々の学習を交流させる前段階の個別での学習の充実にある。大村の「学習の手びき」は，個別での学習の充実させることに対し，大変有効な手だてとなるものであり，今後求められる資質・能力を育成するための学習には不可欠なアイテムである。ただし，その手だてに必要になるのが，学習者理解と把握という学習者からの出発である。しかし学校で行われている授業研究という場において，学習者理解が行われにくいという現状が困難性を伴う。そのための具体的な方法として提案できることは，Korthagenが示す8つの窓からの考察である。この方法により，学習者と指導者の間に存在するズレを指導者に認識させるとともに，ズレを少しでも縮めることができる。こうした学習者と指導者の間に存在するズレを話題としたり，学習者側の4つの問を考えることが，そのものをズレがあることそうした学習者の観察ではなく，学習者の事実を知るために，授業を巡る協議会が開かれるようになれば，学習者の思考過程からの出発を可能にする。

第2節　今後の課題

「多様な視点から考え続ける思考過程」そのものを重視するという「協働的な学習」においては，個々の学習を交流させる前段階の個別での学習の充実が成否を握る。大村の「学習の手びき」は，個別での学習の充実させることに対し，大変有効な手だてであえることは，研究の成果から導出された。

そうした研究成果を受け，今後の課題とされることは，次の3点である。

第1項　研究成果に基づく学校現場での解説についての研究

　1点目は，今回の「学習の手びき」についての研究成果に基づく学校現場での解説のあり方ついての研究である。今後はますます「協働的な学習」の導入に拍車がかかると思われる。その成否を握るのは，個々の学習を交流させる前段階の個別での学習の充実にあるが，それに対する認識が十分ではないとともに，どのようにして前段階の個別での学習の充実を図ればよいのかということが述べられない。そうした状態で「協働的な学習」を行うことは大変危険である。大村の「学習の手びき」は，個別での学習の充実させることに対し，大変有効な手だてとなるものであり，今後求められる資質・能力を育成するための学習には不可欠なアイテムとなる。今後，本研究成果に基づき，「学習の手びき」の作成と活用について，積極的に発信するとともに，「学習の手びき」についての理解が深められるようなスタイルや方法を明らかにしていきたい。

第2項　授業研究のあり方についての研究

　2点目は，授業研究のあり方についての研究である。「学習の手びき」の開発には，学習者への洞察が不可欠である。それに対しては，日本の授業研究のあり方が課題となる。日本の授業研究の歴史は古く，その成果もルイスらによって評価され海外に紹介されつつある。しかし，その授業研究には課題が生じている。それは，どのように指導するかという指導の方法に力点がおかれることである。その方法では授業改善には限界がある。授業研究における意識が学習者理解に向けられること，それによって学習者と教師のズレが教師に自覚されることが授業改善には必要になる。本研究によって，「学習の手びき」は学習者からのスタートによるものが大きいことが明らかとなった。今後においては，授業研究における学習者理解の方法を追究し，「学習の手びき」作成を側面から支えたい。

第3項　教師教育のあり方についての研究

　3点目は，教師教育のあり方についての研究である。本研究でも明らかとなったように，教師がその発想で授業を考えていくようになるためには，そうした発想に立脚した「『典型』性の備わった実践」について教師が分析・考察して解釈を行い，そこから「典型」を教師自ら導出すること，実感を持ってその「典型」を理解するという過程を経ることが必要である。しかし，実際の教師教育の場においては，体験的に「学習の手びき」を考察する機会は少ない（本人が意識して学習を行う以外は，皆無に近いであろう）。「典型」が教師自身の内部に位置づくためには，それを講義等により他者から与えられるだけでは不十分である。これは，大学や大学院における授業改善の必要性を意味している。今後においては，「『典型』性の備わった実践」を自ら分析・考察し，そこから導出した「典型」が，「『頭の中』に入って増殖をつづけ一般性をおびるような具体」となるための教師教育の課程や教師教育で行う授業について研究を進めていきたい。

おわりに

　本研究は，1994〜1996年に取り組んだ修士論文（「大村はま国語科単元学習における「学習の手びき」の研究」　1996年3月鳴門教育大学大学院学校教育研究科教科・領域教育専攻言語系コース）に端を発したものである。気がつくと，大村の「学習の手びき」に出会い，その分析・考察を始めてから20年近くが過ぎようとしている。

　「学習の手びき」の意味や機能が最初はわからなかった。わからないから実際に体験しようと考えた。本研究で用いた体験して内側から「学習の手びき」を眺めるという研究手法は，そのときに思いついたものである。しかし，「学習の手びき」にある意図に気づくと，大村がどれほど学習者に寄り添ったのかということが感じられて，驚きが深くなった。

　公立の中学校の現場で，自分で作成した「学習の手びき」を全面的に用いて，コース別の学習を設定したのは，修士論文を提出して10年後のことである。博士論文の中で，話し合いの台本型「学習の手びき」の分析と考察，それを踏まえて作成したものを実際の授業で活用してみることも行い，その重要性は認識していたつもりであった。しかし，「学習の手びき」の研究を形にしなければと思ったのは，今から6年前，小学校の社会科の授業を行う大学院生に「学習の手びき」に類似したものを作成して授業を実施させたときである。「学習の手びき」とは呼べない代物であったかもしれないが，そこで〈教室の中の個々それぞれが力いっぱいに学習に取り組む瞬間〉を目の当たりにして，一緒に参観した院生が黙り込んだことを覚えている。それから意識して「学習の手びき」を見直し，他者に解説しようとする度に，そこにある意図に気づいて感嘆し，昨今の教育事情と重ねながら，時に胸に迫るものがあった。

今，学校の授業では，他者性と自己の独自性を認識し，それらを組み合わせることによって，自己と他者の相互が力を発揮し伸ばし合うという学習の文化が求められている。このことは，常に求められているのだが，なぜか波及しにくい。それは，指導する教師がそうした授業や学習の文化を体験していない，知らないからでもある。しかし，その具体は大村の実践と「学習の手びき」に見ることができる。ポイントは，学習内容を交流させる前段階の個別学習にある。個別学習で，「対象世界」や自己と対話をさせるきっかけを示し，学習者個々に異なる意見を持たせるように準備しなければ，また，その個の独自性を認識してそれらを意図的に組み合わせなければ，自己と他者の相互が力を発揮し伸ばし合うという学習は成功しにくい。成功の鍵は，個性化につなぐための個別学習の設定と充実にある。大村の「学習の手びき」を用いた学習を体験した大学院生は，「個を大事にする授業は，教員が生徒一人ひとりを大事にするだけでなく，生徒自身が自己の個を大切にできる授業であることがわかる」と記述した。大村の「学習の手びき」は，学習者個々への必要な対応を可能にして個別の学習を成立させる（テーラーリング）とともに，学習者個々が行う学習の成果をその個独自のものとして，個々の響き合いが成立する（オーケストレーティング）ことも可能にする重要なアイテムなのである。

　教育とは，何かと問われて明確に答えられる人は少ないのではあるまいか。それほどに教育は難しい。その難しい教育の方向性を見定めようとするわけではないが，大村の示した教育観（第2章第1節第1項）について考察した部分を再掲し，しめくくりたい。

　　見るべきは学習者個々に保有しているはずの優れた資質や能力であるということ，個々にある優れた資質や能力を見出そうとして個々を見つめ，それをさらに伸長させるべく指導を行うという学習者個々に対する考え方，指導に対する大村の教育観は，学習者個々を，他から示されたある規準・基準に照らし，そこにある凸凹を見つけ，凹を埋めるべく指導をするというものとは全く異なっている。

　　　　　　　　　　　おわりに

他から示されたある規準・基準に照らしてそこにある凸凹を見つけ，凹を埋めるべく指導することを到達させるための教育とするならば，大村のように個々にある優れた資質や能力を見出そうとして個々を見つめ，それをさらに伸長させるべく指導を行うことは，資質や能力の発掘のための教育であると表現できる。定められた規準・基準に〈到達させるための教育〉をするのか，それとも個々の資質や能力を〈発掘するための教育〉をするのか，この違いは非常に大きい。

　凹を埋めるべく指導することも必要であろう。しかし，到達ではなく，発掘でなければならないと，強く思う。

　定められた規準・基準に到達させるための教育をするのか，それとも個々の資質や能力を発掘するための教育をするのか，その違いは大きい。それが生涯の基盤となる時期に為されることの意味は，さらに大きくなろう。

　大村の教育観と「学習の手びき」は，重要な提案をしている。今後も「学習の手びき」についての考察を続け，教育のあり方について考えていきたい。

　本研究で対象とした「学習の手びき」については，繰り返し何度も確かめつつ対面した。読む度，対面する度に，発見があり，型のないものを整理しようとしていることに問題を感じることも事実であった。見直しを繰り返したが，抜け落ちていることもあるのではないかと思う。これを一つの区切りとしながら，今後も追究や整理を続けていきたい。ご示唆，ご指導を賜ることができれば，幸甚である。

　本書は前著『話す・聞く能力育成に関する国語科学習指導の研究』（2011）に引き続き，風間書房から刊行していただくことができた。社長の風間敬子氏には，前著から引き続き校正等ご迷惑をおかけし，また大変お世話になった。心よりの感謝を申し上げる。

　本書は，独立行政法人日本学術振興会2016年度科学研究費助成事業（科学研究費補助金）（研究成果公開促進費）（JP16HP5228）の助成により，刊行された。記して，謝意を表したい。

主要参考・引用文献

◎大村はま関連

大村はま（1978）『教えるということ』共文社
大村はま（1981）『大村はまの国語教室　ことばを豊かに』小学館
大村はま（1982等）『大村はま国語教室』全16巻　筑摩書房
大村はま（1983）『大村はまの国語教室2　さまざまのくふう』小学館
大村はま（1984）『大村はまの国語教室3　学ぶということ』小学館
大村はま・斎賀秀夫・外山滋比古・稲垣吉彦（1985）『日本語を豊かにどう教え，どう学ぶ』小学館
大村はま（1985）『読書生活指導の実際』共文社
大村はま（1986）『教室をいきいきと1』筑摩書房
大村はま（1986）『教室をいきいきと2』筑摩書房
大村はま（1987）『教室をいきいきと3』筑摩書房
大村はま（1989）『授業を創る』国土社
大村はま（1990）『大村はま教室で学ぶ』小学館
大村はま先生教職五十年記念事業実行委員会編（1977）『大村はま先生教職五十年の歩み』
大村はま・原田三朗（1990）『大村はま自伝　日本一先生は語る』国土社
大村はま（1991）『国語教室の実際』共文社
大村はま（1991）『教えながら教えられながら』共文社
大村はま（1988）『大村はま　教室に魅力を』国土社
大村はま（1994）『国語教室おりおりの話』共文社
大村はま（1994）『新編　教室をいきいきと1』筑摩書房
大村はま（1994）『新編　教室をいきいきと2』筑摩書房
大村はま（1995）『日本の教師に伝えたいこと』筑摩書房
大村はま白寿記念委員会（2004）『かけがえなきこの教室に集う―大村はま白寿記念文集』小学館
大村はま（1999）『心のパン屋さん』筑摩書房
大村はま（2003）『教師大村はま96歳の仕事』小学館
大村はま他（2003）『教えることの復権』筑摩書房
大村はま（2004）『灯し続けることば』小学館

大村はま他（2004）『22年目の返信』小学館
大村はま（2005）『教室に魅力を』国土社
西尾実（1940）『国語教室の問題』古今書院
西尾実（1951）『国語教育の構想』筑摩書房
野地潤家（1985）『国語教育の探究』共文社
野地潤家（1993）『大村はま国語教室の探究』共文社
勝見健児（2014）「大村はまの指導観に学ぶ『仏様の指』としての学習のてびき」（人間教育研究協議会『教育フォーラム53　文学が育てる言葉の力　文学教材を用いた指導をどうするか』金子書房）
大西道雄（1987）『国語科授業の新展開34　学習の手びきによる国語科授業の改善』明治図書
大西道雄（1994）『国語科授業論序説』渓水社
苅谷夏子（2007）『大村はま60のことば　優劣のかなたに』筑摩書房
苅谷夏子（2010）『評伝　大村はま　ことばを育て人を育て』小学館

◎単元学習関連
森久保安美（1991）「単元学習」（国語教育研究所編『国語教育研究大辞典普及版』明治図書）
首藤久義（1992）「学習者と国語単元学習」（日本国語教育学会編『ことばの学び手を育てる国語単元学習の新展開』日本国語教育学会編　東洋館出版社）
田近洵一（1993）「単元学習の構成」（『ことばの学び手を育てる国語単元学習の新展開Ⅰ理論編』日本国語教育学会編　東洋館出版社）
山元悦子（1995）「国語科授業の構造―単元学習」（『国語教育を学ぶ人のために』世界思想社）

◎その他
宇佐見寛（1973）『思考指導の論理』明治図書
Ｊ・ルソー（1975）『エーミール』（上）岩波書店
金子晴勇（1976）『対話的思考』創文社
伊東博（1980）『自己実現の教育―豊かな人間性の育成をめざして―』明治図書
宮崎清孝・上野直樹（1985）『コレクション認知科学3　視点』東京大学出版会
Ｈ・Ｇ・ガダマー（1986）『真理と方法Ⅰ』法政大学出版局
梶田叡一（1987）『真の個性教育とは』国土社

島崎隆（1988）『対話の哲学』みずち書房
佐伯胖・宮﨑清孝・佐藤学・石黒広昭（1998）『心理学と教育実践の間で』東京大学出版会
岡田敬司（1988）『コミュニケーションと人間形成』ミネルヴァ書房
佐藤学・稲垣忠彦（1996）『授業研究入門』岩波書店
佐藤学（1997）『教師というアポリアー反省的実践へー』世織書房
本田由紀（2005）『多元化する「能力」と日本社会―ハイパーメリトクラシー化の中でー』NTT出版
ネル・ノディングス（2006）『教育の哲学―ソクラテスから〈ケアリング〉まで』世界思想社
北川達夫・平田オリザ（2008）『ニッポンには対話がない』三省堂
丸野俊一・松尾剛（2008）「対話を通した教師の対話と学習」『授業の研究・教師の学習―レッスンスタディへの誘い』秋田喜代美＆キャサリン・ルイス（編）明石書店，pp.68-97
秋田喜代美（2008）『授業研究と談話分析』放送大学教会振興会
齋藤純一（2010）『公共性』岩波書店
武田信子監訳（2010）『教師教育学―理論と実践をつなぐリアリスティック・アプローチ』学文社
高垣マユミ（2010）『授業デザインの最前線Ⅱ理論と実践を創造する知のプロセス』北大路書房
若木常佳（2011）『話す・聞く能力育成に関する国語科学習指導の研究』風間書房
茂呂雄二他編（2012）『ワードマップ　状況と活動の心理学　コンセプト・方法・実践』新曜社
マイケル・ポランニー（2012）『暗黙知の次元』筑摩書房
松下佳代編著（2012）『〈新しい能力〉は教育を変えるか―学力・リテラシー・コンピテンシー―』ミネルヴァ書房
佐藤学（2012）『学校改革の哲学』東京大学出版会
Gadamer. H-G（2012）『真理と方法Ⅰ』邦訳　法政大学出版局
若木常佳（2013）『授業分析・リフレクションの理論と実践―その先の授業を考えるために―』ISBN 978-4-9906693-0-0

◎論考
野地潤家（1977）「単元学習の再検討」（日本国語教育学会編「国語教育研究」

NO.454　p.5）
佐藤学・岩川直樹・秋田喜代美（1990）「教師の実践的思考様式に関する研究（１）
　　―熟練教師と初任教師のモニタリングの比較を中心に―」（東京大学教育学部紀
　　要　第30巻　p.180）
野地潤家（1994）「国語科授業論（２）授業方式論」（『国語教育基本論文集成29巻』
　　明治図書）
村井万里子（1995）「シンポジウム提案　国語教育史上からの「典型」の発掘」（「国
　　語科教育　第四十二集」全国大学国語教育学会，pp.4-8）
森美智代（2001）「『語られる身体』としての『聞くこと』―『聞くこと』の学びの生
　　成」（『国語科教育』第49集　全国大学国語教育学会）
Korthagen, Fred A. J（2005）「Levels in Reflection: Core reflection as a means to
　　enhance professional growth」（Teachers and Teaching: theory and practice 11
　　（1）　p.55）
細川太輔（2008）「協働学習的レッション・リサーチの理論と実践―国語科教師の学び
　　あいによる変容―」（全国大学国語教育学会国語科教育研究第114回茨城大会発表
　　要旨集　p.107）
若木常佳（2013）「授業リフレクションの実践と課題」（教育学研究紀要，中国四国教
　　育学会，第58巻，pp.112-117）
若木常佳（2014）「授業場面における教師の「実践的思考様式」についての一考察」
　　（福岡教育大学紀要）

◎その他資料
広島県高等学校教育研究会（1969）講演記録「創造性につちかう読書指導」
大村はま（1981）「クラス会の話し合い，手紙から」（「総合教育技術」1981年6月）
大村はま国語教室の会（1981～1995）はまゆう　第1号～54号
宮下勅夫（1982）「諏訪高女における大村はま先生の作文資料」（大村はま国語教室の
　　会）発表資料より
井上敏夫（1985）「大村方式の理解から実践へ」（『大村はま国語教室　別巻』月報16
　　筑摩書房）
世羅博昭（1993）「単元学習の発想を導入した国語科授業の創造」（徳島市立津田小学
　　校校内研修講話資料）
若木常佳（1996）「大村はま国語科単元学習における学習の「学習の手びき」の研究」
　　（修士論文）

索　引

【ア　行】

アクションリサーチ　65
アセスメント　81
網の目　291, 314
安心感　177, 213
異質な人々の集団　18, 68, 69
依存性の強い学習　280
内側からの理解　293
オーケストレーティング　1, 9, 34, 35, 38
「教える」こと　56, 59

【カ　行】

解釈　12, 39
学習経験　84, 290
学習結果　51, 286
学習者独自　188, 245
学習者把握　64, 71, 283
「学習の手びき」　5, 85
学習の広がりと深まり　299
学校教育　3, 10, 26 27, 36
学校文化　22, 36
偏らない見方　290
環境　53, 256
観察　291, 312
気づき　177, 276
きっかけ　49, 53, 56
希望　315

キャラクター　217
教育的契機　12
教育的状況　12
教師の意識　33
教師の内面　29
教師の仕事　51, 288
協働　3, 4
近代型　20
具体的事例の経験　304
ゲシュタルト　29, 303
言語活動　68, 82
行動主義学習観　10, 32
個々の異なり　23, 73, 246
個々の多様性　35, 83
個々の読み　276
個人差　4, 31, 55
個性的位置　177
個性的な見方　231, 276
個性の開花　4, 176, 287
個体能力主義　3, 21
個独自　182
異なる段階の思考　205, 213 284
異なる学び　221
個の独自性　36, 190
個の内面　271, 280
個別的学習　177
個別的指導　34
個別の読み　245
固有のもの　275
凝り　30

困難性　10, 62, 313
コンピテンス概念　15, 16, 74

【サ　行】

様々な表現　244, 271, 273, 276, 284
作成過程　290, 310
仕掛け　63
思考の客観視　232
思考プロセス　173
自己肯定感　52, 281
自己との違い　37
自己内対話　17, 68
自己の個　269
自己の証明　26
自己の内面　70, 176, 181, 238, 269, 276
実践の典型化　40
社会構成主義学習観　33, 38
習得　12, 23
授業研究　40, 311
状況論的学習観　33, 38
深化過程　273, 284
真実のことば　71, 182, 273
真の強さ　52, 68
スキーマ　29, 304
ズレ　22, 313, 314
生活経験　182, 191
省察のプロセス　305
精神的体力　18, 23
誠実　315
正統的周辺参加　273, 274, 282
専有　12, 23
選択・思考・判断　28, 32, 42

相互作用　16, 17
相互の学び　213, 274
創作の力　247
相対化　19, 280
装置　2, 25
促進的な相互作用　280

【タ　行】

対象世界　16, 17
対象との対話　175, 205
台本風　236
多機能　219
尋ねる　183
多様なヒント　271
単元学習　74
単元学習的展開の授業　38
知識伝達型授業　10
知的作業　245, 246
着眼点　85, 153, 159, 177
追体験　42, 201
つぶやき　167, 175, 312
釣り針　265
テーラーリング　1, 9, 34, 35, 38
手がかり　62, 86
凸凹　32, 50
典型　12, 39, 40
同一の内容　2, 37
洞察力　63
到達させるための教育　50
独自の学習　83
独自の背景　231

【ナ 行】

内言　167, 175
難易度　83, 238, 245
日本型システム　22
認知システム　29
認知主義学習観　10, 32
二重の構造　82
値打ち　280

【ハ 行】

ハーモニー　2, 288
発掘　49, 175
発掘のための教育　50
発言スタイル　159, 273, 283, 284
発言のモデル　274, 284
響き合う　35, 83
百とおりの教材　79
深い学習　175, 280, 282
深川第一中学校　79
複数の着眼点　85, 182
文化背景　29
変容　30, 300
仏様の指　59, 60, 61
ポスト近代　20
本質的な改善　38

ほんとうの心　63

【マ 行】

まなびぐし　32
目標の二重構造化　82

【ヤ 行】

8つの問い　313
優越感　35, 175
優劣の感情　238, 245
豊かな手がかり　291
読みの正確さ　231, 285
寄り添う　182, 287

【ラ 行】

ライフストーリー　66
理論と実践　39, 40
リフレクション　314
劣等感　35, 175

【ワ 行】

渡し守　167

著者略歴

若木常佳（わかき　つねか）

1962年　広島県生まれ
広島大学大学院教育学研究科博士課程後期文化教育開発専攻（国語文化教育学分野）修了（2007年3月）博士（教育学）
福岡教育大学大学院教育学研究科教職実践専攻　教授
wakaki@fukuoka-edu.ac.jp

1985～2007年　広島県内の公立中学校に国語科教員として勤務
2007～2009年　大阪体育大学健康福祉学部　准教授
2009～2011年　福岡教育大学大学院教育学研究科教職実践専攻　准教授
2012年より現職

主要著書・論文
『話し合う力を育てる授業の実際―系統性を意識した三年間―』(2001) 溪水社
『話す・聞く能力育成に関する国語科学習指導の研究』(2011) 風間書房
「対話能力を育成するためのカリキュラムについての研究―「方略的知識」と「関係づける力」を中心に―」(2005)（『国語科教育』全国大学国語教育学会　第58集）「小・中学生における聞き取り能力の実際と指導上の課題―並列的複数情報の関係づけを支える心的作業について―」(2009)（『国語科教育』全国大学国語教育学会　第65集）「話し合い指導における「尋ね合い」の存在―表出したものから「道のり」への視点転換―」(2016)（『福岡教育大学紀要』第65号）「教師教育において集積させる経験について」(2016)（『九州国語教育学会紀要』九州国語教育学会　第5号）「教師教育とリフレクション―「8つの問い」を活用した「気づき」の実際」(2016)（『教育学研究紀要』中国四国教育学会　第61巻）

大村はまの「学習の手びき」についての研究
―授業における個性化と個別化の実現―

2016年12月25日　初版第1刷発行

著　者　若　木　常　佳
発行者　風　間　敬　子

発行所　株式会社　風　間　書　房
〒101-0051　東京都千代田区神田神保町1-34
電話 03(3291)5729　FAX 03(3291)5757
振替 00110-5-1853

印刷　太平印刷社　　製本　井上製本所

©2016 Tsuneka Wakaki　　NDC分類：375.8
ISBN978-4-7599-2158-8　Printed in Japan

JCOPY〈(社)出版者著作権管理機構 委託出版物〉
本書の無断複製は、著作権法上での例外を除き禁じられています。複製される場合はそのつど事前に(社)出版者著作権管理機構（電話 03-3513-6969, FAX 03-3513-6979, e-mail: info@jcopy.or.jp）の許諾を得てください。